Thomas Holtrop/Mathias Döpfner/Bernd W. Wirtz

Deutschland Online

Thomas Holtrop/Mathias Döpfner/
Bernd W. Wirtz

Deutschland Online

Entwicklungsperspektiven
der Medien- und Internetmärkte

2., überarbeitete Auflage

GABLER

Bibliografische Information Der Deutschen Bibliothek
Die Deutsche Bibliothek verzeichnet diese Publikation in der Deutschen Nationalbibliografie;
detaillierte bibliografische Daten sind im Internet über <http://dnb.ddb.de> abrufbar.

Thomas Holtrop, Vorstandsvorsitzender der T-Online International AG, Darmstadt, und Mitglied des
Vorstands der Deutschen Telekom AG, Bonn.

Dr. Mathias Döpfner, Vorstandsvorsitzender und Vorstand Zeitungen, Axel Springer AG, Hamburg.

Prof. Dr. Bernd W. Wirtz, Euro Lab for Electronic Commerce & Internet Economics sowie Lehrstuhl
für Allgemeine Betriebswirtschaftslehre, insbesondere Unternehmensführung und Unternehmens-
entwicklung, Private Universität Witten/Herdecke.

1. Auflage Oktober 2003
2. Auflage Februar 2004

Alle Rechte vorbehalten
© Springer Fachmedien Wiesbaden 2004
Ursprünglich erschienen bei Betriebswirtschaftlicher Verlag Dr. Th. Gabler/GWV Fachverlage
GmbH, Wiesbaden 2004
Softcover reprint of the hardcover 2nd edition 2004

Lektorat: Susanne Kramer
www.gabler.de

Umschlaggestaltung: Ulrike Weigel, www.CorporateDesignGroup.de

Gedruckt auf säurefreiem und chlorfrei gebleichtem Papier

ISBN 978-3-663-01585-7   ISBN 978-3-663-01584-0 (eBook)
DOI 10.1007/978-3-663-01584-0

Vorwort

Die vorliegende Studie zeigt: Der Wandel von der Industrie- zur Informationsgesellschaft findet in rasanter Geschwindigkeit statt. Das Internet hat einen festen Platz in unserer Gesellschaft eingenommen und wird in seiner Bedeutung auf allen Ebenen, sei es geschäftlich für den Kontakt mit Geschäftspartnern aus aller Welt, sei es im Rahmen der Ausbildung durch den Zugang zu Wissen und Informationen über den Schulbetrieb hinaus oder auch im ganz privaten Bereich, weiter anwachsen.

Die zunehmende Bedeutung des Internets und die Möglichkeit, Informationen aus einer bisher ungekannten Vielfalt von Quellen zu erschließen, erfordert auch die Fähigkeit, digitale Inhalte in sozial und wirtschaftlich wertvolles Wissen umzuwandeln. Es besteht daher für diejenigen, die keinen Zugang zum Medium Internet haben, die Gefahr, dass sie den Anschluss verlieren und sich mittelfristig Ausgrenzungseffekten gegenübersehen – z. B. bei der Erlangung von Ausbildungs- und Arbeitsplätzen oder beim Bezug staatlicher und privater Dienstleistungen.

Es bedarf daher eines engen Schulterschlusses zwischen Politik und Wirtschaft, wenn es darum geht, alle Bürger in Deutschland an den ökonomischen und sozialen Vorteilen des Internets teilhaben zu lassen. Wie bereits im eEurope-Aktionsplan der Europäischen Union für die Entwicklung des Breitbandmarktes ausgeführt, kommt den staatlichen Stellen eine besondere Vorreiterrolle bei der Einführung der neuen Technologien zu. Dieser können sie beispielsweise durch die Onlinebereitstellung öffentlicher Dienstleistungen oder die Einrichtung und Förderung öffentlicher Zugänge zum Internet gerecht werden.

Auch die Möglichkeit, Verwaltungsdienstleistungen elektronisch in Anspruch zu nehmen, schafft mehr Anreize für den Bürger, Internetzugänge zu nutzen. Indem der Staat verstärkt elektronische Anwendungen zur Verfügung stellt, gibt er Impulse für deren Nachfrage und fördert die wirtschaftliche Entwicklung. Auf diese Weise kann der Staat zum einen auf dem Massenmarkt verstärkt seiner Leitfunktion gerecht werden, aber zum anderen auch dazu beitragen, wesentliche Kosteneinsparpotenziale für Staat, Wirtschaft und Bürger zu erschließen.

Vor dem Hintergrund der rasanten Entwicklung zur Informationsgesellschaft sollte der Staat zukünftig eine Leitfunktion anderer Art in der Bildungspolitik einnehmen. Erforderlich ist daher, dass der Vermittlung von Medienkompetenz mithilfe von qualifiziertem Lehrpersonal in Zukunft durch den Staat eine höhere Bedeutung beigemessen wird. Unternehmen wie die Deutsche Telekom AG mit der Initiative t@school tragen durch die Unterstützung unterschiedlicher Projekte und Initiativen dazu bei, die notwendige Infrastruktur an Schulen, Lern- und Ausbildungsplätzen zu schaffen. Hierzu gehört vor allem auch die Aufgabe, durch spezifische Angebote und Projekte Kindern und Heranwachsenden die notwendigen Fertigkeiten im Umgang mit der Vielzahl der Inhalte zu vermitteln.

Die Ergebnisse der vorliegenden Studie verdeutlichen diese gesellschaftliche und wirtschaftliche Bedeutung des Internets für eine moderne Informationsgesellschaft, wie sie
Deutschland längst geworden ist. Die vordergründige Frage, inwieweit das Internet alltäglicher Bestandteil im Leben und des Arbeitens von Bürgern und Unternehmen geworden ist, wird eindeutig beantwortet.

Wiesbaden im August 2003

ROLAND KOCH, MINISTERPRÄSIDENT DES LANDES HESSEN

HARALD LEMKE, STAATSSEKRETÄR IM FINANZMINISTERIUM DES LANDES HESSEN,
BEVOLLMÄCHTIGTER FÜR E-GOVERNMENT UND INFORMATIONSTECHNOLOGIE

Vorwort der Autoren

Die Medien- und Internetmärkte sind wesentliche Treiber des gesellschaftlichen Wandels von der Industrie- zur Informationsgesellschaft. Die erhebliche Entwicklungsdynamik in der Informations- und Kommunikationstechnologie ist hierbei ein Haupteinflussfaktor. Digitalisierung und Vernetzung, im Besonderen die Verbreitung des Breitbandinternets, stellen die Triebfedern der Konvergenz verschiedener Medienbranchen, der Informationstechnologie- und der Telekommunikationsbranche dar. Sich wandelnde Geschäftsmodelle, neue integrierte Wertschöpfungsprozesse, veränderte Organisationsstrukturen sowie innovative Leistungsangebote sind die Folge. Die zunehmende Etablierung der Informationsgesellschaft, die ihren Kristallisationspunkt in der Konvergenz der Medien- und Internetmärkte findet, hat grundlegende Auswirkungen auf die Veränderung der gesellschaftlichen Struktur- und Interaktionsmuster.

Insbesondere die Wirtschafts- und Gesellschaftspolitik muss die erheblichen Innovationen und Veränderungsprozesse in ihrer Ordnungspolitik berücksichtigen und sicherstellen, dass international wettbewerbsfähige Rahmenbedingungen für die hier agierenden Unternehmen geschaffen werden. Gleichfalls sind die Bildungs- und Arbeitspolitik an den neuen Bedürfnissen der Informationsgesellschaft auszurichten. Hier gilt es, allen Bürgern in der Bundesrepublik Deutschland angemessene Zugangs- und Nutzungsvoraussetzungen zu bieten, damit sie in der Lage sind, die innovativen Medien- und Internetanwendungen für sich in einem sinnvollen Maß zu erschließen. Nur durch eine solche ordnungspolitische Ausrichtung kann die internationale Wettbewerbsfähigkeit in diesem zentralen Wirtschaftsbereich gesichert werden.

Mit dem vorliegenden Fachbuch soll ein Beitrag zur Auseinandersetzung mit diesen Entwicklungen in der Medien- und Internetbranche geleistet werden. Dabei lag das Augenmerk der Untersuchung sowohl auf der Darstellung der gesellschaftlichen Auswirkungen als auch auf der Analyse innovativer wirtschaftlicher Anwendungen auf Basis des Breitbandinternets.

Mit der zweiten, aktualisierten Auflage tragen wir der zunehmenden Bedeutung der Medien- und Internetmärkte Rechnung. An dieser Stelle möchten wir uns für die Teilnahme der Bürger und der Unternehmen bedanken, die zum Gelingen dieser Studie maßgeblich beigetragen haben. Unser Dank gebührt auch dem Gabler Verlag für die gute Zusammenarbeit bei der Drucklegung des Buchs. Die wissenschaftliche Entwicklung eines Themenbereichs lebt wesentlich von der kritischen Auseinandersetzung und Diskussion der Konzepte. Vor diesem Hintergrund sind wir für Anregungen sehr dankbar.

Weiterstadt, Berlin, Witten/Herdecke im Dezember 2003

THOMAS HOLTROP, MATHIAS DÖPFNER, BERND W. WIRTZ

Die Autorenerlöse des Buchs „Deutschland Online – Entwicklungsperspektiven der Medien- und Internetmärkte" werden von Thomas Holtrop, Mathias Döpfner und Bernd W. Wirtz als gemeinnützige Spende den beiden Organisationen „Children for a Better World e. V., München" und „Kinder-Hospiz Sternenbrücke, Hamburg" zur Verfügung gestellt.

Inhaltsverzeichnis

1. Einführung

Medien- und Internetunternehmen stehen im digitalen Zeitalter vor neuen Herausforderungen. Insbesondere die dynamische Entwicklung internetbasierter Technologien und die Akzeptanz der vielfältigen Angebotsmöglichkeiten und Nutzungsformen durch die Konsumenten haben seit Mitte der neunziger Jahre zu einer Veränderung der wirtschaftlichen Rahmenbedingungen und des Konsumverhaltens geführt. Werden diese neuartigen Anforderungen in der strategischen Ausrichtung der Medien- und Internetunternehmen berücksichtigt, so können nachhaltig ertragreiche Entwicklungspfade mit großen Wachstumspotenzialen eingeschlagen werden. Um diesen Handlungsraum zu erforschen und die Bedeutung des Internets für die Wirtschaft und Gesellschaft Deutschlands zu untersuchen, wurde die Studie „Deutschland Online" durchgeführt.

Das vorliegende Buch stellt die Ergebnisse in ausführlicher Form dar und erläutert, inwieweit die Internettechnologie alltäglicher Bestandteil im Leben und des Arbeitens von Privatpersonen und Unternehmen geworden ist. Zugleich werden mögliche neue und wirtschaftlich interessante Nutzungsformen des Internets unter besonderer Berücksichtigung von Breitbandtechnologien behandelt. Vorausgreifend kann gesagt werden, dass dem Internet aus Sicht von Bürgern und Wirtschaft schon heute eine hohe Bedeutung für die Zukunft des Wirtschaftsstandorts Deutschland zugesprochen werden kann.

Nach einer Einführung in die Besonderheiten der Medien- und Internetmärkte und einer Darstellung der Struktur der Studie in Kapitel 1 werden in Kapitel 2 die gesellschaftlichen Perspektiven des Internets untersucht. Dazu erfolgt zunächst die Darstellung der Grundlagen bzw. einiger Fakten der Informationsgesellschaft. Daran schließt sich eine Betrachtung verschiedener Aspekte der Internetnutzung und der Onlinearbeitswelt an. Zudem werden aktuelle Trends des Onlineshoppings sowie des E-Government aufgezeigt. Darauf aufbauend erfolgt in Kapitel 3 die Darstellung der ökonomischen Perspektiven, welche den Unternehmen durch den Einsatz des Internets entstehen. Hierbei werden sowohl branchen- als auch funktionsspezifische Aspekte differenziert und hinsichtlich möglicher Optimierungspotenziale, die sich durch den Einsatz der Internettechnologie ergeben, analysiert.

In dem darauf folgenden Kapitel 4 erfolgt aufgrund der viel versprechenden Perspektiven des Internet-TV eine gesonderte Betrachtung dieses Leistungsangebots. Hierbei wird ein Überblick über die technischen Plattformen, das Spektrum an Content-Angeboten sowie die potenziellen Funktionen gegeben. Ergänzt wird diese Ausführung um eine Diskussion möglicher Finanzierungsmodelle und ihrer Akzeptanz durch die Konsumenten. In Kapitel 5 werden abschließend das Onlinedirektmarketing und die Onlinewerbung behandelt. Um die Besonderheiten der jeweiligen Werbeform darstellen zu können, werden wesentliche Aspekte der Nutzung, Wirksamkeit und Gestaltung sowie zukünftige Perspektiven besprochen.

1.1 Grundlagen der Medien- und Internetmärkte

In Abschnitt 1.1 werden die Grundlagen der Medien- und Internetmärkte erläutert. Nach einer Definition und Abgrenzung der Medien- und Internetmärkte folgt ein Überblick über die Entwicklung der Marktstrukturen und eine Beschreibung der Charakteristika von Medien- und Internetprodukten. Diese bilden die Basis für die Ausführungen zu den jeweiligen Themen.

※ Marktabgrenzung

Zur Medien- und Internetbranche gehören alle Unternehmen, die Medienprodukte erstellen und/oder auf Märkten absetzen.[1] Dabei werden Medien als Einrichtungen für die Vermittlung von Meinungen, Informationen oder Kulturgütern definiert.[2] Ergänzt werden diese Unternehmen um Firmen der Internetbranche, die ihren Schwerpunkt auf die Konzeption, Produktion und Distribution von Produkten und Dienstleistungen im Internet legen.

Neben dieser eher unternehmensbezogenen Abgrenzung der Medien- und Internetmärkte können darüber hinaus mehrere Absatzmärkte unterschieden werden, die von einem Unternehmen bedient werden müssen. Die Leistung, die vom Unternehmen erstellt wird, entspricht in der Regel einem Leistungsbündel aus Information und Unterhaltung auf der einen Seite und Werberaum auf der anderen Seite. Diese beiden Teilleistungen werden auf unterschiedlichen Märkten gehandelt. Für den Content sind dabei die Konsumentenmärkte (Leser-, Zuschauer-, Hörer- und Usermärkte) und für den Werberaum die Werbemärkte relevant. Somit bieten Medien- und Internetunternehmen parallel unterschiedliche Produkte auf unterschiedlichen Märkten an.

Die Situation auf den Medienmärkten ist derzeit durch große strukturelle Veränderungen gekennzeichnet. Das Wettbewerbsumfeld der etablierten Medienunternehmen erfährt einen tief greifenden Strukturwandel. Der Grund hierfür liegt in der zunehmenden Konvergenz zwischen den Bereichen Medien, Informationstechnologie und Telekommunikation.[3] Die Abgrenzung branchenspezifischer, medienrelevanter Märkte wird immer schwieriger, da die Grenzen zwischen Medien-, Computer- und Telekommunikationsprodukten immer fließender werden. Dies äußert sich beispielsweise in einer Ergänzung bereits etablierter Print- und TV-Formate um neue, internetbasierte Angebote.

---

[1] Vgl. Wirtz (2003a), S. 9.
[2] Vgl. Beck (2002), S. 1.
[3] Vgl. Wirtz (2001b), S. 503.

■ Marktstruktur

Der Mediensektor befindet sich derzeit in einem strukturellen Wandel. Während früher insbesondere wettbewerbsfördernde Deregulierungen seitens der staatlichen Aufsichtsbehörden die Entwicklung prägten, beherrschen heute vor allem zwei Einflüsse die Marktstruktur und das Wettbewerbsverhalten: Zum einen ist eine zunehmende Internationalisierung der Unternehmensaktivitäten zu erkennen, und zum anderen hat es forcierte Bestrebungen gegeben, durch Fusionen und Übernahmen integrierte Medienunternehmen zu bilden. Auch nach dieser Fusionswelle dominieren deren Folgen noch immer die Entwicklung der Medien- und Internetbranche. Im Rahmen der Internationalisierungsbestrebungen entwickeln sich dominante nationale Medienunternehmen durch intermediäre Verflechtungen zu breiter diversifizierten und weltweit tätigen Unternehmenskonglomeraten. Als Beispiel sei an dieser Stelle der Bertelsmann-Konzern angeführt, der über 70 % seines Umsatzes im Ausland generiert.

Der Eintritt von Unternehmen aus anderen Wirtschaftszweigen ist auch auf den Medien- und Internetmärkten in Deutschland zu beobachten. So ist mit T-Online ein Unternehmen, das seinen Ursprung in der Telekommunikationsbranche hat, inzwischen unter den größten deutschen Medienunternehmen zu finden (vgl. Abbildung 1). Auch das größte Medienunternehmen der Welt, AOL Time Warner, ist aus der Fusion eines reinen Internetunternehmens (AOL) mit einem Medienkonzern (Time Warner) entstanden.

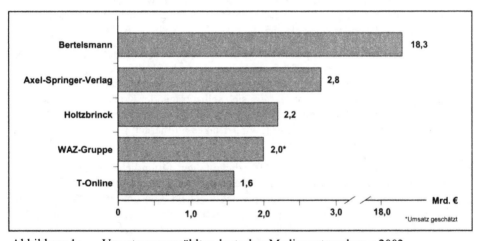

Abbildung 1:   Umsatz ausgewählter deutscher Medienunternehmen 2002

■ Spezifika der Medien- und Internetprodukte

Die Produkte und Services der Medien- und Internetbranche weisen Besonderheiten auf, die sie von den Leistungen anderer Industrien unterscheiden. Im Folgenden werden grundlegende Charakteristika beschrieben und beispielhaft erläutert:

- Medien- und Internetprodukte sind Verbundprodukte: Sie stellen eine Kombination aus Informations- und Unterhaltungsleistungen (Content) für den Rezipienten und Werberaumleistungen für die werbetreibenden Nachfrager dar. Somit richten sich Medien- und Internetunternehmen mit ihren Angeboten an zwei unterschiedliche Märkte und Interessengruppen.

- First-Copy-Costs: Die Produktionskostenstruktur ist durch einen hohen Fixkostenanteil bei gleichzeitig geringen variablen Kosten gekennzeichnet. Vor allem die technische und personelle Infrastruktur sowie die Kosten für die Produktion bzw. Beschaffung von Inhalten sind von herausragender Bedeutung. Diese so genannten First-Copy-Costs sind zur Erstellung der ersten Kopie des Medienprodukts notwendig und unabhängig von der Anzahl der Mediennutzer.[1] Da die First-Copy-Costs in der Regel Sunk-Costs, d. h. irreversible Kosten darstellen, besteht ein sehr hohes finanzielles Risiko bei der Produktion von Medienprodukten. Andererseits lassen sich jedoch in der Verwertung Economies-of-Scale realisieren, d. h. rapide sinkende Durchschnittskosten, die aus der Kostendegression bei zunehmenden Nutzerzahlen resultieren.

- Netzeffekte: Auf Medien- und Internetprodukte ist nicht nur das Prinzip der Economies-of-Scale, sondern auch das der Economies-of-Networks anwendbar.[2] Hierunter werden externe Effekte verstanden, die in Netzwerken durch eine steigende Anzahl von Nutzern entstehen. Der dabei entstehende Nutzen wird als derivativer Nutzen bezeichnet und entsteht nur, wenn das Produkt in Interaktionsbeziehung zu mindestens einem Verwender eines gleichartigen Produktes steht (z. B. Telefon).

- Gesteigerte Erträge durch positives Feedback: Durch direkte und indirekte Netzeffekte kann ein positives Feedback entstehen. Je mehr Nachfrager sich einem Netzwerk anschließen, desto höher ist dessen Attraktivität, was wiederum neue Nachfrager anzieht. Im Extremfall entsteht ein sich selbst tragender Kreislauf aus Wachstum und Nutzenzuwachs, der zur Dominanz eines einzelnen Anbieters und zur Marginalisierung anderer Anbieter führt („winner-takes-all-market").[3] Dies gilt z. B. für elektronische Märkte wie eBay.

- Medien- und Internetprodukte als öffentliche Güter: Öffentliche Güter sind zum einen durch Nichtrivalität im Konsum gekennzeichnet, d. h., dass der Konsum des einzelnen Rezipienten die übrigen Rezipienten nicht im Konsum einschränkt. Darüber hinaus besteht eine gewisse Nichtausschließbarkeit vom Konsum. Die Nutzung eines Gutes kann nicht von einem Entgelt abhängig gemacht werden, und kein Rezipient

---

[1]   Vgl. Wirtz (1994), S. 42.
[2]   Vgl. Economides (1996), S. 2 ff.
[3]   Vgl. Hess (2000), S. 97.

kann an der Nutzung gehindert werden. Auch wenn Medien- und Internetprodukte in der Regel in Form von privaten Gütern zum Konsumenten gelangen, weisen sie tendenziell die Charakteristika öffentlicher Güter auf.[1]

– Dienstleistungscharakter: Medien- und Internetprodukte haben Dienstleistungscharakter. Als Dienstleistungen werden Tätigkeiten und Leistungen verstanden, die im Wesentlichen immaterieller Natur sind und keine direkten Besitz- und Eigentumsveränderungen mit sich bringen. Dabei kann die Leistungserbringung mit einem Sachgut verbunden sein.[2] Als wesentliche Eigenschaften von Dienstleistungen gelten die Immaterialität des Produkts und die Bereitstellung von Leistungsfähigkeiten in Form personeller, sachlicher oder immaterieller Ressourcen.[3] Auch die Leistungen aus dem Printbereich (z. B. Zeitungen oder Zeitschriften) werden hier als Dienstleistungen und nicht als Produkte verstanden, da es primär um die Vermittlung von Inhalten geht.

1.2 Vorgehensweise der Studie

Im Rahmen der Studie „Deutschland Online" wurden 28.229 Bürger und Unternehmen aus nahezu allen Wirtschaftszweigen befragt. Daraus ergaben sich 2.068 verwertbare Rückläufe. Da es sich um eine repräsentative Umfrage handelt, werden im Folgenden die angewandten Verfahren zur Sicherstellung der Repräsentativität und die Ergebnisse für die jeweils befragten Gruppen dargestellt. Grundlage der Studie bilden die Daten des Statistischen Bundesamts.[4]

Zunächst wurde die Zusammensetzung der jeweiligen Grundgesamtheiten ermittelt. Vor dem Hintergrund der Fragestellung sind solche Branchen nicht betrachtet worden, in denen ein geringer Einfluss des Internets auf Geschäftstätigkeit und wirtschaftliche Perspektiven zu vermuten ist. Unternehmen der Werbewirtschaft und Medienunternehmen wurden hingegen gesondert erfasst, um Themenbereiche wie Internet-TV und Onlinewerbung, die beide Branchen in besonderem Maß betreffen, detailliert zu untersuchen.

Für die Gruppe der Unternehmen wurden alle Wirtschaftszweige mit Ausnahme der Zweige A (Land und Forstwirtschaft), B (Fischerei und Fischzucht), F (Baugewerbe), M (Erziehung und Unterricht) und N (Gesundheits-, Veterinär- und Sozialwesen) heran-

---

[1] Vgl. Vogel (1998), S. 315.
[2] Vgl. Kotler/Bliemel (1995), S. 708.
[3] Vgl. Meffert (2000), S. 1160.
[4] Vgl. Statistisches Bundesamt (2003).

gezogen. Die relevante Grundgesamtheit umfasst insgesamt etwa 2,5 Millionen Unternehmen. Die Grundgesamtheit der Medienunternehmen setzt sich aus Untergruppen der Wirtschaftszweige D (vor allem Verlagsunternehmen) und O (Filmwirtschaft) zusammen. Sie umfasst ca. 14.700 Unternehmen. Die Werbewirtschaft wird in der Untergruppe 74.4 innerhalb des Wirtschaftszweiges K erfasst und teilt sich in Werbegestaltung und Werbemittlung auf. Innerhalb dieser Untergruppen sind etwa 37.000 Unternehmen erfasst. Als Grundgesamtheit der Gruppe Bürger wurden alle Bundesbürger im Alter von 18 bis 57 Jahren definiert, insgesamt ca. 66,8 Millionen Personen. Um die Repräsentativität der Studie zu gewährleisten, wurde bei der Auswahl der Teilnehmer aus den jeweiligen Grundgesamtheiten das Verfahren der geschichteten Zufallsstichprobe angewendet.[1] Zur Ermittlung der Stichprobe wurde die Grundgesamtheit der jeweiligen Gruppe nach für die Untersuchung relevanten Schichtungsmerkmalen in Klassen unterteilt.

Die Häufigkeitsverteilungen in den verschiedenen Klassen der beobachteten Erhebungsstichprobe stimmen in der Regel nicht exakt mit den erwarteten Häufigkeitsverteilungen überein (z. B. kann die Anzahl der beobachteten Rückläufe je Wirtschaftszweig von der erwarteten Anzahl abweichen). Deshalb wurde ein Chi-Quadrat-Anpassungstest zur Überprüfung der Repräsentativität herangezogen.[2] Dieser Test dient zum Vergleich der beobachteten und der erwarteten Häufigkeitsverteilungen in den einzelnen Klassen. Mithilfe des Chi-Quadrat-Anpassungstests kann die Repräsentativität der beobachteten Häufigkeitsverteilung der Erhebungsstichprobe gemessen werden.

In der Gruppe der Bürger wurde die Schichtung nach den Merkmalen Alter und Geschlecht durchgeführt. Basis der Schichtung waren die Angaben des Statistischen Bundesamts zur Altersstruktur und Geschlechterverteilung in Deutschland (Stand: 16.12.2002). Insgesamt wurden 10.000 Personen befragt und 427 Rückläufe erzielt; die Rücklaufquote entspricht 4,3 %. Die Rückläufe sind repräsentativ auf Basis der Schichtungsmerkmale.

In der Gruppe der Unternehmen wurde die Schichtung nach der Branchenzusammensetzung laut Klassifikation der Wirtschaftszweige des Statistischen Bundesamts (WZ93, Stand: März 2003) durchgeführt. Es wurde eine Stichprobe von 6.668 Unternehmen befragt. Die erreichten 629 Rückläufe entsprechen einer Rücklaufquote von 9,4 %. In den

---

[1]   Vgl. Schnell/Hill/Esser (1999), S. 262 ff.
[2]   Vgl. Clauß/Ebner (1975), S. 214 ff.; Diehl/Kohr (1977), S. 242 f.

Gruppen Werbewirtschaft und Medienunternehmen erfolgte die Schichtung ebenfalls nach der Branchenzusammensetzung laut Klassifikation der Wirtschaftszweige. Der Stichprobenumfang der Werbewirtschaft betrug 6.668 Werbeunternehmen, der Umfang der Stichprobe der Medienunternehmen lag bei 4.893 Unternehmen. Es wurden 521 Rückläufe der Werbewirtschaft und 491 Rückläufe der Medienunternehmen erfasst. Die Rücklaufquote liegt damit bei 7,8 % bzw. 10 %. Die Rückläufe in allen drei Gruppen sind repräsentativ auf Basis der Schichtungsmerkmale.

2. Deutschland Online: Gesellschaftliche Perspektiven

Kapitel 2 beschäftigt sich mit der Bedeutung des Internets in der heutigen Gesellschaft. Aufbauend auf der Darstellung der Grundlagen der Informationsgesellschaft werden bedeutsame Teilaspekte wie Internetnutzung, Internetzugang, Onlinearbeitswelt, Onlineshopping sowie E-Government untersucht. Nach einer konzeptionellen Einordnung der jeweiligen Aspekte werden die derzeitige Situation und zukünftige Entwicklungen auf Basis der Ergebnisse von „Deutschland Online" analysiert. Abschließend wird ein Ausblick auf die zu erwartenden gesellschaftlichen Perspektiven gegeben.

2.1 Grundlagen der Informationsgesellschaft

Durch das Zusammenwachsen von bisher getrennten Wirtschaftsbereichen wie der Telekommunikations-, der Informationstechnologie- und der Medienbranche ergeben sich erhebliche gesamtwirtschaftliche und beschäftigungspolitische Veränderungen für die Wirtschaft. Die Innovationen in der Informations- und Kommunikationstechnologie führen derzeit zu einem Wandel von der Industriegesellschaft zur Informationsgesellschaft, wobei den Medien als Trägern der Diffusion von Informationen eine zentrale Rolle zukommt.

In Anlehnung an das zyklische Modell von Kondratieff kann eine technologische Innovation wie das Internet als Auslöser eines weiteren so genannten Kondratieff-Zyklus identifiziert werden. Von einem Kondratieff-Zyklus wird gesprochen, wenn von einer Basisinnovation weit reichende Wirkungen ausgehen, die zu einer Reorganisation der gesamten Gesellschaft in einem Zeitraum von mehreren Jahrzehnten führen.[1] Während Basisinnovationen die Grundlage für neue Wirtschaftszweige darstellen, werden gleichzeitig bestehende Technologien abgelöst, und ihre Märkte verlieren an Bedeutung. Die bisherigen Zyklen nach dem Modell von Kondratieff sind in Abbildung 2 dargestellt.

---

[1]   Vgl. Nefiodow (2001), S. 14 f.

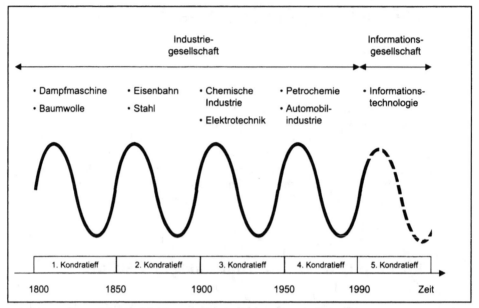

Abbildung 2:   Die Entwicklung technologischer Revolutionen[1]

Bei der Frage nach dem derzeitigen Entwicklungsstand kann konstatiert werden, dass wir uns gegenwärtig noch in einer frühen Phase des durch Informationstechnologie induzierten Wandels befinden.[2] Insbesondere Unternehmen traditioneller Wirtschaftszweige sind noch nicht durchgängig von der Informations- und Kommunikationstechnologie und speziell dem Internet durchdrungen. In den kommenden Jahren werden alle Wirtschaftsbereiche von den Prinzipien der Internetökonomie geprägt sein.[3] Die volkswirtschaftlichen Konsequenzen dieser Entwicklung können der Abbildung 3 entnommen werden. Der primäre und der sekundäre Sektor der Wirtschaft verlieren zunehmend zu Gunsten des tertiären und des Informations- und Kommunikationssektors (quartärer Sektor) an Bedeutung.

Der Begriff der Informationsgesellschaft wurde von Bell im Rahmen seiner Forschungsarbeiten zur postindustriellen Gesellschaft geprägt. Aus seiner Sicht charakterisieren drei Entwicklungen den Weg zur Informationsgesellschaft:

---

1   In Anlehnung an Nefiodow (2001), S. 3.
2   Vgl. Evans/Wurster (1999), S. 85.
3   Vgl. ECC (2001), S. 20.

– Wissen und Information werden zum Treiber des gesellschaftlichen und ökonomischen Fortschritts,

– der Wertschöpfungsanteil des Dienstleistungssektors weitet sich zu Lasten des indus-
triellen und landwirtschaftlichen Sektors stark aus,

– es entsteht eine neue Berufsgruppe, deren Teilnehmer sich durch die Tätigkeit in
wissensbasierten Industrien auszeichnen.[1]

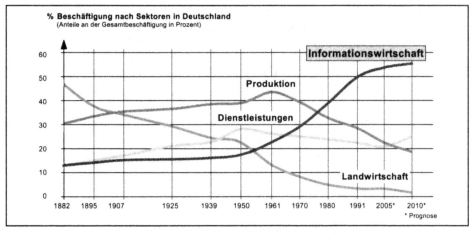

Abbildung 3:   Beschäftigung nach Sektoren in Deutschland [2]

Es ist zu erkennen, dass der Transformationsprozess bis zum gegenwärtigen Zeitpunkt in
zwei Innovationsschüben erfolgte. Zunächst entwickelten sich die Informationsgewinnung und -verarbeitung; ausschlaggebend waren Fortschritte in der Mikroelektronik, die
binnen kürzester Zeit zu höheren Rechnerleistungen bei sinkenden Preisen führten. In
einem zweiten, noch anhaltenden Schub stehen die Kommunikation und die Integration
verschiedener Systeme und Netze im Vordergrund. Das Internet mit seinen Charakteristika Digitalität, Vernetzung und Ubiquität nimmt im Rahmen dieser Entwicklung eine
zentrale Rolle ein. Auch die Gesellschaft in Deutschland befindet sich in diesem Transformationsprozess zu einer Wissens- und Dienstleistungsgesellschaft.

---

[1]   Vgl. Bell (1975), S. 32 f.
[2]   In Anlehnung an Dostal (1995), S. 529.

2.2   Gesellschaftliche Bedeutung des Internets

Der physische Zugang zum Internet stellt sowohl für Bürger als auch für Unternehmen eine Grundvoraussetzung für die Teilnahme an der Informationsgesellschaft dar. Gesellschaftlich ist besonders die Entwicklung sozialer Verwerfungslinien aufgrund einer digitalen Spaltung („Digital-Divide") problematisch. Die Benton Foundation definiert „Digital-Divide" als „gap between those who can effectively use new information and communication tools, such as the Internet, and those who cannot"[1]. Obwohl die Probleme der digitalen Spaltung in einem gesellschaftlichen Kontext zu sehen und nicht allein durch die Entwicklung von Technologien zu lösen sind,[2] besteht die Gefahr, dass bestimmte Bevölkerungsgruppen, wie z. B. Arbeitslose oder Rentner, von der Nutzung des Internets ausgeschlossen werden und dadurch Nachteile hinsichtlich der Arbeitsplatzsuche, der Interaktion mit Behörden oder des Konsums erleiden.

2.2.1   Internetnutzung und -zugang

Das Internet hat von allen elektronischen Medien die höchste Diffusionsgeschwindigkeit. Wie Abbildung 4 zeigt, erreichte das Internet innerhalb von nur fünf Jahren 50 Millionen User in den USA. Andere bedeutsame Massenmedien, wie beispielsweise das Radio oder das Fernsehen, benötigten 28 bzw. 13 Jahre, um eine vergleichbare Anzahl an Nutzern zu erreichen.[3] Schätzungsweise sind heute weltweit 430 Millionen Menschen online, von denen 41 % in den USA und Kanada leben.[4]

Der Penetrationsgrad von Internetanschlüssen in einem Land ist zu einer aussagekräftigen Kennzahl für dessen Entwicklungsstand geworden. So weisen weiterentwickelte Länder mit einem hohen Pro-Kopf-Einkommen eine ebenfalls hohe Dichte an Internetanschlüssen auf, während unterentwickelte Staaten im internationalen Vergleich diesbezüglich ein ausgeprägtes Defizit haben.

---

[1]   Benton Foundation (2003a).
[2]   Vgl. Warschauer (2003), S. 46.
[3]   Vgl. Morgan Stanley (1996), S. 15.
[4]   Vgl. Benton Foundation (2003b).

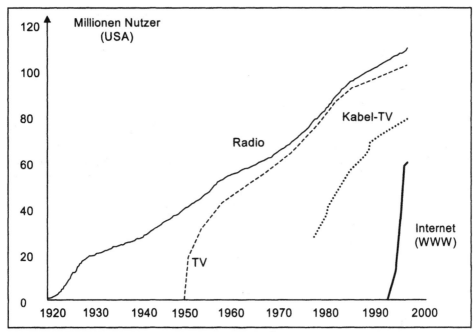

Abbildung 4: Diffusion elektronischer Medien[1]

Eine Vielzahl von Studien hat die Gewohnheiten der Internetnutzer und die zur Verfügung stehenden Zugangsgeräte analysiert.[2] So untersuchte beispielsweise EOS Gallup für die Europäische Union im Jahr 2002, von wo aus auf das Internet zugegriffen wird.[3] Die Studie kam zu dem Ergebnis, dass das Internet in der Mehrzahl der Fälle von zu Hause (71 %) oder vom Arbeitsplatz (41 %) aus genutzt wird. In einem engen Zusammenhang mit dem Ort der Internetnutzung steht das verwendete Nutzungsgerät. Im „Monitoring Informationswirtschaft – 6. Faktenbericht 2003" des Bundesministeriums für Wirtschaft und Arbeit wurde eine ausgeprägte Dominanz des stationären Personal Computer (PC) festgestellt.[4]

Bezüglich der Dichte an Internetzugängen zeigt sich, dass in Westeuropa durchschnittlich 45 % aller Haushalte über einen Internetzugang verfügen. Deutschland liegt mit ca. 44 % bei der Durchdringung mit Internetanschlüssen knapp vor Frankreich, Italien

---

1   In Anlehnung an Morgan Stanley (1996), S. 15.
2   Vgl. Initiative D21 (2003).
3   Vgl. EOS Gallup Europe/Europäische Kommission (2002), S. 14.
4   Vgl. Bundesministerium für Wirtschaft und Arbeit (2003), S. 308.

und Spanien, aber hinter den Beneluxstaaten und den skandinavischen Ländern. Diese erreichen Penetrationsraten von bis zu 65 %.[1] Für das Ende des Jahres 2003 wird erwartet, dass in über 50 % aller Haushalte in Deutschland ein Internetanschluss installiert sein wird. Darüber hinaus planen zusätzliche 7 % die Anschaffung eines Zugangs für das nächste Jahr.[2]

Viele dieser Ergebnisse basieren auf einer undifferenzierten Evaluierung von Zugängen unterschiedlicher Übertragungskapazitäten. Da ein Schwerpunkt der Studie „Deutschland Online" die Auswirkungen der Entwicklung des Breitbandinternets waren, wurde ermittelt, wie sich die Verbreitung von Breitbandzugängen in Deutschland entwickeln wird. Medienunternehmen gaben im Rahmen der Studie „Deutschland Online" eine Einschätzung ab, wie viele Haushalte mit Breitbandanschluss es in Deutschland bis zum Jahr 2008 geben wird. Zugrunde gelegt wurde eine installierte Basis von 3,2 Millionen Breitbandinternetanschlüssen im Jahr 2002. Die Ergebnisse sind in Abbildung 5 dargestellt.

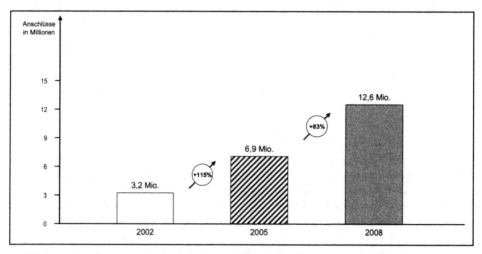

Abbildung 5:   Penetration von Breitbandinternetzugängen in Deutschland

Bis 2008 erwarten Medienunternehmen eine Steigerung der Anzahl der Breitbandinternetanschlüsse um fast 300 % auf 12,6 Millionen. Dies bedeutet, dass im Jahr 2008 etwa 30 % aller Haushalte über einen Breitbandinternetzugang verfügen werden.

---

1   Vgl. EOS Gallup Europe/Europäische Kommission (2002), S. 6.
2   Vgl. Initiative D21 (2003), S. 8.

Der mobile Internetzugriff hängt maßgeblich von der Verbreitung mobiler Endgeräte ab. Die Nutzung mobiler und stationärer Geräte für das Jahr 2002 ist in Abbildung 6 dargestellt. Bisher ist die Internetnutzung durch die Dominanz des stationären PC charakterisiert.

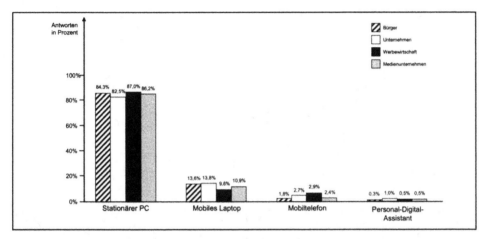

Abbildung 6:   Nutzung von Internetzugangsgeräten 2002

Auch wenn im Jahr 2002 über 80 % aller befragten Gruppen vorrangig den Personal Computer für den Internetzugang einsetzten, nimmt die Nutzung mobiler Endgeräte zu. Nach Einschätzung der Befragten bleibt der PC im Jahr 2005 zwar immer noch das dominierende Zugangsgerät, aber vor allem die Bürger rechnen mit einer intensiveren Nutzung mobiler Internetzugangsgeräte. Sie schätzen, dass mobile Internetzugangsgeräte im Jahr 2005 einen Nutzungsanteil von 34,6 % haben werden. Auf Unternehmensseite liegt der Nutzungsanteil bei etwa einem Viertel. Unternehmen der Werbewirtschaft sowie Medienunternehmen werden den stationären PC tendenziell stärker einsetzen (vgl. Abbildung 7). Ein Grund kann der Bedarf an Computern mit hoher Grafikleistung sein, die tendenziell früher in stationären PCs zur Verfügung steht.

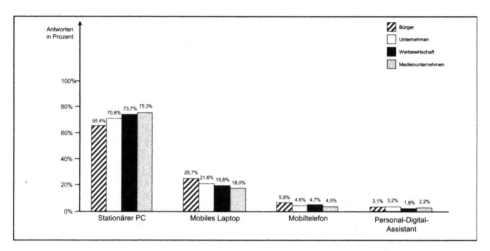

Abbildung 7:   Nutzung von Internetzugangsgeräten 2005

Während Mobiltelefone zur Interneteinwahl Mobilfunknetze nutzen, kann der mobile Internetzugang mit einem Laptop auch über ein Wireless Local Area Network (WLAN) erfolgen. Unter WLAN werden drahtlose, internetbasierte Netzwerke verstanden. So genannte Hotspots dienen als lokale Steuerungs- und Sendeeinheiten, an denen sich der Anwender über ein Funkmodul in seinem Laptop oder über sein Mobiltelefon mithilfe eines entsprechenden Adapters aus bis zu 50 Meter Entfernung anmelden kann.

Das Angebot von WLAN-Zugängen bietet den Vorteil einer einfachen Installation, da kein physischer Zugang per Kabel aufgebaut werden muss. Zudem können sich mehrere Anwender einen Hotspot teilen. Der Internetzugang ist jedoch nur in Reichweite des Hotspots möglich. Ein WLAN bietet sich vor allem in öffentlichen Räumen an, in denen die räumliche Verteilung der Rechner heterogen ist und ständigen Wechseln unterliegt. Bei der Fakturierung besteht z. B. die Möglichkeit, die Kosten des Internetzugangs über die Telefonrechnung des Konsumenten abzurechnen.

Im Rahmen der Studie „Deutschland Online" wurden sowohl Bürger als auch Unternehmen zu ihrem Interesse an drahtlosen Internetzugängen in Warteräumen von Flughäfen, Bahnhöfen oder Hotels befragt. Dabei stellte sich heraus, dass 30,3 % der Unternehmen in hohem Maß an solchen Zugängen interessiert sind (vgl. Abbildung 8). Etwas niedriger ist das Interesse bei den befragten Bürgern (24,4 %). Dieses Ergebnis dürfte auch die hohen Wachstumserwartungen unterstützen, die derzeit mit WLAN verbunden werden.[1]

---

[1]   Vgl. o. V. (2003b), S. 1.

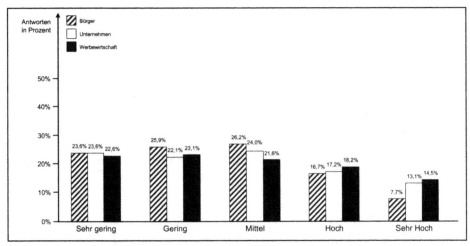

Abbildung 8: Interesse an drahtlosen Internetzugängen in öffentlichen Gebäuden

Grundsätzlich ist davon auszugehen, dass die Penetration mit Internetzugängen in Deutschland weiter zunehmen wird. Auch die tägliche durchschnittliche Nutzungsdauer, die heute bei ca. 47 Minuten liegt, wird für die kommenden Jahre erheblich höher prognostiziert. Es bleibt allerdings abzuwarten, wie sich die Gruppe der dezidierten „Offliner", also derjenigen, die keinen Internetzugang haben oder planen, in die Informationsgesellschaft integrieren lässt. Aus gesellschaftspolitischen Gesichtspunkten ist eine durchgängig hohe Internetzugangsrate in allen Bevölkerungsschichten erstrebenswert. Interessant ist hier das Vorbild skandinavischer Länder, die durch ein Zusammenspiel von Politik und Wirtschaft eine europaweite Spitzenposition hinsichtlich der Internetaffinität der Bürger erreicht haben.

2.2.2 Onlinearbeitswelt

Erhebliche Auswirkungen der schnellen Diffusion des Internets sind sowohl für den privaten Medienkonsum als auch für die Arbeitswelt zu erwarten. In diesem Abschnitt sollen insbesondere die für die Arbeit relevante Internetkompetenz, die Onlinearbeitsplatzsuche sowie Telearbeit diskutiert werden. Ziel ist es, die Bedeutung des Internets für den heutigen Arbeitsmarkt und für die Realisierung neuer Arbeitsformen darzustellen.

2.2.2.1 Internetkompetenz

Der Schwerpunkt dieses Abschnitts liegt auf der Beantwortung der Frage, in welchem Umfang die Möglichkeiten des Internets von Bürgern und Wirtschaft genutzt werden. Der Forschungsstand auf diesem Gebiet ist noch sehr lückenhaft. Kompetenz im Umgang mit Internettechnologien ist eine Voraussetzung für die Wettbewerbsfähigkeit der Unternehmen und die individuelle berufliche Weiterentwicklung. Unter der Internetkompetenz einer Person wird die Fähigkeit verstanden, internetbasierte Anwendungen und Services – wie beispielsweise E-Mail, Chat oder Dokumentenmanagement – zielgerichtet verwenden zu können. Darüber hinaus zählen hierzu die Fähigkeiten, Informationen mittels internetbasierter Suchmaschinen zu finden sowie Internetseiten oder Portale effizient nach Informationen zu durchsuchen. Differenziert zu betrachten ist die Internetkompetenz eines Unternehmens, welche die effiziente Integration von Internettechnologien in die Arbeitsprozesse meint.

Internetkompetenz kommt dem Arbeitnehmer im Rahmen der Erfüllung seiner beruflichen Tätigkeit zugute. Zudem wird sie in zunehmendem Maß zur Einstellungsvoraussetzung und Basis des Eintritts in den Arbeitsmarkt. Auch für Unternehmen bringt Internetkompetenz Wettbewerbsvorteile. Neue Formen der Unternehmenskooperation wie virtuelle Unternehmen oder Supply-Chain-Management sind in hohem Maß vom Einsatz von Kommunikationstechnologie geprägt. Das Internet stellt hier einen Enabler langfristiger Wettbewerbsvorteile dar.[1]

Als Ausgangspunkt für die Untersuchung der Internetkompetenz soll der Einsatz von Internetanwendungen in deutschen Unternehmen betrachtet werden. Die Ergebnisse zeigen, dass die Kommunikation per E-Mail zu den häufigsten Internetaktivitäten in den Unternehmen zählt (vgl. Abbildung 9). Ebenfalls sehr häufig eingesetzt werden Homepages, wobei darunter sowohl die Nutzung durch das Unternehmen selbst als auch Aktivitäten zur Informationssuche verstanden werden. Auch Onlinebankinganwendungen werden regelmäßig genutzt.

---

[1]   Vgl. Picot/Reichwald/Wigand (2001), S. 2 ff.

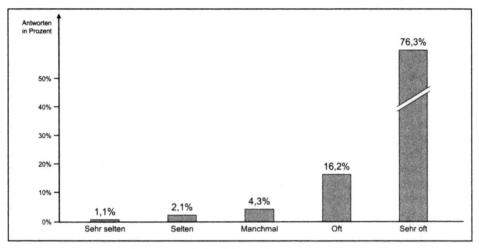

Abbildung 9:   Nutzung von E-Mail in Unternehmen

Neben zahlreichen kommunikationsunterstützenden Anwendungen kommen auch Anwendungen zur arbeitsplatzübergreifenden Dokumentenbearbeitung und -verwaltung (Document-Sharing) in einem Fünftel der befragten Unternehmen regelmäßig zum Einsatz (vgl. Abbildung 10). Andere Anwendungen, die bei Privatpersonen bereits eine hohe Popularität genießen (z. B. Chat oder Messaging), werden von Unternehmen eher selten benutzt.

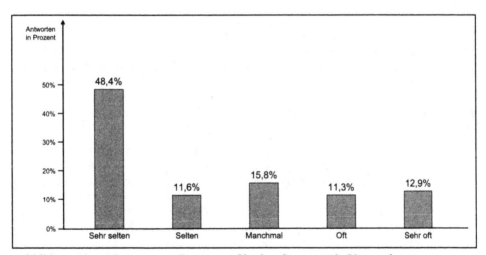

Abbildung 10:   Nutzung von Document-Sharing-Systemen in Unternehmen

Um beurteilen zu können, wie wichtig die Öffentlichkeit die Fähigkeit zum Umgang mit dem Internet einschätzt, wurde im Rahmen der Studie „Deutschland Online" ermittelt, welche Bedeutung Bürger und Unternehmen der Internetkompetenz für die Zukunft des Standorts Deutschland beimessen. Die Ergebnisse sind in Abbildung 11 dargestellt.

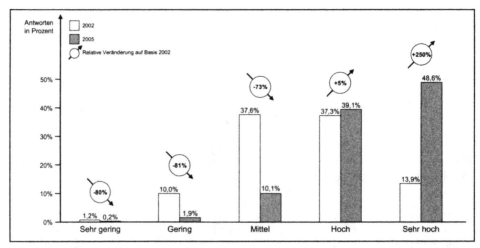

Abbildung 11:   Bedeutung der Internetkompetenz für den Standort Deutschland aus Sicht der Bürger

Nach Einschätzung von über 80 % der befragten Bürger wird die Internetkompetenz der Bevölkerung im Jahr 2005 eine hohe Bedeutung für den Wirtschaftsstandort Deutschland haben. Dies entspricht einer Steigerung von mehr als 70 % gegenüber 2002. Fast 50 % der Befragten sind der Auffassung, dass die Internetkompetenz im Jahr 2005 eine sehr hohe Bedeutung haben wird. Inzwischen scheint sich ein grundlegendes Verständnis für die Bedeutung des Internets, insbesondere aus wirtschaftlicher Perspektive, entwickelt zu haben. Die Tatsache, dass sich Internetanwendungen zu täglichen Bestandteilen der Arbeitswelt entwickelt haben, bedeutet, dass die Internetkompetenz der Arbeitnehmer für den Standort Deutschland immer wichtiger wird.

Um zu überprüfen, ob diese Auffassung von der Wirtschaft geteilt wird, wurden Unternehmen und Werbewirtschaft gefragt, welche Bedeutung sie der Internetkompetenz der Arbeitnehmer beimessen. Für das Jahr 2002 spielte die Internetkompetenz für etwa ein Drittel der Unternehmen und der Werbewirtschaft eine große oder sehr große Rolle. Für 2005 verdoppelt sich in beiden Gruppen der Anteil der Befragten mit dieser Auffassung. So gaben über 70 % der Unternehmen an, dass die Internetkompetenz der Arbeitnehmer im Jahr 2005 eine hohe Bedeutung für den Wirtschaftsstandort Deutschland haben wird (vgl. Abbildung 12).

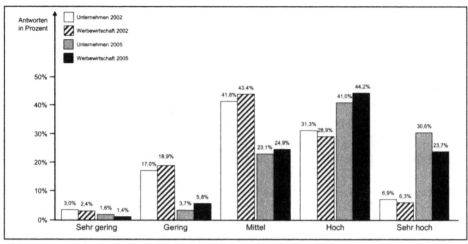

Abbildung 12:   Bedeutung der Internetkompetenz der Arbeitnehmer für den Standort
                 Deutschland

Die Internetkompetenz von Arbeitnehmern und Unternehmen kann nicht gleichgesetzt
werden, da sich letztere insbesondere in der Bereitschaft zur Tätigung von Investitionen
in die notwendigen Internettechnologien widerspiegelt. Sie wirkt sich zwar mittelbar auf
die Mitarbeiter aus, ist jedoch in einem umfassenderen Sinne als Quelle von Wettbe-
werbsvorteilen zu verstehen. Deshalb wurden Unternehmen gefragt, welche Bedeutung
aus ihrer Sicht die Internetkompetenz der Wirtschaft hat (vgl. Abbildung 13).

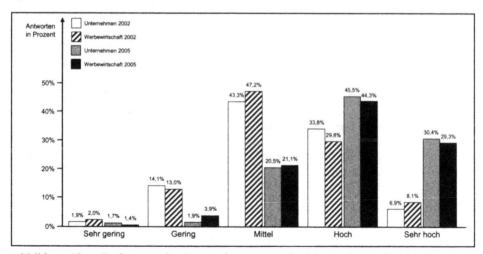

Abbildung 13:   Bedeutung der Internetkompetenz der Unternehmen für den Standort
                 Deutschland

Gaben für das Jahr 2002 etwa 40 % der Unternehmen an, dass die Internetkompetenz der Unternehmen eine hohe Bedeutung für den Standort Deutschland hat, ist dieser Anteil für das Jahr 2005 auf über drei Viertel gestiegen. Gegenüber dem Jahr 2002 entspricht dies einer Steigerung von 86,5 %. Markterschließung und Steigerung der Prozesseffizienz z. B. durch elektronische Marktplätze und Supply-Chain-Management haben für die Unternehmen entscheidend an Bedeutung für den Erfolg gewonnen. Auf Seiten der Werbewirtschaft spielt vor allem die Durchsetzung von Internetwerbung und Onlinedirektmarketing eine Rolle.

Zusammenfassend kann festgestellt werden, dass das Internet einen festen Platz im wirtschaftlichen Alltag einnimmt. Anwendungen wie E-Mail, Homepage oder Onlinebanking werden von Unternehmen regelmäßig eingesetzt. Ihre Beherrschung ist für zukunftsfähiges Arbeiten damit unabdingbar. Sowohl die befragten Unternehmen als auch die Bürger sind der Auffassung, dass die Internetkompetenz für den Standort Deutschland eine große Rolle spielt.

2.2.2.2 Onlinearbeitsplatzsuche

Das Internet wird von Bürgern und Unternehmen nicht nur zur Abwicklung ökonomischer Transaktionen, sondern auch zur Arbeitsplatzvermittlung und als Rekrutierungsinstrument genutzt. Es können zwei Wege der Arbeitsvermittlung unterschieden werden. Einerseits werden von Unternehmen eigene Websites zur Personalbeschaffung eingesetzt. Sie enthalten allgemeine Informationen über das Unternehmen, Angaben zum Einstellungsprozess, eine Liste zu besetzender Positionen und Kontaktinformationen.

Andererseits positionieren sich internetbasierte Stellenmärkte als Intermediär zwischen Unternehmen und Arbeitssuchenden. Sie bieten Unternehmen Leistungen wie die Veröffentlichung von Stellenanzeigen oder eine softwareunterstützte Bewerberselektion an. Arbeitssuchende können ihr persönliches Profil erstellen und regelmäßig überarbeiten. In den USA nutzen inzwischen 90 % der Unternehmen das Internet zur Personalbeschaffung.[1]

In Deutschland existieren verschiedene Onlinestellenmärkte, die sowohl von staatlichen Institutionen als auch von Privatunternehmen betrieben werden. Größter Anbieter ist die Bundesanstalt für Arbeit, die auch die größte Reichweite unter den Internetnutzern hat.[2] Bei den privaten Anbietern zählen jobpilot.de, stepstone.de und monster.de zu den bedeutsamsten Anbietern. Durch das Projekt „Virtueller Arbeitsmarkt" der Bundesanstalt für Arbeit wird die Onlinearbeitsvermittlung in Zukunft einen noch größeren Stellenwert erhalten. Mithilfe einer zentralen Webdatenbasis mit unterschiedlichen Zugriffsberechti-

---

[1]   Vgl. Cappelli (2001), S. 140.
[2]   Vgl. Horizont (2002).

gungen für alle Teilnehmer am Arbeitsmarkt sollen die Eigeninitiative der Arbeitsplatzsuchenden gestärkt und Effizienzpotenziale innerhalb der Behörde erschlossen werden.
Private Jobportale sollen ebenfalls in das Angebot des „Virtuellen Arbeitsmarktes" integriert werden.[1]

Es existieren verschiedene Studien zur Onlinearbeitsvermittlung, die sich vor allem mit
der effektiven Nutzung des Internets zur Personalbeschaffung befassen.[2] Zur Nutzung
des Internets durch die Arbeitsplatzsuchenden selbst liegen jedoch nur wenige Daten
vor. Deshalb wurde untersucht, in welchem Umfang Bürger das Internet bei der Arbeitsplatzsuche einsetzen (vgl. Abbildung 14).

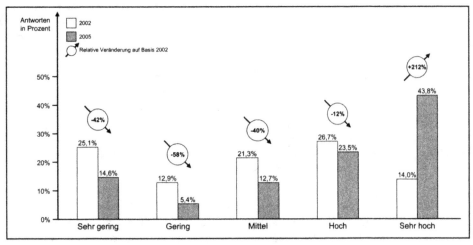

Abbildung 14:   Nutzung des Internet zur Arbeitsplatzsuche

Über 40 % der befragten Bürger gaben an, das Internet bereits im Jahr 2002 in großem
Umfang zur Arbeitsplatzsuche genutzt zu haben. Mehr als 65 % der Befragten rechnen
damit, dies im Jahr 2005 zu tun. Es ist zu vermuten, dass sie parallel klassische Medien
wie die Tageszeitung nutzen. Insbesondere in späteren Bewerbungsphasen, wie der Anbahnung eines Einstellungsgesprächs, spielt der persönliche Kontakt zwischen Bewerber
und Personalabteilung weiterhin eine überragende Rolle.

Zudem wurde untersucht, ob sich der Einsatz des Internets positiv auf den Prozess der
Arbeitssuche auswirkt. Dabei standen zwei Aspekte im Vordergrund: erstens, ob der
Arbeitsplatzsuchende durch den Einsatz des Internets mehr interessante Stellenangebote

---

1   Vgl. Bundesanstalt für Arbeit (2003).
2   Vgl. Cappelli (2001), S. 140.

findet und sich damit die Zusammenführung von Nachfrager- und Anbieterpräferenzen verbessert; zweitens die Frage, ob der Suchprozess durch den Einsatz des Internets beschleunigt wird.

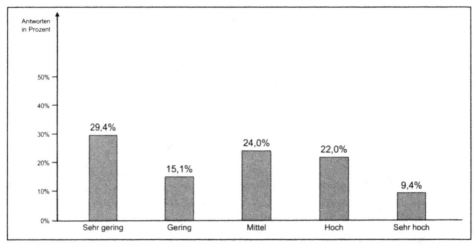

Abbildung 15:   Erhöhung der Anzahl interessanter Stellenangebote durch Einsatz des Internets bei der Arbeitsplatzsuche

Über 30 % der befragten Bürger gaben an, durch die Nutzung des Internets zur Arbeitsplatzsuche mehr interessante Stellenangebote gefunden zu haben (vgl. Abbildung 15). Für 29,4 % hat sich die Zeit der Arbeitsplatzsuche in hohem oder sehr hohem Maß verkürzt. Die Nutzung des Internets bei der Arbeitsvermittlung scheint somit positiv auf die Effizienz des Arbeitsmarkts im Sinne einer besseren Vermittlung von Arbeitskräften an die richtige Stelle und einer Beschleunigung des Vermittlungsprozesses zu wirken.

2.2.2.3   Telearbeit/Home-Office

Ausgelöst durch die Ölkrise wurden in den 70er Jahren erste Überlegungen angestellt, das Verkehrsaufkommen durch einen technikbasierten Datenaustausch zu reduzieren.[1] Organisatorisch wurde auf Basis dieser Überlegungen das Konzept der Telearbeit entwickelt. Unter Telearbeit wird jede auf Informations- und Kommunikationstechnik gestützte Tätigkeit verstanden, die an einem Arbeitsplatz außerhalb der Räumlichkeiten des Unternehmens verrichtet wird. Insbesondere die räumliche Verteilung sowie der Aspekt der

---

[1]   Vgl. Nilles et al. (1976), S. 1 ff.

Mobilität spielen bei der Gestaltung von Telearbeitsprozessen und -formen eine entscheidende Rolle. In Anlehnung an Pribilla/Reichwald/Goecke werden anhand der räumlichen Flexibilität vier Formen der Telearbeit unterschieden:[1]

- Home-based-Telearbeit/Home-Office umfasst alle Formen der Arbeitsverrichtung vom häuslichen Arbeitsplatz aus. Hierunter fallen häufig Programmierer oder Wissenschaftler, deren Arbeit stark wissensbasiert ist oder in rein digitaler Form erstellt wird.

- Center-based-Telearbeit bezeichnet die Bündelung von Telearbeitsplätzen in hierfür geschaffenen Einrichtungen, wobei Telearbeits- und Teleservicezentren unterschieden werden. Telearbeitszentren werden eingerichtet, wenn ausgelagerte Arbeitsstätten von Unternehmen lokal gebündelt werden sollen. Teleservicezentren, häufig auch Callcenter genannt, zielen auf die Schaffung einer geeigneten Organisationsform zur kundenorientierten Erbringung von Teledienstleistungen ab. Häufige Aufgabenbereiche sind die Kundenbetreuung oder die Auftragsannahme.

- Unter On-Site-Telearbeit wird die Telearbeit am Standort des Wertschöpfungspartners verstanden. Um ein möglichst hohes Maß an Flexibilität gewährleisten zu können, arbeitet der Mitarbeiter vor Ort beim Kunden oder Lieferanten, ist jedoch gleichzeitig mit dem firmeninternen Netzwerk verbunden. Als Beispiel sei an dieser Stelle die Systembetreuung durch einen Mitarbeiter eines Hardwarelieferanten vor Ort genannt.

- Unter dem Begriff der mobilen Telearbeit wird das ortsunabhängige Arbeiten verstanden. Der Einsatz mobiler Informations- und Kommunikationstechnologien erlaubt es beispielsweise Außendienstmitarbeitern oder Servicetechnikern, auf regelmäßige Besuche im Unternehmen zu verzichten, da sie online auf Informationen wie Daten, Ergebnisse und Termine zugreifen können.

Nicht jede Art von Arbeitsplatz ist für Telearbeit geeignet. Es kommen vor allem jene Tätigkeiten in Frage, die keine permanente Anwesenheit des Mitarbeiters erfordern. Darüber hinaus muss die Arbeit einen ausreichenden Autonomiegrad zulassen und die Leistung mit vertretbarem Aufwand zu beurteilen sein. Konzeptionelle und entscheidungsvorbereitende Arbeiten, die eine intensive Abstimmung mit anderen Mitarbeitern erfordern, sind hingegen nur bedingt für Telearbeit/Home-Office-Arbeit geeignet.[2]

In der Literatur werden die Vorteile der Telearbeit in drei unterschiedlichen Dimensionen erfasst.[3] Aus der Sicht des Mitarbeiters bedeutet Telearbeit ein höheres Ausmaß an Flexibilität, mehr Eigenverantwortung sowie eine Reduktion der Fahrtzeit und -kosten.

---

[1]   Vgl. Pribilla/Reichwald/Goecke (1996), S. 124 ff.
[2]   Vgl. BMAS/BMWT/BMBF (2001), S. 49.
[3]   Vgl. BMAS/BMWT/BMBF (2001), S. 23 ff.

Für die Region können sich Vorteile durch die Entlastung des Verkehrsnetzes, durch die Flexibilisierung des Arbeitsmarktes sowie durch wirtschaftliche Impulse für Randgemeinden ergeben. Unternehmen, die Telearbeit einsetzen, können eine höhere Kundenorientierung erreichen, Kreativitätspotenziale ausschöpfen und die Produktivität steigern. Von Mitarbeiterseite aus werden Produktivitätssteigerungen im zweistelligen Prozentbereich aufgrund der Einführung von Telearbeit angegeben.[1]

Als wesentlicher Nachteil der Home-based-Telearbeit wird vorwiegend die soziale Isolation des Mitarbeiters betrachtet. Dies ist allerdings differenziert zu beurteilen. Zwar wird der Kontakt mit Arbeitskollegen durch Telearbeit verringert, durch die Anwesenheit im eigenen Haus und das Entfallen der Fahrtzeit zum Arbeitsplatz ist dafür mehr Interaktion im privaten sozialen Umfeld möglich.

Produktivität, Leistung und Arbeitszufriedenheit der Anwender von Home-Office-Lösungen hängen in hohem Maß von der zur Verfügung stehenden Informations- und Kommunikationstechnologie ab.[2] Mit zunehmender Verbreitung von Breitbandinternetzugängen werden die Voraussetzungen für die produktive Nutzung von Telearbeit verbessert. Vor diesem Hintergrund analysierte die Studie „Deutschland Online" die Bereitschaft der Bürger zur Telearbeit und wirtschaftlich interessante Aspekte wie Kostensenkungspotenziale. Grundsätzlich sind fast 60 % der befragten Bürger in hohem Maß dazu bereit, ihrer beruflichen Tätigkeit von einem Home-Office aus nachzugehen (vgl. Abbildung 16).

---

[1]   Vgl. Greer/Buttross/Schmelzle (2002), S. 50.
[2]   Vgl. Belanger/Collins/Cheney (2001), S. 170.

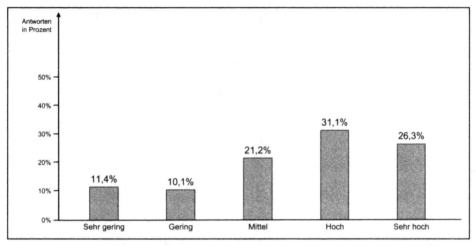

Abbildung 16:   Bereitschaft der Bürger zur Telearbeit

Zusätzlich wurden die Unternehmen nach der Bedeutung der Telearbeit in der Wirtschaft befragt. Demnach macht der Anteil der Telearbeitsplätze bei den befragten Unternehmen durchschnittlich 5,8 % der gesamten Arbeitsplätze aus. In der Werbewirtschaft liegt dieser Anteil mit durchschnittlich 8,6 % wesentlich höher. Alle befragten Gruppen erwarten, dass der Anteil der Telearbeitsplätze bis 2005 ansteigen wird: Unternehmen rechnen mit 10,6 %, die Werbewirtschaft mit 14,8 %. Die Unterschiede lassen sich daraus erklären, dass die Werbewirtschaft in höherem Maß über Arbeitsplätze verfügt, die die Voraussetzungen für Telearbeit erfüllen. So kann öfter auf eine ständige Anwesenheit der Mitarbeiter verzichtet werden. Demgegenüber ist Telearbeit besonders im verarbeitenden Gewerbe oder in Dienstleistungsbranchen, die ihre Leistung direkt am Kunden erbringen, nur in geringem Umfang zu realisieren.

Die Produktivitätssteigerungen, die durch Telearbeit ermöglicht werden, schlagen sich vor allem in geringeren Kosten nieder. Unternehmen gaben an, im Jahr 2002 die Arbeitskosten durch die Einführung von Telearbeitsplätzen um durchschnittlich 2,4 % verringert zu haben. Für das Jahr 2005 streben sie Kostensenkungen in Höhe von 4,6 % an. Aufgrund der intensiveren Nutzung von Telearbeitsplätzen wurde das Kostensenkungspotenzial in der Werbewirtschaft für das Jahr 2002 auf 3,6 % und für 2005 auf 6,0 % geschätzt (vgl. Abbildung 17).

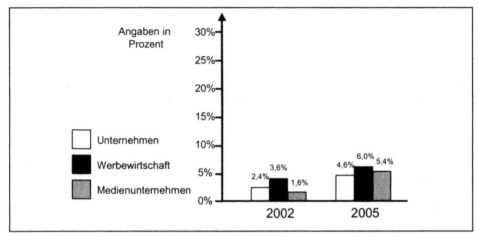

Abbildung 17:   Kostensenkungspotenziale von Telearbeit/Home-Office

Um Telearbeitsplätze bzw. Home-Offices einrichten zu können, müssen seitens der Unternehmen die technischen Vorraussetzungen für diese dezentrale Organisationsform geschaffen werden. Neben der Hardware und Software, die am Telearbeitsplatz zur Verfügung gestellt werden muss, stellt die Netzwerktechnologie den zentralen Erfolgsfaktor bei der technischen Ausstattung dar, wobei die Gewährleistung einer sicheren Datenübertragung und einer angemessenen Bandbreite einer „conditio sine qua non" gleichkommt. Wie die Ergebnisse der Studie „Deutschland Online" andeuten, wird die Bedeutung der Telearbeitsplätze in Deutschland zunehmen. Letztlich besteht damit die Möglichkeit, individuelle Lebensgestaltung mit Produktivitätssteigerungen zu verbinden.

2.2.3   Onlineshopping

Unter Onlineshopping wird im Folgenden die Anbahnung, Aushandlung und/oder Abwicklung von Geschäftstransaktionen zwischen einem anbietenden Unternehmen und dem Konsumenten auf der Basis von Internettechnologien verstanden (Business-to-Consumer (B2C)-Segment).[1] Die deutschen B2C-E-Commerce-Umsätze lagen im Jahr

---

[1]   Vgl. Wirtz (2003a).

2000 bei US$ 2,4 Milliarden.[1] Im Jahr 2002 wurden US$ 11 Milliarden erreicht. Für das Jahr 2004 wird mit Umsätzen von bis zu US$ 57,7 Milliarden bei Onlinetransaktionen mit privaten Konsumenten gerechnet (vgl. Abbildung 18).

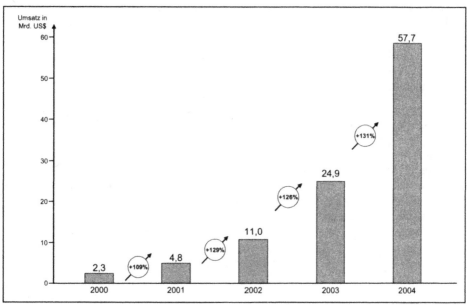

Abbildung 18:   B2C-E-Commerce-Umsatz in Deutschland[2]

Dieser Umsatz verteilt sich auf ca. 26,5 Millionen Käufer bzw. 48 % aller Internetnutzer in Deutschland.[3] Vor allem digitale Güter eignen sich für den Onlinevertrieb, weil sie nicht nur online angeboten, sondern auch über Datennetzwerke direkt vertrieben werden können. Nichtdigitale Güter, wie z. B. Möbel oder Kleidung, können zwar online angeboten werden, die physische Distribution erfolgt aber immer offline. Dennoch haben sich Onlinemarktplätze für nichtdigitale Produkte entwickelt.

Onlinekäufe können prinzipiell auf drei unterschiedlichen Arten von Transaktionsplätzen angebahnt und durchgeführt werden. Zum einen ist dies die Unternehmenshomepage, auf der das Unternehmen dem Kunden seine Produkte direkt zum Kauf anbietet. Neben einem reichhaltigen Informationsangebot bezüglich der Produktpalette kann sei

[1]   Vgl. Bundesministerium für Wirtschaft und Arbeit (2003), S. 308.
[2]   Datenquelle: Bundesministerium für Wirtschaft und Arbeit (2003), S. 308.
[3]   Vgl. Bundesministerium für Wirtschaft und Arbeit (2003), S. 319.

tens des Unternehmens auch eine direkte Kommunikation mit dem Kunden via E-Mail oder Chat eingesetzt werden, um eine ausreichende Kundennähe zu gewährleisten. Darüber hinaus ermöglicht es ein Onlineauktionshaus wie beispielsweise eBay, Produkte kategorisiert anzubieten und im Auktionsverfahren an den Meistbietenden zu verkaufen. Hierbei können sowohl Unternehmen als auch Privatpersonen als Verkäufer auftreten. Als dritte Option können über eine virtuelle Shopping-Mall Waren vertrieben werden. Eine Virtual-Shopping-Mall ist ein Einkaufszentrum im Internet, das von einem Portalbetreiber (z. B. T-Online) koordiniert wird. Produkthersteller mieten innerhalb dieser Mall einen virtuellen Laden und profitieren von der leichten Auffindbarkeit im Netz und der gemeinsamen Nutzung der technischen Infrastruktur.

Ein wichtiger Bestandteil des Kaufprozesses ist die Information über bestehende Angebote. Zum Beispiel kann sich der Konsument durch den Besuch eines oder mehrerer Geschäfte über Qualität, Preis und Verfügbarkeit von Produkten informieren. Informationen, die keine physische Inspektion des Produkts erfordern, lassen sich jedoch auch über das Internet vermitteln, wo sie bequem und jederzeit für den Konsumenten zugänglich sind. Inzwischen veröffentlichen zahlreiche Unternehmen Produktinformationen auf ihrer Website. Die Studie „Deutschland Online" untersuchte, wie wichtig die Verfügbarkeit von Produktinformationen im Internet aus Konsumentensicht ist (vgl. Abbildung 19).

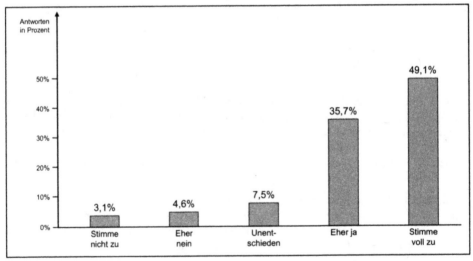

Abbildung 19:   Zustimmung der Bürger auf die Frage, ob sie Produktinformationen im
                  Internet erwarten

Über 80 % der Bürger gaben an, dass sie von Unternehmen im Internet Informationen über Produkte und Dienstleistungen erwarten. Offensichtlich ist das Internet zu einer wichtigen und unentbehrlichen Informationsquelle für Kaufentscheidungen geworden. Um Kunden nicht zu enttäuschen, sollte ein Internetauftritt mit Produktinformationen zum Mindestangebot jedes Unternehmens zählen.

Um zu ermitteln, wie sich die E-Commerce-Ausgaben der deutschen Bürger auf die Transaktionsplätze verteilen, wurden sie gebeten, ihr derzeitiges Ausgabeverhalten abzuschätzen. Über Unternehmenswebsites kauften die Befragten bereits im Jahr 2002 für durchschnittlich € 146 ein. Über Tauschbörsen/Auktionshäuser und Virtual-Shopping-Malls erwarben die Befragten Waren und Dienstleistungen im Wert von ca. € 178 bzw. € 32.

Neben dem Marktvolumen wurden in zahlreichen Studien Hemmnisse untersucht, die Konsumenten vom Onlineshopping abhalten. So identifizierten beispielsweise Taylor Nelson Sofres Sicherheitsbedenken, fehlende Anwenderfreundlichkeit sowie mangelndes Vertrauen als die bedeutsamsten Gründe, die gegen einen Onlinekauf sprechen.[1] Im Gegensatz hierzu wurden in der Studie „Deutschland Online" jene Gründe untersucht, die aus Sicht der Kunden Onlineshopping attraktiv machen.

Bürger wurden nach Beweggründen gefragt, aufgrund derer sie das Onlineshopping den klassischen Vertriebswegen vorziehen. Weit mehr als drei Viertel der Bürger schätzen Onlineshopping wegen der Preis- und Zeitvorteile in hohem Maß (vgl. Abbildung 20). Auch die Tatsache, dass es im Internet keine Ladenöffnungszeiten gibt und so der Einkauf rund um die Uhr möglich ist, stellt für fast 80 % der Befragten einen entscheidenden Vorteil des Onlineshoppings dar.

---

[1] Vgl. Taylor Nelson Sofres (2002a), S. 1 ff.

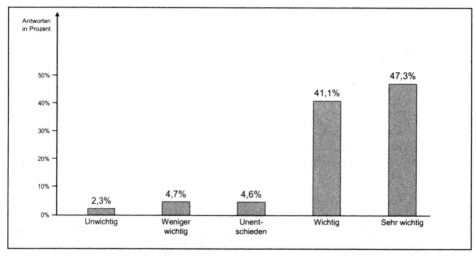

Abbildung 20:   Bedeutung von Preisvorteilen für Onlineshopping

Für die nächsten Jahre wird eine stetig steigende Bedeutung des Onlineshoppings erwartet. Nachdem sich die Anbieter in den ersten Jahren des Booms vor allem auf die teure Akquise neuer Kunden konzentriert haben, steht heute die Optimierung der Prozesse im Vordergrund. Vor allem die Transaktionssicherheit, die immer noch als eines der wesentlichsten Bedenken der Internetnutzer gilt, sowie die Anwenderfreundlichkeit werden künftig den Erfolg des Onlineshoppings ausmachen.

2.2.4   E-Government

Unter E-Government wird die „Abwicklung geschäftlicher Prozesse im Zusammenhang mit Regieren und Verwalten (Government) mithilfe von Informations- und Kommunikationstechniken über elektronische Medien"[1] verstanden. E-Government ist eine Sonderform des E-Business, wobei ein Amt oder eine Behörde als Partei in Erscheinung tritt und mit Bürgern oder Unternehmen interagiert.[2] E-Government beinhaltet alle Transaktionsbeziehungen, die zwischen Verwaltungen selbst bzw. zwischen ihnen und Individuen oder nichtstaatlichen Institutionen bestehen können. Tabelle 1 gibt einen Überblick über die möglichen Beziehungen im E-Government. Die einzelnen Gruppen werden je-

---

[1]   Lucke/Reinermann (2003), S. 1.
[2]   Vgl. Bundesministerium für Wirtschaft und Arbeit (2003), S. 383.

weils mit einem Buchstaben abgekürzt: Bevölkerung / Bürger (**C**onsumer); Staat / Verwaltung (**G**overnment); Wirtschaft (**B**usiness) und Nichtregierungsorganisationen (**N**GO). Beispielsweise wird unter G2C die Kommunikation zwischen öffentlicher Verwaltung und Bürgern verstanden, wobei die Initiative von der Verwaltung ausgeht.

E-Government	Bevölkerung / Bürger	Staat / Verwaltung	Wirtschaft	NGO / NPO
Bevölkerung / Bürger		C2G		
Staat / Verwaltung	G2C	G2G	G2B	G2N
Wirtschaft		B2G		
NGO / NPO		N2G		

Tabelle 1:   Beziehungstypen im E-Government[1]

Unter den Services im E-Government können vier Kategorien unterschieden werden.[2] Die erste Gruppe stellen so genannte Einnahmen generierende Dienste dar. Hierunter fallen Transaktionen, bei denen Bürger und Unternehmen Steuern oder Sozialbeiträge an die Behörde abführen. Registrierungsdienste, die zur Sammlung und Verwaltung von Daten dienen, stellen ein weiteres Angebotssegment dar. Hierbei sind insbesondere Meldetätigkeiten bei Geburt, Hochzeit, Tod, Wohnortswechsel oder für die Kfz-Zulassung zu erwähnen.

Die dritte Kategorie umfasst alle Leistungen, die Bürgern und Unternehmen angeboten werden. Hierunter fallen beispielsweise öffentliche Bibliotheken, die Arbeitsplatzvermittlung, Erklärungen gegenüber der Polizei oder die öffentliche Beschaffung. Das letzte der vier Serviceangebote beinhaltet die Beantragung und Ausstellung von Genehmigungen und Konzessionen. Baugenehmigungen könnten über ein internetbasiertes Formular beantragt und von der Behörde bearbeitet bzw. zugesendet werden.

Studien über das E-Government untersuchen im Wesentlichen zwei Fragestellungen. Einige Studien, wie die von Accenture oder Cap Gemini Ernst & Young, befassen sich mit internationalen Vergleichen der Fortschritte der E-Government-Aktivitäten. Accenture stuft ausgewählte Länder anhand des Entwicklungsstands ihrer umgesetzten E-Government-Konzepte in vier Gruppen ein. Unter „innovativen Vorreitern" werden diejenigen Länder verstanden, die ein großes Angebot an Dienstleistungen auf einer ausgereiften Plattform anbieten. Hierzu gehören Kanada, Singapur sowie die USA. Die Gruppe der „visionären Verfolger", zu der auch Deutschland gezählt wird, zeichnet sich durch ein starkes Wachstum auf der Basis eines soliden Angebots aus. In der Gruppe der

---

[1]   Vgl. Lucke/Reinermann (2003), S. 2.

[2]   Vgl. Cap Gemini Ernst & Young (2002), S. 4 f.

„beharrlichen Entwickler" werden jene Länder zusammengefasst, die über ein einge-schränktes Dienstleistungsangebot verfügen. In der letzten Gruppe, den „reinen Platt-formanbietern", finden sich Staaten wie beispielsweise Portugal oder Italien. Diese Staa-ten bieten nur rudimentäre E-Government-Onlineservices an.

Neben internationalen Vergleichen werden die Nutzung der angebotenen Onlineservices sowie die Akzeptanz durch den Bürger untersucht. In einem europäischen Vergleich liegt Deutschland mit nur 24 % der Bevölkerung, die entsprechende Onlineservices in Anspruch nehmen, im letzten Drittel.[1] Nur Großbritannien und Italien weisen eine ge-ringere Akzeptanz von E-Government-Diensten auf.

Unter den E-Government-Nutzern können unterschiedliche Typen unterschieden wer-den. „Information-Seekers" sind auf der Suche nach speziellen Informationen im Ver-waltungsbereich. „Downloaders" benötigen behördliche Formulare und laden diese von den Internetauftritten der Ämter und Behörden herunter. „Providers" geben persönliche Daten an und „Transactors" nehmen Services in Anspruch, die eine monetäre Transak-tion für die Bezahlung von behördlichen Leistungen mit sich bringen. Schließlich kön-nen noch so genannte „Consulters" identifiziert werden, die ihre Meinung zu öffent-lichen Themen kundtun.

Die Bundesregierung rief 2001 die Initiative „Bund Online 2005" ins Leben. Das Ziel dieser Kampagne ist die elektronische Abwicklung aller internetfähigen Dienstleistun-gen der Bundesverwaltung bis zum Jahr 2005, um eine nachhaltig wettbewerbsfähige Position Deutschlands in einem globalen Wettbewerb sicherzustellen.[2] Staatliche Ver-waltungsstrukturen sollen modernisiert werden und eine effizientere Verwaltung ermög-lichen. So sind beispielsweise bis zum Ende 2002 ca. 170 Dienstleistungen, vom Melde-verfahren für die Intrahandelsstatistik bis hin zum BAföG-Antrag, implementiert worden.

Ein bedeutsamer Fortschritt soll die vollständig internetbasierte Durchführung aller Be-schaffungsprozesse der öffentlichen Verwaltung sein. So wird bei einem jährlichen Auf-tragsvolumen von über € 500 Milliarden mit Einsparungen von ca. 2 % gerechnet. Als Probleme bei der Umsetzung von E-Government-Prozessen und -strukturen sind vor al-lem fehlende Finanz- und Personalmittel, eine mangelnde Unterstützung der Administra-tionsführung sowie unabgestimmte Strategien identifiziert worden.[3]

---

[1]   Vgl. Taylor Nelson Sofres (2002b), S. 1 ff.
[2]   Vgl. Bundesministerium des Inneren (2003), S. 1.
[3]   Vgl. Bundesministerium für Wirtschaft und Arbeit (2003), S. 398.

Die Studie „Deutschland Online" untersuchte, welche Akzeptanz die Bürger den Onlineservices der Behörden und Ämter entgegenbringen und wie hoch ihre Zahlungsbereitschaft für solche Dienste ist. Von den befragten Bürgern sind über 70 % in hohem
oder sehr hohem Umfang daran interessiert, Amtsgeschäfte online durchzuführen. Sie
würden für eine Transaktion durchschnittlich € 5,67 bezahlen (vgl. Abbildung 21).

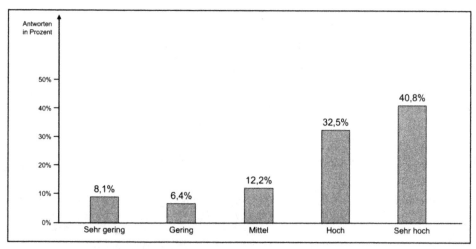

Abbildung 21:   Interesse an E-Government

Auf Unternehmensseite wurde die aktuelle E-Government-Nutzung untersucht. Es wurde insbesondere gefragt, ob Unternehmen das Internet nutzen, um Behördengänge ein-
zusparen und wie hoch ihre Zahlungsbereitschaft für solche Services ist. Das Ergebnis
lässt vermuten, dass E-Government im B2G-/G2B-Bereich bisher nicht umfangreich
eingesetzt wird: 10,7 % der befragten Unternehmen nutzen das Internet oft oder sehr oft
zur Abwicklung von Amtsgeschäften. Die Zahlungsbereitschaft liegt bei durchschnittlich € 19,92 für eine Transaktion, wobei allerdings nicht nach Transaktionstyp differenziert wurde (vgl. Abbildung 22).

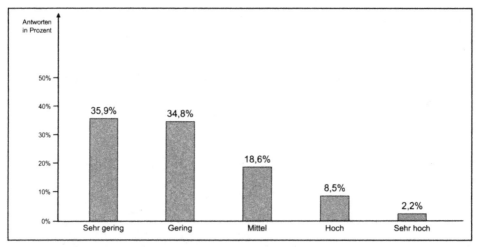

Abbildung 22:   E-Government-Nutzung durch Unternehmen

Die besonderen Eigenschaften internetbasierter Kommunikationsformen haben das Potenzial, Verwaltungsabläufe in der öffentlichen Verwaltung grundlegend zu verändern.
Dies gilt z. B. für die Integration verschiedener Datenbestände, das Schnittstellenma-
nagement von Arbeitsabläufen und vor allem die Erreichbarkeit der öffentlichen Verwaltung. Projekte wie das „Digitale Rathaus" schaffen aber auch die Notwendigkeit eines integrierten Multi-Channel-Ansatzes zur kanalübergreifenden Steuerung der Ver-
waltungstätigkeit. Hierbei ist vor allem die Benachteiligung von wenig internetaffinen
Bevölkerungsgruppen zu berücksichtigen.

2.3   Zukünftige gesellschaftliche Perspektiven

Zusammenfassend ist festzustellen, dass Deutschland auf dem Weg in die Informationsgesellschaft voranschreitet. Trotz teilweiser Defizite auf Anwendungsebene sind die
Voraussetzungen in einigen Bereichen, wie beispielsweise der Infrastruktur, gut:

– Deutschland verfügt in Europa bei der Penetration mit Breitbandinternetanschlüssen
  über eine gute Ausgangsposition. Mit voraussichtlich 12,6 Millionen Anschlüssen im
  Jahr 2008 wird fast ein Drittel aller Haushalte über einen Breitbandinternetzugang
  verfügen.

– Ein Drittel der befragten Bürger rechnet damit, im Jahr 2005 mobile Endgeräte für
  den Internetzugriff zu nutzen; auch am Zugriff über WLAN besteht bei fast einem
  Viertel der Bürger und 30 % der Unternehmen hohes Interesse.

- Anwendungen wie E-Mail, Homepage oder Onlinebanking sind alltäglich geworden. Allerdings werden technisch anspruchsvollere Anwendungen, wie z. B. Video-Conferencing, nur von wenigen Unternehmen eingesetzt.

- Es besteht ein Bewusstsein für die wirtschaftliche Bedeutung des Internets. Die Wichtigkeit der Internetkompetenz für die Zukunft des Standorts Deutschland ist unbestritten. Auf dem Arbeitsmarkt wird das Internet positiv auf die Markteffizienz wirken.

- Telearbeit scheint ein neues, wichtiges Einsatzgebiet der Internettechnologie zu werden. Von Seiten der Bürger besteht hohes Interesse. Die Wirtschaft beabsichtigt ebenfalls, den Anteil der Telearbeitsplätze zu erhöhen, um dadurch Produktivitätspotenziale erschließen zu können.

- Onlineshopping hat vor allem den Bürgern einen Zugewinn an Konsumentenfreiheit beschert. Sie schätzen Preis- und Zeitvorteile sowie die Unabhängigkeit von Ladenöffnungszeiten.

- Im Hinblick auf E-Government bestehen hohes Interesse sowie Zahlungsbereitschaft auf allen Seiten. Dennoch nutzen bisher nur 10 % der Unternehmen das Internet zur Abwicklung von Amtsgeschäften in hohem oder sehr hohem Maß. Um die Potenziale des E-Government zu erschließen, müssen Anstrengungen unternommen werden, diese Quote zu erhöhen.

Insgesamt ist festzustellen, dass das Internet inzwischen alltäglicher Bestandteil des gesellschaftlichen Lebens geworden ist. Vor allem aus der Arbeitswelt ist es nicht mehr wegzudenken. Dennoch gibt es einige Handlungsfelder, die die Aufmerksamkeit der politischen, wirtschaftlichen und gesellschaftlichen Akteure verlangen.

Die rasche Entwicklung des Internets zu einem Schlüsselmedium in unserer Informationsgesellschaft hat die Frage aufgeworfen, ob die Chancengleichheit bei der Nutzung dieses neuen Mediums, welches sich durch alle Bereiche unserer Gesellschaft zieht, gegeben ist. Eine Spaltung der Gesellschaft in technikaffine und technikaverse Bevölkerungsgruppen gilt es auch aus wirtschaftspolitischen Motiven zu verhindern.

Drei Aspekte sind dabei zu berücksichtigen. Der soziokulturelle Aspekt umfasst Faktoren wie die individuelle Bildung der Bürger, die es ihnen ermöglicht, das Medium autonom zu nutzen. Darüber hinaus gilt es, die Motivation des Einzelnen zu fördern, diese Technologien in Beruf und Freizeit zielgerecht und effizient einzusetzen. Ökonomische Aspekte betreffen insbesondere die Kosten, die für die Anschaffung, aber auch für den Betrieb und die Fortbildung auf individueller und Unternehmensebene anfallen. Technische Faktoren stellen die Basis für die Teilnahme an der Wissensgesellschaft dar und umfassen die Netzwerkinfrastruktur sowie die Geräteausstattung für den Zugang zum Internet. Alle diese Aspekte müssen berücksichtigt werden, wenn es um die Zukunftsfähigkeit der deutschen Gesellschaft in Bezug auf die Internetnutzung geht.

3. Deutschland Online: Ökonomische Perspektiven

Nachdem in Kapitel 2 die Bedeutung und die Gestaltungsformen des Internets aus gesellschaftlicher Perspektive beschrieben wurden, erläutert dieser Abschnitt relevante ökonomische Aspekte. Aufbauend auf den Grundlagen der Internetökonomie wird die Bedeutung der Entwicklungen für Unternehmen im Allgemeinen sowie für Medienunternehmen und Unternehmen der Werbewirtschaft im Speziellen behandelt. Im Detail werden hierbei Geschäftsmodelle und -tätigkeiten untersucht, die durch die Diffusion des Internets verändert werden oder neu entstehen. Im Anschluss daran wird der funktionsspezifische Einsatz der Informations- und Kommunikationstechnologien im Unternehmen analysiert, wobei der Schwerpunkt auf den Funktionsbereichen Beschaffung und Vertrieb liegt. Abschließend wird in einem Ausblick auf das Potenzial der Internettechnologien eingegangen.

3.1 Grundlagen der Internetökonomie

Das Internet ist eine Vernetzung von Computern auf der Grundlage der Kommunikationsprotokolle „Transmission Control Protocol over Internet Protocol" (TCP/IP). Viele Anwendungen zum Datenaustausch und zur Kommunikation zwischen Computern basieren auf TCP/IP. Zu den bekanntesten Anwendungen zählen E-Mail-Dienste, das File Transfer Protocol (FTP) und das World Wide Web.[1] Da eine Telefonleitung für den Datenaustausch zwischen geografisch verteilten Computern ausreicht, können Computer durch die gemeinsame Nutzung von Internetanwendungen weltweit vernetzt werden.

Die wesentlichen Eigenschaften des Internets sind Digitalität, Vernetzbarkeit und Ubiquität.[2] Unter Digitalität wird die Darstellung und Speicherung von Daten in einem binären Code verstanden, der lediglich aus den Zeichen Null (0) und Eins (1) besteht. Die Darstellung von Daten in digitalisierter Form ermöglicht eine neue Quantität und Qualität des Einsatzes von Informationen, da sie mit verhältnismäßig geringem Aufwand kopiert und reproduziert werden können. Erheblich effizienter wird die gemeinsame Nut-

---

[1]   Vgl. Winand (2001), S. 248.
[2]   Vgl. Wirtz (2001a), S. 23.

zung digitalisierter Informationen durch die Vernetzung aller Nutzer über ein standardisiertes Netzwerk, wie z. B. über das Internet, da auf diese Weise die Kosten des Datenaustauschs erheblich verringert werden.

Das Resultat von Digitalität und Vernetzung ist Ubiquität, die dritte Eigenschaft des Internets. Aufgrund des vereinfachten Datenaustauschs durch digitale Speicherung und der geringen Kosten des Informationsaustauschs können Internetnutzer aus allen Teilen der Welt jederzeit miteinander in Kontakt treten. So führt die Vernetzung der Teilnehmer zu globalen Interaktionsmustern, die geografische Restriktionen obsolet machen und Globalisierungstendenzen verstärken.[1]

Digitalität, Vernetzung und Ubiquität des Internets sind die Ursachen veränderter ökonomischer Gesetzmäßigkeiten und Wirkungsbeziehungen, die die Grundlagen der Internetökonomie bilden. Sie haben deutliche Auswirkungen auf den Wettbewerb, das Kundenverhalten und die Komplexität der Märkte. Zusätzlich werden Unternehmen mit der zunehmenden Virtualisierung von Produkten und Organisationen konfrontiert. Das 4-Forces-Modell der Internetökonomie führt diese vier Dimensionen in einem Bezugsrahmen zusammen, anhand dessen die Auswirkungen der Internetökonomie auf Unternehmen systematisch analysiert werden können (vgl. Abbildung 23).

Die erste Dimension des 4-Forces-Modells ist die Wettbewerbsdimension. In ihr werden die wichtigsten Charakteristika des Wettbewerbs in der Internetökonomie zusammengefasst. Den größten Einfluss auf den Wettbewerb hat der erleichterte Zugang zu Informationen. Während die Informationsbeschaffung bisher durch räumliche und zeitliche Einschränkungen begrenzt war, kann sie durch die leichte und jederzeitige Verfügbarkeit zahlreicher Informationen im Internet erheblich effizienter gestaltet werden. Dadurch werden die Informationsasymmetrien zwischen den Marktteilnehmern reduziert und die Markttransparenz erhöht.

Eine direkte Konsequenz der gestiegenen Markttransparenz ist der Abbau der kundenseitigen Wechselbarrieren.[2] Zudem ist nach Auffassung von Shapiro und Varian der Wettbewerb in der Internetökonomie primär durch einen verstärkten Preiswettbewerb gekennzeichnet. Sie gehen davon aus, dass die zunehmenden Vergleichsmöglichkeiten von Produkten und Dienstleistungen durch die Kunden dazu führen, dass der Preis zum primären Selektionskriterium wird. Davon sind vor allem homogene Güter bzw. Commodities betroffen.[3] Beide Entwicklungen führen zu einer insgesamt höheren Wettbewerbsintensität auf den Märkten.

---

[1]   Vgl. Bryan/Fraser (1999), S. 68 f.
[2]   Vgl. Wirtz/Lihotzky (2001), S. 285.
[3]   Vgl. Shapiro/Varian (1999), S. 24.

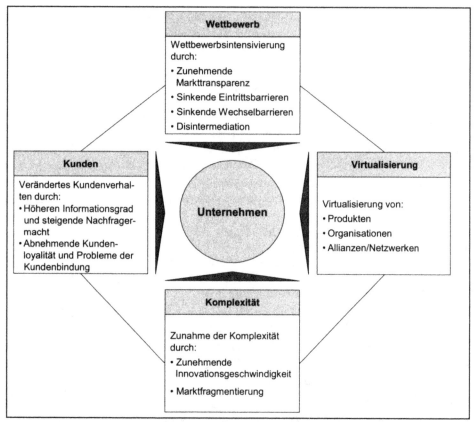

Abbildung 23:   Das 4-Forces-Modell der Internetökonomie[1]

Sinkende Markteintrittsbarrieren entstehen in der Internetökonomie durch Kostenvorteile bei Produktpräsentation und Kundenansprache. Kundenkontakte sind durch das Internet zu erheblich niedrigeren Kosten zu realisieren als im Offlinegeschäft. Um z. B. im Einzel- oder Großhandel eine flächendeckende Kundenansprache in Deutschland zu erreichen, muss ein Unternehmen in allen mittleren und großen Bevölkerungszentren Filialen aufbauen.[2] Dazu bedarf es in der Internetökonomie nur einer zentralen virtuellen

---

[1]   In Anlehnung an Wirtz (2001a), S. 151.
[2]   Vgl. Wirtz (2001a), S. 159.

Präsenz, auf die landesweit – und abgesehen von Sprachbarrieren auch weltweit – von zahlreichen potenziellen Kunden zugegriffen werden kann. Der Investitionsbedarf reduziert sich hierdurch auf einen Bruchteil der andernfalls nötigen Summe.

Disintermediation ist eine Folge der elektronischen Unterstützung verschiedener Transaktionsphasen durch Informations- und Kommunikationstechnologie. Durch den Aufbau einer eigenen Internetpräsenz können Hersteller, die ihre Produkte zuvor nur über ein (mehrstufiges) Distributionsnetz vertrieben haben, direkten Kundenkontakt realisieren. Sie übernehmen damit zentrale Funktionen des Handels und machen auf diese Weise eine oder mehrere Handelsstufen überflüssig. Dies sorgt für eine verstärkte Konkurrenz zwischen Herstellern und Handelsunternehmen.

In der zweiten Dimension des 4-Forces-Modells wird das veränderte Kundenverhalten erfasst. Durch den Abbau von Informationsasymmetrien und die gesunkenen Markteintrittsbarrieren erhöht sich die Zahl der Auswahl- und Vergleichsmöglichkeiten, die den Kunden zur Verfügung stehen. Der Wegfall räumlicher Restriktionen trägt zu einer Verringerung der Wechselkosten bei, so dass ein Anbieterwechsel erheblich vereinfacht wird.[1] Aus diesen Gründen ist in der Internetökonomie eine abnehmende Kundenloyalität festzustellen, die zu wachsender Nachfragermacht und zu neuen Herausforderungen bei der Gestaltung der Kundenbeziehungen führt.[2]

Die erhebliche Komplexitätszunahme im ökonomischen Umfeld wird in der dritten Dimension des 4-Forces-Modells dargestellt. In vielen Branchen entstehen durch die Einrichtung elektronischer Märkte in verschiedensten Formen globale Märkte. Sinkende Markteintrittsbarrieren begünstigen den Marktzutritt neuer Anbieter und bewirken damit eine zunehmende Marktfragmentierung. Obwohl Unternehmen den günstigeren Zugang zu Informationen zur Optimierung ihrer Geschäftsmodelle einsetzen können, wird gleichzeitig die Diffusion von Prozess- und Produktinnovationen durch den vereinfachten Informationsaustausch wesentlich beschleunigt. Durch die hohe Innovationsgeschwindigkeit und die zunehmende Marktfragmentierung wird Komplexitätsbewältigung zu einer zentralen Managementaufgabe in der Internetökonomie.

Allerdings bietet die gesteigerte Komplexität auch Chancen. Während die gesteigerte Markttransparenz dem Kunden einerseits fundierte und zügige Kaufentscheidungen ermöglicht, birgt sie andererseits die Gefahr einer kognitiven Überlastung aufgrund einer großen Menge unstrukturierter und ungefilterter Informationen (Information Overflow). Marken können den Verbrauchern hier Orientierungs- und Navigationshilfe bieten, weshalb Markenaufbau und -pflege in der Internetökonomie eine zentrale Rolle für den Unternehmenserfolg spielen.[3]

---

[1] Vgl. Lihotzky (2003), S. 4 f.
[2] Vgl. Wirtz/Lihotzky (2003), S. 32.
[3] Vgl. Meffert (2000), S. 847 f.

Die vierte Dimension des 4-Forces-Modells betrifft die fortschreitende Virtualisierung von Organisationen und Produkten.[1] Durch den Einsatz des Internets entstehen neue Organisationsmodelle der inner- und zwischenbetrieblichen Koordination und Kooperation. Auf interorganisationaler Ebene können beispielhaft virtuelle Netzwerke angeführt werden. Unter einem virtuellen Organisationsnetzwerk wird eine temporäre oder dauerhafte Kooperation unabhängiger Unternehmen (Zulieferer, Distributoren, Kunden oder Konkurrenten) verstanden, die mittels Informations- und Kommunikationstechnologie verknüpft sind.[2]

Insbesondere Unternehmen mit großer Nähe zum Absatzmarkt, wie Konsumgüter- oder Automobilhersteller, lagern einen Großteil der Wertschöpfung an Zulieferer aus. Sie übernehmen als Leitorganisation die Koordination der ausgelagerten Geschäftsprozesse.[3] Bei der Koordination des Netzwerks spielt der Einsatz von Informations- und Kommunikationstechnologien eine immer wichtigere Rolle, z. B. im Supply-Chain-Management.

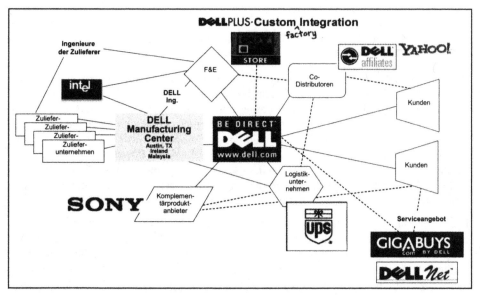

Abbildung 24:   Unternehmensnetzwerk am Beispiel von Dell

---

[1]   Vgl. Wirtz (2000a), S. 98 ff.
[2]   Vgl. Wirtz (2000a), S. 99.
[3]   Vgl. Sydow (1992), S. 82 ff.

Dell ist ein Beispiel für ein Unternehmen, das an der Spitze eines umfassenden Unternehmensnetzwerks steht und selbst nur eine geringe Fertigungstiefe aufweist (vgl. Abbildung 24). An diesem Unternehmensnetzwerk sind beispielsweise Komplementärproduktanbieter wie Lexmark, Logistikunternehmen wie UPS und Zulieferunternehmen wie Intel beteiligt. Dell übernimmt innerhalb dieses Netzwerks vor allem Kernfunktionen wie das Marketing oder die Koordination der Logistik.

Der Virtualisierungsgrad von Produkten spiegelt sich in der zunehmenden Bedeutung immaterieller, digitaler Güter wider. Dazu zählen neben Software- auch Medienprodukte, die nicht nur auf physischen Trägern, sondern auch in digitaler Form vertrieben werden. Die digitale Distribution bietet im Gegensatz zur physischen Distribution den Vorteil vernachlässigbarer variabler Kosten bei der Vervielfältigung des Produkts. Die Entwicklung von Strategien der digitalen Content-Distribution stellt daher eine zentrale Managementherausforderung der Internetökonomie dar.

3.2   Ökonomische Bedeutung des Internets

Dieser Abschnitt beschäftigt sich mit der ökonomischen Bedeutung des Internets. Es werden im Folgenden die Auswirkungen des Internets auf die Geschäftsmodelle und die Geschäftstätigkeit von Unternehmen dargestellt. Anschließend wird untersucht, inwieweit deutsche Unternehmen das Potenzial der Internettechnologien bereits ausschöpfen bzw. ob diesbezüglich weiterhin Optimierungspotenziale aufgedeckt werden können. Die Analysen der Geschäftsmodelle, Geschäftstätigkeiten und Potenziale werden jeweils für deutsche Unternehmen im Allgemeinen sowie für Unternehmen der Medienbranche und der Werbeindustrie im Speziellen durchgeführt. Abschließend wird die Bedeutung des Internets für ausgewählte funktionelle Unternehmensbereiche untersucht.

Die ökonomische Bedeutung des Internets wird insbesondere durch die Diffusion des Electronic-Business deutlich. Der Begriff des Electronic-Business steht für die Anbahnung sowie die teilweise respektive vollständige Unterstützung, Abwicklung und Aufrechterhaltung von Leistungsaustauschprozessen mittels elektronischer Netze.[1] Als globale Plattform für die Kommunikation und den Informationsaustausch stellt das Internet weltweit das Fundament für eine intraorganisationale und interorganisationale Prozessoptimierung dar. Prinzipiell werden die Marktsegmente Business-to-Consumer (B2C) und Business-to-Business (B2B) unterschieden. Ersteres steht für geschäftliche Transaktionen eines Unternehmens mit dem Endkonsumenten. Letzteres ist definiert durch eine Geschäftsbeziehung zwischen zwei Unternehmen.

---

[1]   Vgl. Wirtz (2001a), S. 34.

3.2.1   Bedeutung für deutsche Unternehmen, Medienunternehmen und die Werbeindustrie

Die Bedeutung des Electronic-Business ist in den letzten Jahren stetig über alle Branchen hinweg gestiegen. So setzt heute die Mehrheit der deutschen Unternehmen kontinuierlich E-Mail als Kommunikationsmittel und das Internet zur Unterstützung einzelner Geschäftsprozesse ein.[1] Die Intensität, mit der diverse Internettechnologien im Unternehmen eingesetzt werden, hängt dabei von den jeweils angebotenen Produkten oder Dienstleistungen, von der Marktstruktur und der jeweiligen Unternehmensstrategie ab. So zählen beispielsweise kommunikations- und koordinationsintensive Wirtschaftszweige, wie der Forschungssektor oder die Softwarebranche, zu jenen Wirtschaftssegmenten, die die höchste Intensität bezüglich der Internetnutzung aufweisen.[2] Im Folgenden werden die Auswirkungen des Internets auf die Geschäftsmodelle und die Geschäftstätigkeit von Unternehmen untersucht.

3.2.1.1   Geschäftsmodelle

Unter einem Geschäftsmodell wird eine modellhafte Beschreibung der zentralen Produktions- und Leistungssysteme eines Unternehmens verstanden. Es beinhaltet im Wesentlichen die Value-Proposition, die Gestaltung der Wertschöpfungskette sowie die Kosten- und Erlösmodelle. Der Begriff Value-Proposition bezeichnet den Nutzen für Kunden und Geschäftspartner; die Wertschöpfungskette beschreibt die Stufen, die zur Generierung des Nutzens durchlaufen werden müssen. Kosten- und Erlösmodelle erläutern, auf welche Art und Weise Kosten für nicht intern verfügbare Ressourcen anfallen bzw. Einnahmen erzielt werden sollen.

▩ Unternehmen

Die Innovationen in der Informations- und Kommunikationstechnologie sind eine der wesentlichen Antriebskräfte für die Produktivitätssteigerungen in modernen Volkswirtschaften. So belegt eine Vielzahl groß angelegter Studien, dass Investitionen in die Informationstechnologie einen signifikant positiven Einfluss auf das Unternehmensergebnis haben.[3] Durch den Einsatz neuer Medien entstehen neue Organisationsformen, die ein geringeres Maß an Zentralität und Hierarchietiefe aufweisen und die Eigenverantwortung einzelner Mitarbeiter betonen. Diese dezentralen Strukturen manifestieren sich in Form von global agierenden, virtuellen Teams oder von eigenständig arbeitenden

---

[1]   Vgl. Bundesministerium für Wirtschaft und Arbeit (2003), S. 269.
[2]   Vgl. Bundesministerium für Wirtschaft und Arbeit (2003), S. 270.
[3]   Vgl. Bichler/Neumann (2002), S. 1 ff.

Telearbeitern, die mittels Informations- und Kommunikationstechnologie interagieren. Die Grundlage dieser neuen Organisationsformen stellen teilweise oder durchgängig internetbasierte Geschäftsmodelle dar.

Als Beispiele für ausschließlich internetbasierte Geschäftsmodelle können an dieser Stelle Discount-Broker wie die Comdirect Bank oder Reiseanbieter wie Opodo genannt werden, die ihre Dienstleistungen durchgängig via Internet abwickeln. Im Rahmen der Studie „Deutschland Online" wurden Unternehmen befragt, in welchem Ausmaß das Internet das Geschäftsmodell ihrer Branche 2002 und im Jahr 2005 verändert hat bzw. verändern wird. Schon für 2002 gingen ca. 30 % der Unternehmen davon aus, dass das Internet die Geschäftsmodelle in ihrer jeweiligen Branche in hohem Maß verändert hat. Für das Jahr 2005 steigt dieser Anteil auf beinahe 50 % (vgl. Abbildung 25).

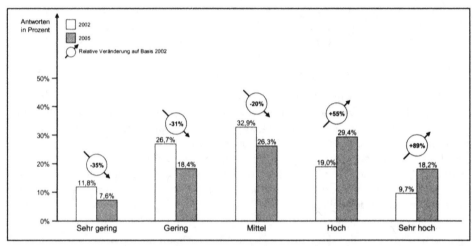

Abbildung 25:   Einschätzung zur Veränderung bestehender Geschäftsmodelle durch
                 das Internet (Unternehmen)

Im Folgenden wird anhand der vier rein netzbasierten Geschäftsmodelle Content, Commerce, Context und Connection (4C) erörtert, ob das Internet als „Enabler" für neue Geschäftsmodelle fungiert (vgl. Abbildung 26). Das jeweilige Erlösmodell als besonders bedeutsamer Aspekt der Geschäftsmodelle weist hierbei unterschiedliche Formen auf.

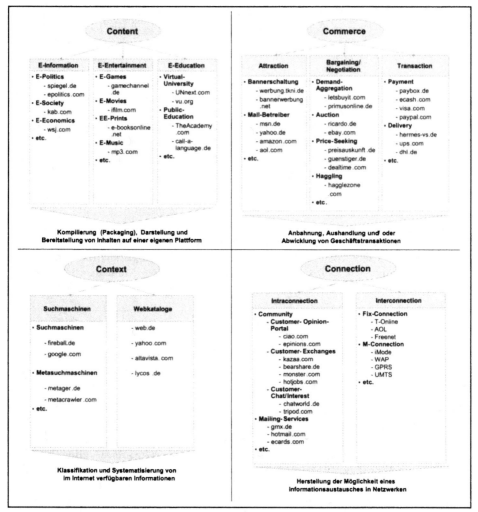

Abbildung 26: Basisgeschäftsmodelltypen des 4C-Net-Business-Modells[1]

Transaktionsunabhängige Erlöse bezeichnen Grundgebühren und Einrichtungsgebühren, die dem Kunden unabhängig von der Nutzung berechnet werden. Von transaktionsabhängigen Erlösen wird hingegen gesprochen, wenn sich diese direkt auf den Konsum

---

[1]   In Anlehnung an Wirtz/Becker (2002a), S. 143.

eines Inhalts (z. B. Artikel oder Onlinespiel) beziehen.[1] Als direkte Erlösquellen kommen Entgelte der User in Betracht, während z. B. Bannerwerbung und Data-Mining-Erlöse als indirekte Erlösquellen den Unternehmen auf dem Werbemarkt angeboten werden.

Unter dem Basisgeschäftsmodell Content wird die Erstellung, Sammlung, Kompilierung und Bereitstellung von Inhalten über internetbasierte Technologien verstanden. Hierbei können Informations-, Unterhaltungs- und Lernangebote unterschieden werden. Das Ziel dieser Angebote ist es, die Inhalte den Nutzern möglichst einfach, bequem und visuell ansprechend zu vermitteln. Beim Basisgeschäftsmodell Content überwiegen indirekte Erlöse, wie z. B. durch Werbung, da die Zahlungsbereitschaft für Inhalte im Internet trotz positiver Entwicklung immer noch gering ausgeprägt ist.

Das Geschäftsmodell Commerce umfasst die Anbahnung, Aushandlung und/oder Abwicklung von Geschäftstransaktionen und kann in die Geschäftsmodellvarianten Attraction (Mall-Betreiber, z. B. T-Online.de), Bargaining/Auction (z. B. eBay) und Transaction (z. B. paybox oder visa.com) unterteilt werden. Das Ziel ist es, bestimmte Phasen einer Transaktion durch internetbasierte Schritte zu unterstützen oder durch neue Prozesse zu ergänzen. Die Erlöse der Geschäftsmodellvarianten Commerce beruhen vorwiegend auf transaktionsabhängigen Einnahmen wie beispielsweise Abwicklungsgebühren.

Zentraler Bestandteil des Basisgeschäftsmodells Context ist die Navigationshilfe für den Internetanwender. Aufgrund der stetigen Zunahme an Daten und Informationen im Internet werden diese Angebote regelmäßig in Anspruch genommen. In diesem Basisgeschäftsmodell existieren sowohl indirekte Erlösmodelle durch Werbung als auch direkte Erlösmodelle durch den Verkauf von Lizenzen (z. B. Google).

Die Schaffung der Möglichkeit eines Informationsaustauschs in Netzwerken ist Gegenstand des Geschäftsmodelltyps Connection. Die Netzwerkverbindungen können sowohl technologischer, kommerzieller als auch rein kommunikativer Art sein. Das Geschäftsmodell Connection ermöglicht damit die Interaktion von Akteuren in virtuellen Netzwerken, die aufgrund der Höhe der Transaktionskosten oder aufgrund von Kommunikationsbarrieren in der physischen Welt nicht realisierbar wäre. Auf der zweiten Ebene kann das Geschäftsmodell Connection in Intra-Connection und Inter-Connection unterteilt werden.

Intra-Connection beschreibt in diesem Zusammenhang das Angebot von kommunikativen Dienstleistungen innerhalb des Internets. Hierunter fällt z. B. der Bereich Community (z. B. tripod.com) oder Mailing-Services (z. B. gmx.de). Anbieter im Bereich Inter-Connection sorgen nicht für Kommunikationsmöglichkeiten innerhalb des Internets, sondern stellen auch den Zugang zu den physischen Netzwerkverbindungen her. Hierun-

---

[1]   Vgl. Wirtz (2001a), S. 214.

ter fallen beispielsweise Internet-Service-Provider (ISP) und Online-Service-Provider (OSP), die Kunden die Zugangstechnologie für das Internet zur Verfügung stellen (z. B. T-Online, AOL oder Freenet).[1]

In der Anfangsphase des Electronic-Business verfolgten die im Internet vertretenen Unternehmen die dargestellten Geschäftsmodelle in ihrer „Reinform". In der gegenwärtigen Situation sind diese reinen, unifunktionalen Geschäftsmodelle allerdings nicht mehr im gleichen Umfang präsent. Es zeichnet sich eine Entwicklung ab, bei der bestehende Geschäftsmodelle um bisher noch nicht verfolgte Geschäftsmodellvarianten ergänzt werden. Somit werden die eingesetzten Geschäftsmodelle zunehmend hybrid und multifunktional. Für diese Entwicklung gibt es hauptsächlich sechs Gründe (vgl. Abbildung 27): Verbundeffekte (Econmies-of-Scope), Skaleneffekte (Economies-of-Scale), Netzwerkeffekte (Economies-of-Network), multiple Kundenbindung, Preisbündelung und Diversifikation der Erlösquellen (Multi-Revenue-Streaming).[2]

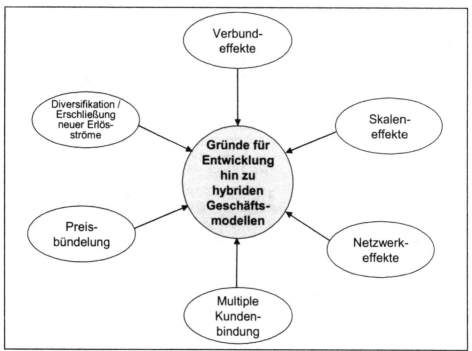

Abbildung 27:   Gründe für die Entwicklung hin zu hybriden Geschäftsmodellen

---

1   Vgl. Wirtz/Becker (2002b), S. 89 f.
2   Vgl. zu einer näheren Erläuterung der Gründe Wirtz/Becker (2002a), S. 146 ff.

Verbundeffekte können von Unternehmen in der Internetökonomie vor allem dadurch genutzt werden, dass einmal akquirierten Kunden nicht nur Angebote aus dem Kerngeschäft gemacht werden, sondern auch aus anderen Geschäftsfeldern. Der auf der originären Website generierte Traffic kann folglich auch für Angebote aus anderen Geschäftsfeldern genutzt bzw. auf diese übertragen werden. Vor allem Internet-Service-Provider, wie beispielsweise T-Online oder Freenet, können ihre Kunden bei jedem Internetzugang automatisch auf die eigene Startseite lenken und von dort aus auch andere Produkte bzw. Services anbieten.

Die besondere Bedeutung der Skaleneffekte im Rahmen der Internetökonomie ergibt sich bei Content-Anbietern aus der Kostenstruktur von Informationsprodukten und digitalisierbaren Gütern.[1] Diese sind durch sehr hohe Fixkosten bei der Content-Produktion und relativ geringe variable Kosten bei der Content-Verbreitung gekennzeichnet. Eine Ausweitung des Marktanteils führt hier zu einer Erhöhung der Absatzmenge, die die Stückkostendegression verstärkt und dadurch weitere Preissenkungsspielräume eröffnet.

Auch Netzwerkeffekte können die hohe Bedeutung eines großen Kundenstamms in der Internetökonomie begründen. Sie beschreiben externe Effekte, die in Netzwerken durch eine steigende Anzahl von Nutzern entstehen. Externe Effekte oder Externalitäten beschreiben positive und negative Nebenwirkungen individueller Konsum- bzw. Produktionsentscheidungen, die dem Verursacher nicht über den Markt abgegolten (positive Effekte) bzw. angelastet (negative Effekte) werden. In der Regel sind Netzwerkexternalitäten in der Internetökonomie positiv. Der Nutzen des Produkts für einen Teilnehmer steigt also, wenn zusätzliche Nutzer am Netzwerk teilnehmen. Metcalfe's Law versucht, diese Beziehung in eine mathematische Form zu fassen: „The value of a network goes up as the square of the number of users".[2] Dies erhöht gleichzeitig den Anreiz für neue Nutzer, dem Netzwerk beizutreten, wodurch sich ein Kreislauf aufbaut, der zu steigenden Teilnehmerzahlen führt.

Allerdings können mit den positiven Feedbacks eines Netzwerks auch negative Feedbacks bei anderen Netzwerken verbunden sein. Wenn der Nutzen eines Netzwerks aufgrund sinkender Teilnehmerzahlen zurückgeht, wird ein Austritt aus diesem Netzwerk für den einzelnen Teilnehmer immer attraktiver: „Positive feedback makes the strong grow stronger ... and the weak grow weaker!"[3] Dies kann im Extremfall zur Herausbildung eines natürlichen Monopols führen. Im Geschäftsmodell Connection lassen sich positive Netzwerkeffekte vor allem bei virtuellen Gemeinschaften erreichen. Da die Kommunikation der Mitglieder untereinander selbst das Produkt darstellt (Member-Generated-Content), erhöht sich der Wert des Produkts, je mehr Mitglieder der virtuel-

---

[1]   Vgl. Weiber/Weber (2000), S. 476.
[2]   Shapiro/Varian (1999), S. 184.
[3]   Shapiro/Varian (1999), S. 174.

len Gemeinschaft beitreten. Ein Chat-Forum oder ein Customer-Opinion-Portal generiert für den Nutzer somit einen höheren Nutzen, wenn die Gemeinde groß ist und viele Beiträge zu erwarten sind.

Multiple Kundenbindung soll hier als Kundenbindung auf mehreren Geschäftsmodellebenen verstanden werden, d. h. der Kunde wird nicht nur über eine Geschäfts- bzw. Kundenbeziehung an das Unternehmen gebunden, sondern über eine größere Anzahl an Geschäftsbeziehungen.[1] Diese „Beziehungsbündel" können Verbund- bzw. Convenience-Vorteile sowohl für den Kunden als auch für das Unternehmen hervorbringen, so dass letztendlich das Bindungspotenzial erhöht wird. Bei verbundenen bzw. vernetzten Formen der Kundenbeziehung ist zudem die Austrittsbarriere für den Kunden (Lock-in-Phänomen) komparativ deutlich höher als im Falle des Vorliegens einer singulären Geschäftsbeziehung.

Durch das zusätzliche Angebot von Produkten aus dem Bereich Intra-Connection (z. B. Community) kann beispielsweise eine Kundenbindungswirkung durch Lock-in aufgrund erhöhter Wechselkosten erzielt werden. Lock-in-Effekte beschreiben den Sachverhalt, dass Kunden, die in die Integration eines Gutes investiert haben, an das zugehörige System aufgrund der Wechselkosten gebunden sind.[2] Der Kunde ist umso stärker an das System gebunden, je höher die bei einem Systemwechsel entstehenden Kosten sind. Das Angebot eines E-Mail-Accounts hat beispielsweise einen Lock-in für den Kunden zur Folge, da ihm – wenn er einmal ein E-Mail-Adressbuch angelegt hat – aufgrund der erneuten Einrichtung seines Adressbuchs Kosten beim Wechsel zu einem anderen Anbieter entstehen.

Ein weiterer Grund für die Schaffung hybrider Geschäftsmodelle ist die Preisbündelung. Erst durch ein hybrides Geschäftsmodell mit verschiedenen Services bzw. Produkten ergeben sich für die Unternehmen Möglichkeiten zur Kombination von Einzelleistungen zu Leistungsbündeln. Hieraus erwachsen nicht nur Vorteile bezüglich des Kundennutzens infolge reduzierter Suchkosten und Convenience-Vorteile, sondern es entsteht zudem die Möglichkeit, durch die Einführung eines Bündelpreises für ein Leistungsbündel zusätzliche Gewinnpotenziale zu erschließen.[3] Mithilfe der Preisbündelung gelingt es, die Zahlungsbereitschaft der Konsumenten effizienter abzuschöpfen.[4]

Besonders wahrscheinlich ist dies in jenen Fällen, in denen ein Konsument für zwei Produkte Zahlungsbereitschaften aufweist, die einmal unterhalb und einmal oberhalb des geforderten Preises liegen. Im Rahmen einer Preisbündelung kann es zu einem Ausgleich dieser „zu hohen" bzw. „zu niedrigen" Zahlungsbereitschaft kommen, so dass der

---

[1]   Vgl. Wirtz (2000b), S. 301.
[2]   Vgl. Wirtz/Lihotzky (2001), S. 285 ff.
[3]   Vgl. Wirtz (2000b), S. 302.
[4]   Vgl. Fritz/Wagner (2001), S. 648 ff.

Konsument beide Produkte bzw. Dienste im Bündel kauft. Damit es zur Übertragung dieser so genannten Konsumentenrente kommt, werden in der Regel solche Produkte bzw. Dienste zusammengefasst, für die angenommen wird, dass die Konsumenten unterschiedlich hohe Zahlungsbereitschaften aufweisen. Ohne Bündelung würde der Konsument nur ein Produkt kaufen.

Der sechste Grund für die Ergänzung bestehender Geschäftsmodelle um weitere Geschäftsfelder ist die Diversifizierung und damit die Erschließung neuer Erlösquellen.[1] Durch Diversifikation kann das Risiko von Erlösschwankungen reduziert werden, sofern die verschiedenen Erlösquellen nicht vollständig miteinander korrelieren. Die Notwendigkeit zur Diversifikation ist vor allem vor dem Hindergrund einer erheblichen Komplexität und Dynamik im Rahmen der Internetökonomie zu sehen. Aus dieser ergeben sich für die Marktakteure nur schwer überschaubare und (qualitativ und quantitativ) abschätzbare Entwicklungen, die den Erfolg einzelner Geschäftsmodelle beeinflussen können.

Geschäftsmodelle, die allein auf der Generierung von Werbeeinnahmen basieren, sind langfristig oft nicht tragfähig. So führte z. B. Spiegel Online auf seiner Seite sukzessive die Bezahlung einzelner Angebote ein. Die Integration neuer Erlösmodelle und -quellen (Multi-Revenue-Streaming) in das vorhandene Geschäftsmodell kann die Existenz eines Unternehmens sichern.

In der Studie „Deutschland Online" wurde untersucht, ob die Unternehmen mit der Entstehung neuer Geschäftsmodelle in ihren Branchen rechnen (vgl. Abbildung 28). Während im Jahr 2002 noch ca. 40 % der deutschen Unternehmen der Meinung waren, dass durch das Internet nur in geringem oder sehr geringem Ausmaß neue Geschäftsmodelle entstehen, geht der Anteil dieser Unternehmen für das Jahr 2005 auf unter 25 % zurück. Fast 50 % der Befragten rechnen damit, dass im Jahr 2005 in hohem oder sehr hohem Umfang neue Geschäftsmodelle in ihren Branchen existieren werden. Kombiniert man diese Ergebnisse mit der Frage nach der Veränderung bestehender Geschäftsmodelle durch das Internet, scheint bei fast der Hälfte der Befragten die Auffassung vorzuherrschen, dass das Internet generell einen großen Einfluss auf die zukünftige Gestaltung von Geschäftsmodellen hat.

---

[1]   Vgl. Holtrop (2002), S. 63.

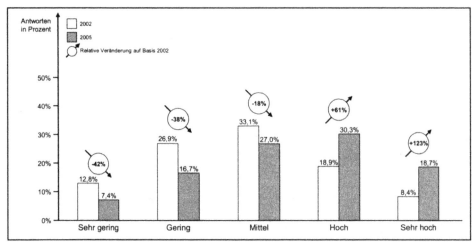

Abbildung 28: Einschätzung des Ausmaßes der Entwicklung neuer Geschäftsmodelle durch das Internet (Unternehmen)

■ Medienunternehmen

Nachdem zuvor die Situation für die Unternehmen im Allgemeinen erläutert wurde, sollen nun die Auswirkungen auf die Medienindustrie im Speziellen dargestellt werden. Diese ist durch die zügige Diffusion der Internettechnologien in besonders hohem Ausmaß betroffen.[1] Medienprodukte, egal ob Bild, Ton oder Text, können ohne erheblichen Aufwand in ein digitalisiertes Format gewandelt und über das Internet distribuiert werden. So stellen die einfache Vervielfältigung und der unkontrollierbare Versand über Peer-to-Peer-Netzwerke eine große Gefahr für die Musik- und Filmindustrie dar.

Konsumenten können mithilfe einfacher Softwareprogramme weltweit Dateien, wie beispielsweise Musiktitel und Filme, untereinander tauschen, da eine Kontrolle verteilter Tauschaktivitäten nur bedingt möglich ist. Vor dem Hintergrund der verschärften Rahmenbedingungen wurden die Medienunternehmen in der Studie „Deutschland Online" nach dem Ausmaß befragt, in welchem das Internet unter besonderer Berücksichtigung der Breitbandtechnologien bestehende Geschäftsmodelle verändert. Es wurden die Einschätzungen zur heutigen Situation und zur Entwicklung bis in das Jahr 2005 erhoben (vgl. Abbildung 29).

---

[1]   Vgl. Hanfeld (2002).

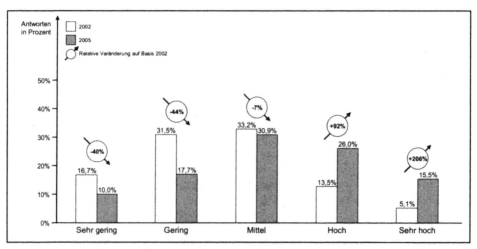

Abbildung 29: Einschätzung zur Veränderung bestehender Geschäftsmodelle durch das Internet (Medienunternehmen)

Während für das Jahr 2002 über 48 % der befragten Medienunternehmen der Meinung waren, dass sich durch das Internet bestehende Geschäftsmodelle nur in geringem oder sehr geringem Ausmaß ändern, reduziert sich der Anteil dieser Unternehmen im Jahr 2005 auf ca. 28 %. Hingegen steigt der Anteil jener Medienunternehmen, die in hohem oder sehr hohem Umfang von einer Veränderung ausgehen, von 18 % für das Jahr 2002 auf über 41 % für 2005.

Diese Ergebnisse weisen auf die große Bedeutung des Internets als wesentlichem Bestandteil des zukünftigen Geschäftsmodells in der Medienindustrie hin. Allerdings liegt der Anteil der Unternehmen, die in hohem Maß von Änderungen ausgehen, branchenübergreifend etwas höher. Das Ausmaß der Veränderung wurde im Durchschnitt von rund 50 % der Unternehmen hoch bzw. sehr hoch bewertet (bei Medienunternehmen lediglich rund 40 %). Die Awareness für den gravierenden Einfluss des Internets auf Geschäftsmodelle ist in anderen Branchen anscheinend stärker ausgeprägt. Im Folgenden werden mögliche Optionen für internetbasierte Vertriebsmodelle in der Musik- und Filmindustrie und daran anschließend die Geschäftsmodelle sonstiger Content-Anbieter im Internet erläutert.

Prinzipiell existieren zwei Möglichkeiten, das Internet in das Vertriebsmodell von Medieninhalten wie Musik oder Film zu integrieren, um dem illegalen Angebot von Inhalten über Tauschbörsen wie KaZaA entgegenzuwirken. Zum einen kann das jeweilige Medienunternehmen ein eigenes Portal bzw. einen eigenen Online-Shop aufbauen. So etablierte beispielsweise Universal Deutschland das Serviceportal Popfile, welches den legalen Download von Musikstücken erlaubt. Limitierend wirkt für dieses Modell, dass der Konsument an die Inhalte eines einzigen Anbieters gebunden ist.[1]

Alternativ hierzu ermöglichen anbieterübergreifende Portale, die auf einer Kooperation von Technologieanbietern und Medienunternehmen basieren, ein ganzheitliches Angebot und können somit den Bedarf des Konsumenten nach einem lückenlosen Sortiment an Inhalten erfüllen. Auf der Plattform iTunes, einer Kooperation des Computerherstellers Apple und den großen Musikanbietern, werden beispielsweise über 200.000 Titel zum Download angeboten.

Die Konsumenten bezahlen für die Nutzung dieser Portale in der Regel eine Grundgebühr und einen transaktionsabhängigen Betrag pro Download. Tabelle 2 zeigt ausgewählte Anbieter von Musikangeboten in den USA. In Deutschland wird derzeit neben dem europaweiten Start des Services von iTunes auch ein vergleichbares Projekt der deutschen Musikindustrie konzipiert, welches unter dem Namen Phonoline positioniert werden soll. Auch der britische Anbieter OD2 steht kurz vor der Einrichtung eines entsprechenden Services.

---

[1]   Vgl. o. V. (2003a), S. 1 f.

Anbieter	Anzahl Songs	Monatliche Gebühr	Gebühr pro Musikstück
MusicNet (USA) AOL Time Warner, BMG, EMI, RealNetworks	250.000	keine	AOL-Angebot: US$ 1,49-1,99
MusicNow (USA) FullAudio	200.000	US$ 9,95	US$ 0,99
Pressplay (USA) Roxio	300.000	US$ 9,95-17,95	fünf: US$ 5,95 zehn: US$ 9,95
Rhapsody (USA) RealNetworks	200.000	US$ 9,95	US$ 0,79
iTunes Music Store (USA) Apple	200.000	Keine	US$ 0,99
AllOfMP3 (Russland) MediaServices	85.000	US$ 14,95	keine (1000 Stücke pro Monat frei)
Weblisten.com (Spanien)	200.000	US$ 14,03-34,43	US$ 0,80 bis 0,88 oder pauschal US$ 11 bis 34 pro Monat
Soundbuzz (SO-Asien)	10.000	keine	US$ 1,50
Hotvision (Deutschland) Media Markt	80.000	keine	€ 1,29-1,99
Tiscali (Deutschland)	150.000	€ 1,50-12,99	€ 1,50-2,50
popfile.de (Deutschland) Universal	13.000	keine	€ 0,99

Tabelle 2:   Anbieter von Musikportalen (Stand: Juli 2003)

Erhebliche Auswirkungen wird die Diffusion des Internets auch auf die Filmbranche und insbesondere auf die heutigen Videotheken haben. Durch die gesteigerte Leistungs-fähigkeit von Speichermedien sowie durch eine verstärkte Penetration der Haushalte mit Breitbandanschlüssen können Video-on-Demand-Angebote (VoD) über das Internet gemacht werden, die einen direkten Vertrieb der Filme an den Konsumenten ermög-lichen.[1]

---

[1]   Vgl. Lehmkuhl/Schönstein (2002), S. 125 f.

Auch wenn die Anforderungen weder bezüglich der technischen Leistungsfähigkeit (Qualität des Filmmaterials und Dauer des Downloads) noch bezüglich des gewünschten Leistungsspektrums (bisher ist nur ein eingeschränktes Angebot an Filmen erhältlich) zum heutigen Zeitpunkt erfüllt werden, wird das zukünftige Geschäftsmodell der Filmproduzenten, Filmverleiher und Videotheken den internetbasierten Vertrieb als einen zentralen Vertriebsweg beinhalten.[1]

Das US-Filmportal Movielink als Jointventure der fünf großen Hollywood-Studios Sony Pictures, Metro Goldwin Mayer, Paramount, Warner Bros. und Universal stellt beispielsweise den ersten Versuch eines direkten, digitalen Filmverleihs dar und positioniert sich somit als Konkurrent zu den Videotheken.[2] Neben den Unternehmen der Filmindustrie werden künftig auch Portalbetreiber Filme anbieten.

Nachdem die Implikationen der Internetdiffusion für die Geschäftsmodelle der Musik- und Filmindustrie kurz erläutert wurden, skizziert der folgende Abschnitt die Situation der Content-Anbieter, wie z. B. von Zeitungs- und Zeitschriftenverlagen. Während im Online-Boom bis Mitte 2000 viele Zeitungsverlage ihre Onlineaktivitäten stark erweiterten, eigenständige Redaktionen aufbauten und hohe Investitionen tätigten, um selbstständige redaktionelle Beiträge zu erstellen, dient die Onlineausgabe heute sehr oft als direkter Abnehmer von Inhalten der Printausgabe.[3]

Aufgrund des Einsatzes von identischen Inhalten für die Offline- und Onlineausgabe wachsen die Bedenken der Verleger, dass aufgrund der kostenlosen Bereitstellung von Online-Content Kannibalisierungseffekte hinsichtlich der Offlineausgabe auftreten können.[4] Um diesem Effekt vorzubeugen, beginnen Zeitungsverlage vermehrt, sich über Abonnementgebühren oder transaktionsabhängige Beiträge zu finanzieren. Onlinezeitungen, wie beispielsweise die „Wallstreet Journal Interactive Edition", sind durchgängig gebührenpflichtig, um der Kannibalisierung der Printausgabe entgegenzuwirken.

Einen anderen Weg wählte der Axel Springer Verlag mit der Onlineausgabe seiner Zeitung „Bild". Der Verlag ging eine Kooperation mit dem größten deutschen Internet-Service-Provider T-Online ein. Ziel war es, nicht nur die Inhalte der Printausgabe im Internet zu distribuieren, sondern das Angebot zu einem General-Interest-Portal mit den Schwerpunkten News und Entertainment auszubauen. Auf bild.t-online.de werden neben den frei zugänglichen Inhalten auch Premiumdienste angeboten. So kann man für € 3,75

---

[1] Vgl. o. V. (2002a), S. 1 f.
[2] Vgl. o. V. (2002b), S. 1 f.
[3] Vgl. Chyi/Lasorsa (2002), S. 91 f.
[4] Vgl. Tankard/Ban (1998), S. 1 f.; Ross/Middleberg (1999), S. 1 f.

pro Monat ein VIP-Abo erwerben, das neben Rabattvorteilen, einer eigenen E-Mail-Adresse mit der Endung bild.com auch kostenlose Onlinerechtsberatung, ein kostenloses Abonnement des Lifestyle-Magazins MAXIM und die Seite-1-Girls bietet.[1]

Abgesehen von den zuvor erwähnten negativen Effekten können auch positive Wirkungen durch einen Onlineauftritt erzielt werden. Eine erhöhte Kundenbindung und eine sich gegenseitig verstärkende Nachfrage dienen neben den Werbeeinnahmen als kritische Erfolgsfaktoren für den Betrieb einer Onlinezeitung. Das Potenzial, über so genannten Paid-Content zusätzliche Umsätze über das Internet zu generieren, hängt von der Marktpositionierung und der Ausgangssituation des jeweiligen Unternehmens ab.

Die Erwartungen hinsichtlich einer schnellen Refinanzierung der getätigten Onlineinvestitionen wurden in den Jahren des Internet-Booms teilweise überschätzt.[2] Während damals die Überzeugung überwog, dass Onlinegeschäftsmodelle, die sich vor allem aus Werbeeinnahmen finanzieren, in der Medienbranche innerhalb eines sehr kurzen Zeitraums profitabel sein werden, herrscht heute Klarheit darüber, dass sich Onlinemedien vergleichbar wie Offlinemedien entwickeln werden.

Die werbetreibende Wirtschaft wird, wie in der Vergangenheit, nur langsam neue Kanäle, Formate oder gar Medien selbst annehmen und akzeptieren. So dauerte es beispielsweise beinahe zehn Jahre, bis Fernsehsender wie CNN oder ESPN profitabel wurden. Für etablierte Internetportale, die ebenfalls über einen Zugang zu Offlinekanälen verfügen (beispielsweise über ein Partnernetzwerk), wird mit einer durchschnittlichen Dauer von vier bis sechs Jahren bis zur Profitabilität gerechnet. Bei reinen Online-Content-Anbietern, die keinen Offlinekanal in ihr Geschäftsmodell integrieren, wird eine längere Refinanzierungsdauer erwartet.[3]

---

[1]   Vgl. Bild.T-Online.de (2003a).
[2]   Vgl. Langer (2003), S. 13.
[3]   Vgl. Bughin et al. (2001), S. 67.

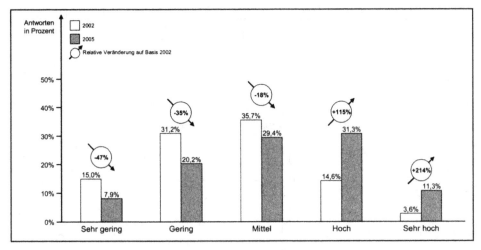

Abbildung 30:   Einschätzung des Ausmaßes der Entwicklung neuer Geschäftsmodelle durch das Internet (Medienunternehmen)

Dass das Internet künftig noch stärker auf die Entwicklung neuer Geschäftsmodelle Einfluss haben wird, zeigen die Ergebnisse der Studie „Deutschland Online" (vgl. Abbildung 30). Mehr als 42 % der Befragten gehen für 2005 in hohem Umfang von der Entstehung neuer Geschäftsmodelle aus; für die Gegenwart sehen lediglich ca. 18 % einen hohen oder sehr hohen Einfluss. Dieses Ergebnis ist vergleichbar mit den Resultaten hinsichtlich der Veränderung bestehender Geschäftsmodelle.

▓ Unternehmen der Werbewirtschaft

Für die Unternehmen der Werbewirtschaft ist durch die hohe Penetrationsrate von Internetanschlüssen eine neue Möglichkeit der Werbung entstanden. Der Begriff des Onlinemarketings steht für die interaktive Kommunikation über das Internet zur kommerziellen Verwertung der beworbenen Produkte und Dienstleistungen. Unter dem Bereich der Onlineangebote wird eine Vielzahl an Werbemaßnahmen wie Bannerwerbung, Ad-Games, Keyword-Advertising, E-Mail oder Pop-up-Werbung verstanden. Eine exakte Beschreibung aller Formen des internetbasierten Marketings wird in Kapitel 5.2 vorgenommen.

Geringe Kontaktkosten, kurze Reaktionszeiten sowie ein hohes Maß an Interaktivität sprechen für den Einsatz von Internettechnologien im Marketingmix. Limitierend können hierbei die Einschränkung auf die Zielgruppe der Internetuser und der Abstimmungs- und Koordinationsbedarf mit klassischen (Offline-)Werbekonzepten wirken. Tatsächlich liefert das Internet als Werbeträger heute erst einen marginalen Anteil am gesamten Werbeumsatz. So steuert das Onlinemarketing nur ca. 1,5 % des Gesamtumsatzes bei, während die Tageszeitung, das TV und die Werbung per Post weiterhin als Werbeträger den größten Anteil auf sich vereinen.[1]

Werbeträger	1999	In %	2000	In %	2001	In %	2002	In %
Tageszeitung	6.066,4	+ 3,4	6.556,6	+ 8,1	5.642,2	-14,0	4.936,7	-12,5
TV	4.317,6	+ 6,8	4.709,1	+ 9,1	4.469,0	- 5,1	3.956,4	- 11,5
Werbung per Post	3.309,9	+ 3,8	3.383,5	+ 2,2	3.255,8	- 3,7	3.334,7	+ 2,4
Publikumszeitschriften	2.006,5	+ 7,4	2.247,3	+ 12,0	2.092,5	- 6,9	1.934,8	- 7,5
Anzeigenblätter	1.742,3	- 1,1	1.791,9	+ 2,8	1.742,0	- 2,8	1.656,0	- 4,9
Verzeichnismedien	1.227,1	+ 2,4	1.268,0	+ 3,3	1.269,4	+ 0,1	1.249,9	- 1,5
Fachzeitschriften	1.189,8	+ 2,4	1.267,0	+ 6,5	1.074,0	-15,2	966,0	- 10,5
Außenwerbung	681,7	-	746,2	+ 9,5	759,7	+ 1,8	713,5	- 6,1
Hörfunk	690,9	+ 14,3	732,9	+ 6,1	678,0	- 7,5	595,1	- 12,2
Wochen-/ Sonntagszeitungen	261,3	+ 4,8	277,6	+ 6,2	286,7	+ 3,3	267,8	- 6,6
Onlineangebote	76,7	+ 200	153,4	+ 100	185,0	+ 20,6	227,0	+ 22,7
Filmtheater	172,4	+ 4,2	175,1	+ 1,6	170,2	- 2,8	160,5	- 5,7
Zeitungssupplements	73,3	- 20,2	67,6	- 7,8	66,7	+ 2,3	68,3	+ 2,4
Gesamt	21.816	+ 4,9	23.376	+ 7,1	21.691,2	- 7,2	20.066,7	- 7,5

Tabelle 3:   Nettowerbeeinnahmen erfassbarer Werbeträger in Deutschland[1]

---

[1]   Vgl. Initiative Media (2003), S. 7.

Betrachtet man hingegen das relative Wachstum der einzelnen Bereiche, so wird deutlich, dass die Werbeformen im Onlinemarketing die höchsten bzw. beinahe einzigen Wachstumsraten überhaupt erreichen konnten. Wenn auch von einer geringen absoluten Basis ausgehend, erzielt der Onlinewerbemarkt nun schon konstant über zwei Jahre hinweg Wachstumsraten von über 20 %. Während das Werbegesamtvolumen in den letzten beiden Jahren zurückging, gewann das Internet als Werbeträger stark an Relevanz (vgl. Tabelle 3).

Ebenso wie die Medienbranche wurden auch die Unternehmen der Werbewirtschaft im Rahmen der Studie „Deutschland Online" befragt, inwieweit das Internet bestehende Geschäftsmodelle verändert hat bzw. verändern wird (vgl. Abbildung 31). Während für das Jahr 2002 nur 26 % der Befragten in hohem Umfang mit einer Veränderung bestehender Geschäftsmodelle rechnen, ändert sich dies für 2005 deutlich. Über 50 % der Unternehmen der Werbewirtschaft erwarten in hohem oder sehr hohem Ausmaß die Veränderung bestehender Geschäftsmodelle durch das Internet. Damit liegt das Ergebnis für die Werbewirtschaft über den Durchschnittsergebnissen der Unternehmen im Allgemeinen und der Medienwirtschaft.

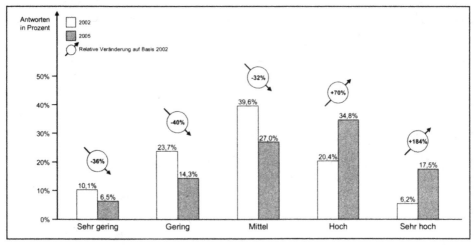

Abbildung 31:   Einschätzung zur Veränderung bestehender Geschäftsmodelle durch das Internet (Werbewirtschaft)

Während die technischen Neuerungen rund um das Internet eine Vielfalt neuer Vertriebs- und Geschäftsmodelle ermöglichen, gilt es jedoch auch in besonderem Maße, diese Potenziale zu nutzen und zu sichern. So werden beispielsweise derzeit durch so

---

1   Datenquelle: ZAW (2003), S. 1 ff.

genannte Web-Washer und Spam-Filtersoftware einzelne Onlinewerbeaktionen aktiv vom Konsumenten unterbunden. Mithilfe dieser Produkte kann der Endverbraucher die Werbung verhindern, indem beispielsweise Pop-Up-Fenster mit Werbeinhalten oder Bannerwerbungen in seinem Browser nicht mehr dargestellt werden.

Darüber hinaus bieten die zuvor genannten Filter die Möglichkeit, dass Werbe-E-Mails nicht an die persönliche Adresse zugestellt werden. Für die Unternehmen der Werbewirtschaft gilt es, das restriktive Verhalten der Internetnutzer der Werbung gegenüber zu berücksichtigen. So etablierten sich bereits in der Vergangenheit Unternehmen, die sich auf das Onlinemarketing fokussiert haben. Als Beispiel seien an dieser Stelle Unternehmen wie AdLINK oder Interactive Media genannt, die sich vor allem auf die Konzeption, Durchführung und Kontrolle von Onlinemarketingaktivitäten konzentrieren. Im Mittelpunkt des Geschäftsmodells steht hierbei die Kombination aus technik- und marketingbasierten Kernkompetenzen und das Ziel, die Qualität und Quantität der Response für die werbetreibenden Kunden zu optimieren.

Während 2002 etwa ein Viertel der Werbewirtschaft die Entstehung neuer Geschäftsmodelle beobachtete, gehen für 2005 48 % der Befragten davon aus, dass durch das Internet neue Geschäftsmodelle in ihrer Branche entstehen. Verglichen mit Unternehmen und Medienunternehmen erwartet in Zukunft ein größerer Teil der Unternehmen der Werbewirtschaft neue Geschäftsmodelle (vgl. Abbildung 32).

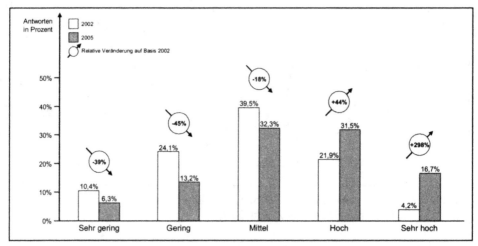

Abbildung 32:   Einschätzung des Ausmaßes der Entwicklung neuer Geschäftsmodelle durch das Internet (Werbewirtschaft)

3.2.1.2 Geschäftstätigkeit

Neben der Adaption des Geschäftsmodells auf strategischer Ebene müssen die Internet-technologien auch in die operativen Prozesse integriert werden. Unter der Geschäftstätigkeit eines Unternehmens wird im Folgenden die operative Umsetzung des strategischen Geschäftsmodells verstanden. Das Internet soll in diesem Zusammenhang vor allem als Ressource zur Optimierung von Routineprozessen im Unternehmen verstanden werden. In diesem Abschnitt werden, ähnlich wie in den vorangestellten Kapiteln, nach einer allgemeinen Betrachtung der Wirkungen des Internets auf die Geschäftstätigkeit aller deutschen Unternehmen die Branchen der Medienindustrie und der Werbewirtschaft gesondert untersucht. Hierbei sollen jeweils bedeutsame Aspekte des Internets sowie deren Wirkung auf die Geschäftstätigkeit erläutert werden.

▦ Unternehmen

Der Einfluss des Internets auf die Geschäftstätigkeit nimmt kontinuierlich zu. In allen unternehmerischen Funktionsbereichen ist die Durchführung der operativen Prozesse durch das Internet verändert worden. Insbesondere die Kommunikation und Koordination der Geschäftstätigkeiten werden stärker denn je durch Internettechnologien bestimmt. Wie in Kapitel 2 bereits aus gesellschaftlicher Sicht erläutert, nimmt die Relevanz der Telekooperation im und zwischen Unternehmen stetig zu, wobei sich in Anlehnung an Bierhals/Nippa/Seetzen und Picot/Reichwald/Wigand folgende sechs Grundtypen des Einsatzes von Internetanwendungen in den Arbeitsprozessen unterscheiden lassen:[1]

- Telebeobachtung beinhaltet die standortunabhängige Steuerung, Regelung und Kontrolle von Prozessen und Vorgängen.

- Telepräsentation und -schulung umfasst die Informationsweitergabe und -vermittlung von einem Informationszentrum an eine Vielzahl von entfernten Rezipienten. Mithilfe von Netzwerkinfrastrukturen kann das Wissen unabhängig von Raum und Zeit zügig innerhalb und zwischen Unternehmen verbreitet werden.

- Teleberatung und -abstimmung fasst jene Tätigkeiten zusammen, die eine standortunabhängige Kommunikation zwischen Gesprächspartnern unter Einbindung eines standardisierten Dokumentenmanagements darstellen.

- Unter Tele-Teamwork wird die IuK-gestützte Zusammenarbeit von verteilten Arbeitsgruppen verstanden. Durch den Einsatz diverser Technologien (z. B. CAD-Anwendungen) können sowohl in intra- als auch in interorganisationalen Arbeitsszenarien zusätzliche Flexibilität, höhere Reaktionsgeschwindigkeit sowie gesteigerte Effizienz erreicht werden.

---

[1]   Vgl. Bierhals/Nippa/Seetzen (1991), S. 39 ff.; Picot/Reichwald/Wigand (1998), S. 416 ff.

– Gemeinsame Informationsbasen für eine oder mehrere Organisationen stellen eine bedeutsame Basisinfrastruktur in der vernetzten Wirtschaftswelt dar. Derartige Informationsbasen werden beispielsweise in kollaborativen Supply-Chain-Management-Prozessen oder in sich über mehrere Unternehmen erstreckenden, wissensintensiven Forschungs- und Entwicklungsvorhaben eingesetzt. Ein auf Breitbandnetzwerken basierender Fernzugriff auf diese Datenbanken stellt einen weiteren Grundtyp des Einsatzes von Internettechnologien im Unternehmen dar und ermöglicht das Ausschöpfen von Wissenspools und eine schnelle Diffusion des Knowhows.

– Ein Rechnerverbund erlaubt die Nutzung von entfernten Rechnerkapazitäten zur Bewältigung komplexer Berechnungen, Simulationen und Prognosen, wie sie beispielsweise in der Medizin oder Umweltforschung häufig durchgeführt werden. Mithilfe des Massendatentransfers kann der Zusammenschluss einzelner Rechner zu einer Gesamtkapazität erfolgen.

Aus Sicht des Unternehmens kann der Einsatz dieser Anwendungen eine erhebliche Erhöhung der Prozesseffizienz sowie eine Reduktion der Kommunikations- und Reisekosten bedeuten. Zu diesen Ergebnissen kommt auch die Studie „Deutschland Online". Die Unternehmen wurden befragt, inwieweit sie ihre Reisekosten bisher bzw. bis zum Jahr 2005 durch den Einsatz von Internettechnologien reduzieren konnten bzw. werden (vgl. Abbildung 33). Die Unternehmen gaben an, dass sie die Reisekosten mithilfe von internetbasierten Kommunikationsanwendungen im Jahr 2002 um 4 % gesenkt haben. Für das Jahr 2005 wird diesbezüglich eine Kostenminderung von 9,2 % erwartet.

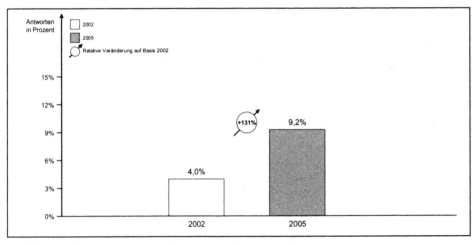

Abbildung 33:   Senkung der Reisekosten durch den Einsatz von Internettechnologien

Darüber hinaus wurde untersucht, ob und in welchem Ausmaß die Geschäftstätigkeit durch das Internet beeinflusst wurde und wird (vgl. Abbildung 34). Um ein besseres Verständnis für die weiteren Trends und Entwicklungen zu erhalten, wurden die Unternehmen zu den Jahren 1999, 2002 und 2005 befragt. Die Anzahl jener Unternehmen, die den Einfluss des Internets auf die Geschäftstätigkeit sehr gering einschätzen, sank von 1999 bis 2002 von 38,2 % auf 7,2 %. Hingegen steigt der Anteil derer, die dem Internet eine hohe oder sehr hohe Bedeutung für die Geschäftstätigkeit beimessen, von ca. 12 % im Jahr 1999 auf über 54 % für 2005.

Die Vermutung, dass das Internet inzwischen ein wichtiger Bestandteil der allgemeinen Geschäftstätigkeit deutscher Unternehmen ist, wird durch diese Ergebnisse gestützt. Als Erklärung können zum einen die gestiegene Verfügbarkeit von Internetanschlüssen in den Unternehmen und zum anderen die höhere Spezifität der Internetanwendungen angeführt werden. So bietet die Internettechnologie heute jene Funktionalität, Leistungsqualität und -sicherheit, die notwendig ist, um Geschäftsprozesse eines Unternehmens dauerhaft auf Basis von Internetanwendungen durchzuführen.

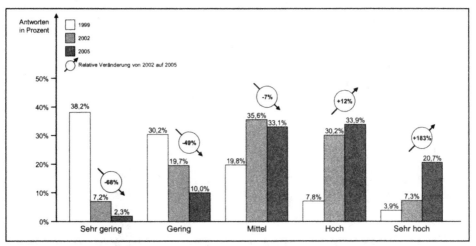

Abbildung 34:   Beeinflussung der Geschäftstätigkeit durch das Breitbandinternet (Unternehmen)

▨ Medienunternehmen

Zur Umsetzung der Geschäftsmodelle bzw. der Content-Strategie von Medienunternehmen können auf operativer Basis die drei wesentlichen Aspekte Content-Syndication, Content-Management und Content-Delivery identifiziert werden. Unter Content-Syndication wird die Lizenzierung von eigenem Content an andere Unternehmen verstanden. Auf diese Weise können fremderstellte Inhalte in das eigene Content-Programm aufgenommen werden. Direkt vom Content-Geber oder über einen Mittler, den Content-Broker, werden Inhalte akquiriert und in das interne System importiert. So können beispielsweise Inhalte des Content-Gebers mehrmals in unterschiedliche Angebote und Formate eingebunden werden.

Die Vorteile für den Content-Nehmer liegen vor allem in der Reduktion der Fixkosten für eine eigene, interne Redaktion sowie in der Flexibilisierung der inhaltlichen Ausrichtung. Erst der Einsatz von internetbasierten Anwendungen ermöglicht einen offenen Austausch mit einer Vielzahl von Content-Partnern. Während früher diese Transaktionen vorwiegend über proprietäre Systeme abgewickelt wurden, können heute mithilfe von Internetanwendungen flexibel neue Kooperationen eingegangen werden. Unter Content-Management versteht man die Verwaltung aller intern vorliegenden Inhalte, die entweder selbst erstellt oder von externen Quellen eingespeist wurden.

Diese Systeme arbeiten mit einer gemeinsamen Datenbasis, auf die alle Redakteure zugreifen können.[1] Ziel des Content-Delivery ist es, mithilfe der Internettechnologie eine medien- und endgeräteneutrale Vorhaltung der Inhalte zu gewährleisten. So kann der Content, sei es eine Text-, Audio- oder Video-Datei, entsprechend dem jeweiligen Endgerät ausgespielt werden. Diese exakte Zulieferung an Zielgruppen oder sogar einzelne Kunden entspricht dem Prinzip der Mass-Customization und ermöglicht eine höhere Intensität der Kundenkontakte.

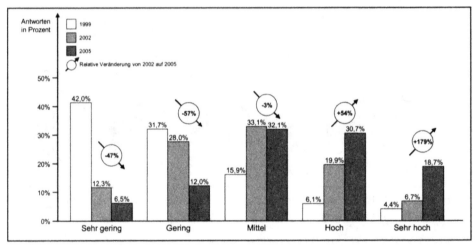

Abbildung 35:   Beeinflussung der Geschäftstätigkeit durch das Breitbandinternet (Medienunternehmen)

---

[1]   Vgl. Hartmann (2001), S. 121.

Die Unternehmen der Medienbranche wurden im Rahmen der Studie „Deutschland Online" zu ihrer Einschätzung der Bedeutung des Internets für ihre Geschäftstätigkeit befragt (vgl. Abbildung 35). Für das Jahr 2002 gaben 26,6 % der Medienunternehmen einen hohen oder sehr hohen Einfluss des Internets auf die Geschäftstätigkeit an. Im Hinblick auf das Jahr 2005 erwarten knapp 50 % einen hohen Einfluss auf ihre Geschäftstätigkeit. Auch hier ist die stetig zunehmende Relevanz des Internets für die Geschäftstätigkeit erkennbar.

Jedoch bestehen im Vergleich zur Untersuchungsgruppe der Unternehmen Unterschiede hinsichtlich der Niveaus der jeweiligen Ausprägung. So ist für 2002 und 2005 der Anteil derjenigen Medienunternehmen, die von einer hohen oder sehr hohen Bedeutung des Internets für die Geschäftstätigkeit ausgehen, geringer als der Anteil derselben Gruppen unter den Unternehmen.

▓ Unternehmen der Werbewirtschaft

Für die Unternehmen der Werbewirtschaft ermöglicht der Einsatz der Internettechnologie erhebliche Kosteneinsparungen, beispielsweise durch den Versand von Werbeinhalten per E-Mail. Im Vergleich zum postalischen Mailing fallen für die Vervielfältigung nur marginale Stückkosten an. Darüber hinaus bietet der Einsatz von Onlinemarketing eine Möglichkeit zur kontext- und personenspezifischen Werbeschaltung. Der Einsatz der Internettechnologie führt in der Werbebranche dazu, dass die Kontakte zu potenziellen Kunden effizienter werden und gleichzeitig die Ansprache kunden- und zielgruppenspezifischer ausgerichtet werden kann. Im Rahmen der Darstellungen des Einflusses des Internets auf die Geschäftsmodelle wurde auf diese Zusammenhänge bereits ausführlicher eingegangen.

In Abbildung 36 wird deutlich, dass das Internet für über 60 % der befragten Unternehmen der Werbewirtschaft im Jahr 2005 eine hohe oder sehr hohe Bedeutung für Kommunikationsmaßnahmen bzw. Werbung haben wird. Für das Jahr 2002 hat lediglich ein Drittel der Befragten dem Internet eine so hohe Bedeutung beigemessen.

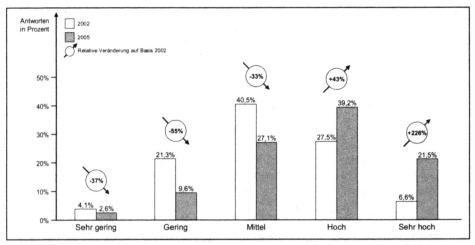

Abbildung 36:   Bedeutung des Internets für Kommunikationsmaßnahmen (Werbewirt-
                schaft)

In Bezug auf die Bedeutung des Breitbandinternets für die Geschäftstätigkeit der Unternehmen der Werbewirtschaft ergaben die Ergebnisse der Studie „Deutschland Online"
ein ähnliches Ergebnis wie bei der Abfrage der Bedeutung des Internets für Kommunikationsmaßnahmen (vgl. Abbildung 37). Für das Jahr 2005 haben über 60 % der Befragten dem Internet eine hohe oder sehr hohe Bedeutung für ihre Geschäftstätigkeit beigemessen. Dieser Wert liegt weit über dem der Untersuchungsgruppe der Medienunternehmen sowie der Unternehmen insgesamt.

Dieser höhere Wert kann – ähnlich wie bei der Bedeutung für Kommunikationsmaßnahmen – mit dem starken Wachstum des Onlinemarketings begründet werden. Die
steigende Bedeutung des Internets für die Geschäftstätigkeit der Werbewirtschaft wird
noch deutlicher, wenn man den Zahlen für 2005 die Zahlen für 1999 und 2002 gegen-
überstellt. Während 1999 nur gut 12 % dem Internet eine hohe oder sehr hohe Bedeutung eingeräumt haben, waren es 2002 schon fast 40 %. Für das Jahr 2005 erwarten
ca. 60 % eine hohe Beeinflussung der Geschäftstätigkeit durch das Breitbandinternet.
Damit rechnet die Werbewirtschaft in höherem Ausmaß als die anderen befragten Gruppen mit dem Einfluss des Internets auf ihre Geschäftstätigkeit.

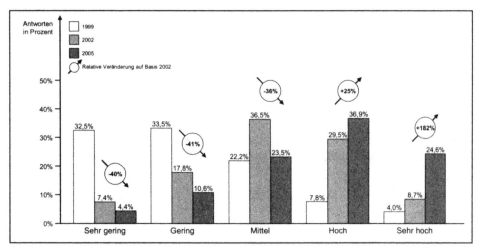

Abbildung 37: Beeinflussung der Geschäftstätigkeit durch das Breitbandinternet (Werbewirtschaft)

Insgesamt lässt sich beobachten, dass die Bedeutung des Breitbandinternets für die Geschäftstätigkeit durchgängig für alle Gruppen etwas höher eingeschätzt wird als für die Geschäftsmodelle. Sowohl für die Ergebnisse hinsichtlich der Geschäftsmodelle als auch hinsichtlich der Ergebnisse zur Geschäftstätigkeit ergibt sich, dass die Bedeutung des Breitbandinternets für die Zukunft von Medienunternehmen etwas weniger positiv gesehen wird als für den Durchschnitt der deutschen Unternehmen. Im Gegensatz dazu messen die Unternehmen der Werbebranche dem Breitbandinternet fast durchweg eine höhere Bedeutung bei als der Durchschnitt der deutschen Unternehmen.

3.2.1.3 Potenziale des Internets

Im folgenden Abschnitt sollen die Potenziale, die sich durch den Einsatz der Internettechnologie im Unternehmen ergeben, untersucht werden. Hierunter werden noch nicht genutzte Chancen verstanden, die durch das Internet entstehen und zur Verbesserung der wirtschaftlichen Lage des Unternehmens genutzt werden sollten. Prinzipiell bieten die technologischen Entwicklungen die Möglichkeiten, sowohl die Geschäftsprozesse zu optimieren und die Kosten zu senken als auch eine Produktdifferenzierung gegenüber der Konkurrenz zu erreichen. So besteht beispielsweise für Herausgeber von Zeitungen die Möglichkeit, auch wöchentlich erscheinende Audioversionen von einzelnen Artikeln anzubieten, die über das Internet heruntergeladen werden können.

Darüber hinaus unterstützen internetbasierte Technologien Unternehmen bei der Ansprache neuer Kundensegmente. Auch können grundlegende Geschäftsfeldstrategien, wie beispielsweise Kostenführerschaft oder Produktdifferenzierung, optimiert oder ge-

zielter umgesetzt werden. Im Rahmen der Studie „Deutschland Online" sollten die verschiedenen Unternehmensgruppen angeben, in welchem Umfang sie die durch das Internet entstehenden Möglichkeiten schon heute nutzen bzw. künftig zu nutzen gedenken.

▨ Unternehmen

36 % der Unternehmen gaben an, das Potenzial, welches sich durch den Einsatz der Internettechnologie bietet, im Jahr 2002 in einem hohen bzw. sehr hohen Ausmaß zu nutzen. Dieser Anteil verdoppelt sich für 2005. Anscheinend haben die Unternehmen zwar
damit begonnen, das Internet im allgemeinen Geschäftsbetrieb einzusetzen, sind jedoch
davon überzeugt, die Potenziale bis jetzt noch nicht ausgeschöpft zu haben (vgl. Abbildung 38).

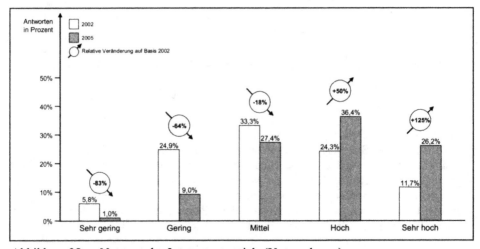

Abbildung 38:   Nutzung des Internetpotenzials (Unternehmen)

Dieses Spektrum von Maßnahmen umfasst prinzipiell zwei Bereiche. Zum einen gilt es
auf strategischer Ebene, das eigene Geschäftsmodell auf Chancen und Potenziale, die
das Internet bietet, zu untersuchen, anzupassen oder von Grund auf zu verändern. Insbesondere Distributionskanäle sowie die Anbahnung, Durchführung und Abwicklung von
Transaktionen sind mithilfe der Internettechnologien zu optimieren. Zum anderen müssen diese Technologien auf der operativen Ebene optimierend eingesetzt werden, so dass
ein höheres Maß an Prozesseffizienz und verbesserte Qualitäts- bzw. Sicherheitsniveaus
erreicht werden.

▨ Medienunternehmen

Die Befragung der Unternehmen der Medienbranche ergab, dass auch sie damit rechnen,
innerhalb der Zeitspanne von 2002 bis 2005 die Potenziale des Internets in steigendem
Ausmaß auszuschöpfen. 2002 gaben 26,5 % der Medienunternehmen an, die Potenziale
der Internettechnologie in einem hohen oder sehr hohen Maße zu nutzen. Bis 2005 rech-

nen fast doppelt so viele Medienunternehmen damit, die Potenziale in hohem Umfang zu nutzen. Allerdings liegen die Erwartungen unter den Ergebnissen, die bei Unternehmen erreicht wurden (vgl. Abbildung 39).

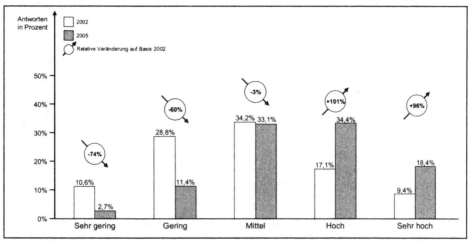

Abbildung 39: Nutzung des Internetpotenzials (Medienunternehmen)

■ Unternehmen der Werbewirtschaft

Im Rahmen der Studie „Deutschland Online" wurden ebenfalls Unternehmen der Werbewirtschaft befragt, in welchem Umfang sie die Potenziale des Internets nutzen (vgl. Abbildung 40). Auch hier kommt es zu einer Verdoppelung des Anteils derjenigen Unternehmen, die damit rechnen, 2005 das Potenzial des Internets in hohem Maß zu erschließen. Während 2002 35 % der Unternehmen die Potenziale in hohem Maß ausschöpften, gaben 60 % der Befragten an, dass sie 2005 die Potenziale des Internets im hohen oder sogar sehr hohen Maß nutzen wollen.

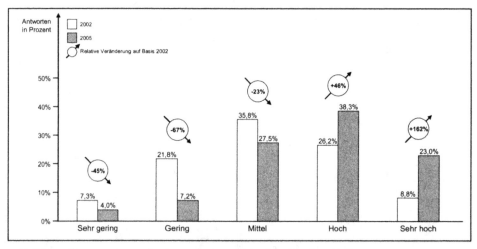

Abbildung 40:   Nutzung des Internetpotenzials (Werbewirtschaft)

Im Vergleich zu den beiden weiteren Untersuchungsgruppen – der Medienindustrie und den Unternehmen – wird ersichtlich, dass die Werbewirtschaft bezüglich der Chancenauswertung ungefähr gleichauf mit dem Durchschnitt der deutschen Unternehmen, jedoch deutlich vor den Medienunternehmen liegt. Dieser Tatbestand kann vor allem mit der zunehmenden Bedeutung des Onlinemarketings und daraus entstehenden Optimierungsmöglichkeiten begründet werden. Eine ausführliche Darstellung des Onlinemarketings sowie des internetbasierten Direktmarketings erfolgt im Kapitel 5.

3.2.2   Bedeutung für ausgewählte funktionale Unternehmensbereiche

Nachdem im vorangegangenen Abschnitt die Bedeutung der Internettechnologie für die einzelnen Branchen herausgearbeitet wurde, soll nun die ökonomische Bedeutung für ausgewählte funktionale Unternehmensbereiche dargestellt werden. Dabei sind Internettechnologien grundsätzlich dafür geeignet, sämtliche Wertschöpfungsaktivitäten eines Unternehmens zu unterstützen.[1] Die Darstellung orientiert sich hierbei an den betrieblichen Funktionalbereichen Beschaffung, Vertrieb und Personalwesen, da gerade in diesen Bereichen durch den Technologieeinsatz besonders tief greifende und weit reichende Veränderungen zu erwarten sind.

---

[1]   Vgl. Cronin (1995), S. 55 ff.; Alpar (1998), S. 217 ff.

3.2.2.1 Beschaffung

Bisher wurde der Einsatz der Internettechnologie in Unternehmen insbesondere im Zusammenhang mit absatzseitigen Aktivitäten betrachtet.[1] Nunmehr rücken verstärkt die Effektivitäts- und Effizienzsteigerungspotenziale für die Beschaffungsseite in den Vordergrund. Dies bestätigen auch die Ergebnisse der Studie „Deutschland Online", nach der der Einsatz von Internettechnologien im Beschaffungsbereich nach Einschätzung der befragten Unternehmen bis zum Jahr 2005 deutlich zunehmen wird (vgl. Abbildung 41).

Dieses verstärkte Interesse geht mit einer generell stärkeren Beschäftigung mit Beschaffungsaspekten einher. Ursächlich hierfür sind vielschichtige Veränderungen im intraorganisationalen und interorganisationalen Umfeld der Unternehmen. Zu nennen sind hier primär eine zunehmende Globalisierung der (Beschaffungs-)Märkte, eine Konzentration auf Kernkompetenzen oder eine zunehmende Reduzierung der Fertigungstiefe.[2] Dies führt zu einem zunehmenden Fremdbezug von Materialien.

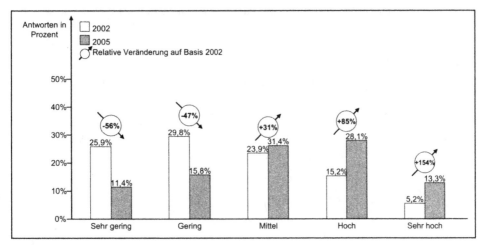

Abbildung 41:   Umfang des Interneteinsatzes zur Beschaffung in den Unternehmen

---

[1]   Vgl. Wirtz (1995), S. 46 f.; Schögel/Birkhofer/Tomczak (1999), S. 289; Albers et al. (2000), S. 11.

[2]   Vgl. Knolmayer/Mertens/Zeier (2000), S. 52 f.

Weitere Entwicklungstendenzen sind die Komplexität und Variantenvielfalt der Erzeugnisse, kürzere Produktlebenszyklen und enge Kooperationen mit wichtigen Lieferanten.[1] Hierdurch nimmt die Bedeutung der Beschaffungsaufgabe in den Unternehmen generell zu und findet verstärkt Eingang in die Entscheidungsprozesse des strategischen Managements.[2]

Im Zuge dieser verstärkten Beschäftigung mit beschaffungsseitigen Aktivitäten rücken vermehrt auch die Einsatzpotenziale der Internettechnologien im Beschaffungsbereich in den Mittelpunkt des Interesses. Dabei werden der Anwendung der Internettechnologie im Beschaffungsbereich (Electronic-Procurement) erhebliche Effektivitäts- und Effizienzpotenziale und somit letztlich ein Erfolgs- und Problemlösungsbeitrag zugesprochen:[3]

„Instead of regarding the Internet as a mere sales channel, companies also utilize emerging technologies to cut costs out of the supply-chain by streamlining procurement processes and improving collaboration. In times of intense competition and increasingly open markets, the ability to achieve efficiency improvement can become key to commercial success."[4]

Um Aussagen über die Nutzungspotenziale des Internets in der Beschaffung treffen zu können, bietet sich zunächst eine Abgrenzung der Aufgaben in diesem Bereich an.[5] Eine weithin akzeptierte Klassifikation hierzu stammt von Grochla/Schönbohm (vgl. Abbildung 42). Dabei wird zwischen markt- und betriebsgerichteten Aufgaben einerseits sowie beschaffungspolitischen und beschaffungsdispositiven Aufgaben andererseits unterschieden. Erfolgspotenziale des Einsatzes der Internettechnologie können insbesondere hinsichtlich der marktgerichteten Aufgaben vermutet werden, da hier in besonders hohem Maß Kommunikations- und Abstimmungsprozesse anfallen.

---

[1]   Vgl. Günther (1993), S. 341.
[2]   Vgl. Arnold (1993), S. 335.
[3]   Vgl. Gebauer/Beam/Segev (1998), S. 5 f. und S. 10; Segev/Gebauer/Beam (1998), S. 7.
[4]   Gebauer/Scharl (1999), S. 1.
[5]   Vgl. Kleineicken (2002), S. 138.

	Beschaffungspolitik	**Beschaffungsdisposition**
Markt-ge-richtet	- Beschaffungsmarktforschung - Einsatz des beschaffungspolitischen Instrumentariums - Bildung homogener Beschaffungsmärkte - Gestaltung der direkten Beziehungen zu Marktpartnern	- Suche und Auswahl von geeigneten Lieferanten im konkreten Fall - Verhandlungen mit ausgewählten Lieferanten - Bestellung - Kontrolle des Bestellvorgangs
Be-triebs-ge-richtet	- Beeinflussung des langfristigen Bedarfs aller Güter und Dienstleistungen - Langfristige Strukturierung der Bereitstellung der beschafften Güter und Dienstleistungen - Einwirkung auf Finanzplanung und Finanzpolitik des Unternehmens	- Maßnahmen zur Sicherung der Qualität - Maßnahmen der Bereitstellung der Güter und Dienstleistungen in der richtigen Menge und zum richtigen Zeitpunkt - Koordination der Transportprozesse

Abbildung 42: Beschaffungsfunktionen[1]

Die Beschaffungsmarktforschung dient der Sammlung und Bereitstellung von Informationen über die marktlichen Rahmenbedingungen, welche letztlich als Grundlage in die Beschaffungsentscheidungen eingehen.[2] Hier ergeben sich wirkungsvolle Einsatzmöglichkeiten für Internettechnologien. So stehen zunächst im Internet Informationen in umfangreicher Quantität und hoher Qualität vielfach kostenlos zur Verfügung. Zudem ist ein Zugriff auf aktuelle Informationen aufgrund räumlicher und zeitlicher Unabhängigkeit sowie geringer Kommunikations- und Datenübertragungskosten äußerst flexibel, kostengünstig und zeiteffizient möglich.[3]

Auch bezüglich des Einsatzes des beschaffungspolitischen Instrumentariums bieten Internettechnologien zahlreiche Möglichkeiten einer Effizienz- und Effektivitätssteigerung. So erlaubt zunächst der verbesserte Zugang zu beschaffungsrelevanten Informationen und zu globalen Beschaffungsmärkten die Identifikation von Substitutionsprodukten sowie von alternativen Lieferanten mit abweichenden Produkten, Qualitäten oder Preisen. Dies kann zu einer Revision von Beschaffungsentscheidungen und mithin zu einer Erweiterung des Aktionsradius der Beschaffungsprogrammpolitik führen.[4] Dies belegen auch die Ergebnisse der Studie „Deutschland Online". Hiernach gaben 11 % der Unternehmen an, durch den Einsatz des Electronic-Procurement ihre Lieferantenbasis in hohem Ausmaß vergrößert zu haben. Sogar 20 % erwarten dies für das Jahr 2005 (vgl. Abbildung 43).

---

1   In Anlehnung an Grochla/Schönbaum (1980), S. 44.
2   Vgl. Arnold (1995), S. 240.
3   Vgl. Arnold (1995), S. 256; Kleinau (1995), S. 15.
4   Vgl. Hammann/Lohrberg (1986), S. 121.

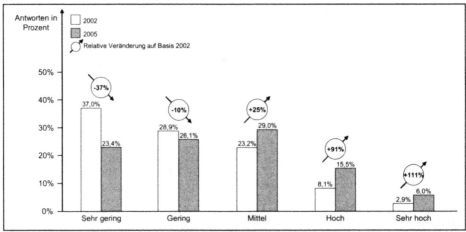

Abbildung 43:   Verbreiterung der Lieferantenbasis durch den Einsatz von Electronic
                 Procurement

Ähnliches gilt für die Preis- und Konditionenpolitik. Verbesserte Interaktions- und
Kommunikationsmechanismen durch den Einsatz der Internettechnologie erlauben eine
effektivere Bündelung von Beschaffungsobjektmengen, eine einfachere und schnellere
Durchführung von Preis- und Konditionenvergleichen sowie die Anwendung neuartiger,
dynamischer Preisfindungs- und Verhandlungsmechanismen, wie z. B. Einkaufsauktio-
nen.[1] Die Bezugspolitik als weiterer Teilbereich des beschaffungspolitischen Instrumentariums erfährt durch den Einsatz von Internettechnologien ebenfalls eine grundlegende
Effizienz- und Effektivitätsverbesserung.

Marktliche Koordinationsformen, wie z. B. Warenmärkte, Börsen, Ausschreibungen
(Submissionen), Messen oder Ausstellungen, lassen sich in das Internet übertragen.
Hierdurch kann sich eine Neubewertung des Kosten-Nutzen-Verhältnisses einer Teil-
nahme an den entsprechenden Veranstaltungen ergeben.[2] Die Vorteile einer großen
Auswahl an Lieferanten, Produkten und Konditionen sind nutzbar. Zudem erlaubt die
Unterstützung von Informations- und Kommunikationsprozessen zwischen Beschaffern
und Lieferanten durch das Internet eine Umgehung räumlicher und zeitlicher Restriktio-
nen.[3]

---

[1]   Vgl. Essig/Arnold (2001), S. 46; Picot/Reichwald/Wigand (2001), S. 352.
[2]   Vgl. Picot/Reichwald/Wigand (2001), S. 352.
[3]   Vgl. Arthur Andersen (2001), S. 21.

Die beschaffungsbezogene Kommunikationspolitik bzw. das Beschaffungsmarketing ähnelt in weiten Teilen der absatzseitigen Kommunikationspolitik. Entsprechend bieten Internettechnologien hier auch Verbesserungspotenziale. So kann das Internet zunächst als zusätzlicher Kommunikationskanal herangezogen werden. Dies ist beispielsweise über eine Nutzung der unternehmenseigenen Homepage zur Diffusion von Informationen über die Beschaffungsfunktion des Unternehmens realisierbar. Zudem können entsprechende Informationen über virtuelle Marktplätze oder Firmenverzeichnisse im Internet bereitgestellt werden. Auf diese Weise wird die Versorgung der Beschaffungsmärkte mit Informationen sichergestellt. Zudem wird aufgrund der zeitlichen und räumlichen Ungebundenheit ein globaler Adressatenkreis durch die Beschaffungskommunikation erreicht.

Auch bei der Bildung homogener Beschaffungsmärkte mit dem Ziel einer optimalen Kombination der beschaffungspolitischen Methoden und Instrumente können Internettechnologien eine wertvolle Unterstützung bieten. Zu nennen ist in diesem Zusammenhang insbesondere die Möglichkeit, Informationen im Internet kriterienspezifisch zu recherchieren. Zudem haben sich im Internet mit den so genannten virtuellen Marktplätzen Märkte etabliert, die bereits aufgrund ihres Branchenfokus als homogen zu bezeichnen sind. Damit werden eigene Recherche- und Abgrenzungsaktivitäten des Unternehmens deutlich begünstigt.

Schließlich lassen sich auch für die Gestaltung der direkten Beziehungen zu Marktpartnern als letztem Teilbereich der Beschaffungspolitik Einsatzpotenziale der Internettechnologie identifizieren. Dieser Teilbereich umfasst insbesondere Fragen der Auswahl und Beurteilung von Lieferanten sowie Fragen der Koordination. Beurteilt werden Leistungsfähigkeit, Preise oder die Kooperationsbereitschaft des Lieferanten. Dieser Prozess der Auswahl und Beurteilung von Lieferanten kann durch Internettechnologien effizient unterstützt werden. So erfordert etwa die Teilnahme an virtuellen Marktplätzen vielfach eine Registrierung der Lieferanten, wodurch das beschaffende Unternehmen zumindest partiell von Auswahl- und Beurteilungsarbeiten entlastet wird, da die Registrierung bereits auswahl- und bewertungsrelevante Aspekte umfasst.

Noch bedeutender ist das Potenzial der Internettechnologie zur Bildung von Kooperationen, insbesondere von Einkaufsgenossenschaften, und somit zur Bündelung von Beschaffungsvolumina und der hieraus folgenden Stärkung der Marktmacht. Die Attraktivität solcher Kooperationen wird durch den Einsatz von Internettechnologien deutlich erhöht, da die oftmals aufwändigen Koordinationserfordernisse durch die verbesserten Interaktions- und Kommunikationsmöglichkeiten deutlich effizienter abgewickelt werden können.

Die Beschaffungsdisposition umfasst die Suche und Auswahl geeigneter Lieferanten, die Verhandlungen mit diesen, die Bestellung sowie die Kontrolle des Bestellvorgangs.[1] Diese Aktivitäten weisen einen stark operativen Charakter und eine hohe Standardisierbarkeit auf. Aus diesem Grund finden sich Anwendungen der Internettechnologie im Beschaffungsbereich schwerpunktmäßig in Form von Desktop-Purchasing-Systemen. Hierbei findet eine Übernahme von Routinetätigkeiten des Beschaffungsvorganges durch die Technologie statt.[2]

So lässt sich etwa die Suche und Auswahl geeigneter Lieferanten durch automatisierte Preis- und Konditionenvergleiche unterstützen. Die Verhandlungsführung mit den Lieferanten kann durch die Interaktions- und Kommunikationsmöglichkeiten der Internettechnologie effektiver und kosteneffizienter gestaltet werden. Für die Bestellschreibung als Routinevorgang bietet sich eine informations- und kommunikationstechnologische Unterstützung insbesondere aus Kostengründen an.[3] Das Spektrum reicht von relativ einfachen internetbasierten Bestellformularen bis hin zu einer automatisierten Bestellauslösung und einer Vernetzung mit den Lieferanten.

Ein Beispiel für eine bedeutende Electronic-Procurement-Plattform ist Covisint, eine Kooperation der Automobilhersteller DaimlerChrysler, Ford Motor Company, General Motors, Nissan, Renault und Peugeot-Citroën. Covisint ist Marktführer in der Automobilindustrie bei der Integration von Geschäftsprozessen mit Zulieferern und Kunden. Jedes Unternehmen brachte seine eigenen E-Business-Initiativen mit dem Ziel ein, jene Schwierigkeiten zu vermeiden, die Lieferanten durch den Umgang mit den verschiedenen firmeneigenen Systemen entstehen würden.

Die vornehmlichen Zielsetzungen waren Integration und Kooperation, die für die gesamte Branche geringere Kosten, vereinfachte Geschäftspraktiken und eine deutliche Effizienzsteigerung herbeiführen sollten.[4] Bereits heute spielt der Marktplatz eine wichtige Rolle für die Beschaffung der Automobilunternehmen. Es ist davon auszugehen, dass es zukünftig zu einer zunehmenden Integration der Electronic-Procurement-Plattformen in die globale Einkaufsstrategie der Automobilunternehmen kommen wird.[5]

Zusammenfassend lässt sich sagen, dass der Einsatz von Internettechnologien die Beschaffung in vielen Aufgabenbereichen unterstützt. Hieraus ergeben sich insbesondere Kosten- und Zeiteinsparungen. Dies bestätigen auch die Ergebnisse der Studie „Deutschland Online" (vgl. Abbildung 44). So konnten bei den befragten Unternehmen durch den Einsatz des Electronic-Procurement 2002 die Beschaffungskosten bereits um

---

[1]   Vgl. Grochla/Schönbohm (1980), S. 159.

[2]   Vgl. Arnold (1995), S. 257 f.; Kleinau (1995), S. 15; Essig/Arnold (2001), S. 46.

[3]   Vgl. Large (1999), S. 189; Koppelmann (2000), S. 333.

[4]   Vgl. Covisint (2003).

[5]   Vgl. DaimlerChrysler (2002).

5,9 %, die Beschaffungszeit sogar um 11,8 % gesenkt werden. Bis zum Jahr 2005 erwarten die Unternehmen einen weiteren Anstieg der Einsparungen auf 10,2 % und eine Verkürzung der Beschaffungszeit um 15,5 %.

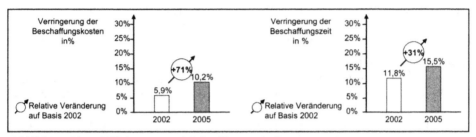

Abbildung 44:   Effizienzpotenzial des Electronic-Procurement

3.2.2.2   Vertrieb

Bereits seit langem wird den Internettechnologien eine erhebliche Bedeutung im Zusammenhang mit absatzseitigen Aktivitäten zugestanden.[1] Dabei wird insbesondere die Nutzung des Internets als zusätzlichem Vertriebskanal intensiv diskutiert. So verursacht der Einsatz der Internettechnologie im Vertrieb zahlreiche Veränderungen gegenüber dem traditionellen Vertrieb.[2] Der Internettechnologie werden erhebliche Potenziale für die effektive und effiziente Gestaltung des Vertriebsmanagements zugesprochen. Gleichzeitig existieren auch Risiken wie beispielsweise die Entstehung von Absatzkanalkonflikten durch die Kannibalisierung traditioneller Absatzwege. Die verschiedenen Aspekte eines internetbasierten Vertriebs werden im Folgenden dargestellt.

Der wohl bedeutendste Aspekt des Einsatzes von Internettechnologien im Vertrieb ist das Entstehen eines neuen elektronischen Absatzkanals. Er ermöglicht eine elektronische Übermittlung kaufentscheidungsrelevanter Informationen, eine elektronische Initiierung der Bestellung sowie, in Abhängigkeit von den Eigenschaften der Ware, eventuell auch eine elektronische Bereitstellung. Hierbei kann das Internet sowohl im Rahmen eines direkten als auch eines indirekten Vertriebs genutzt werden.[3] Dabei sind in diesem Zusammenhang sowohl anbieter- als auch nachfragerseitig eine Reihe von Vor- und Nachteilen zu nennen.[4]

---

[1]   Vgl. Wirtz (1995), S. 46 f.; Schögel/Birkhofer/Tomczak (1999), S. 289; Albers et al. (2000a), S. 11.

[2]   Vgl. Kalakota/Whinston (1997), S. 217.

[3]   Vgl. Olbrich (2001), S. 193.

[4]   Vgl. Fantapié Altobelli/Grosskopf (1998), S. 146.

Anbieterseitig sind zunächst die globale Präsenz des Angebots und damit der Zugang zu neuen Märkten vorteilhaft. Zudem kann die Sortimentsgestaltung wesentlich flexibler erfolgen, da sich einem Onlinesortiment relativ problemlos und nahezu unbegrenzt neue Waren hinzufügen lassen, während der Regalplatz im traditionellen Handel oftmals einen wesentlichen Engpassfaktor darstellt.[1] Zudem erlaubt es der Onlinevertrieb dem Anbieter vielfach, Kundendaten aufzuzeichnen, welche später die Grundlage eines effektiven Customer-Relationship-Managements bilden können.

Die Nachfrager profitieren von einem Onlinevertrieb insbesondere dadurch, dass das Angebot im Sinne eines „anytime and anywhere" zur Verfügung steht. Damit kann auch der Bestellvorgang unabhängig von zeitlichen und räumlichen Restriktionen initiiert werden.[2] Zudem ergibt sich eine verbesserte Vergleichbarkeit von Produkten und Angeboten unterschiedlicher Anbieter aufgrund einer erhöhten Markttransparenz. Darüber hinaus verbessern die multimedialen Eigenschaften die Möglichkeiten der Produktbeschreibung und tragen damit wesentlich zur gezielten Information der Nachfrager bei.

Nachteilig ist für die Nachfrager die fehlende Möglichkeit eines physischen Kontakts mit der Ware. Problematisch ist dies insbesondere bei solchen Produkten, bei denen die Kaufbereitschaft bzw. Kaufentscheidung wesentlich von Sinneseindrücken beeinflusst wird.[3] Zudem legen die Kunden gerade bei komplexen, erklärungsbedürftigen Produkten vielfach Wert auf eine persönliche Beratung.

Mithin sind nicht alle Produkte gleichermaßen für den Onlinevertrieb geeignet. Aus diesem Grund sind in der Unternehmenspraxis derzeit zwei unterschiedliche Entwicklungstendenzen in Form der Intermediation und der Disintermediation zu beobachten, die sich aus dem Einsatz von Internettechnologien im Vertrieb ergeben. Hierbei ist zu erwarten, dass sich letztlich beide Ansätze in Abhängigkeit von den jeweiligen Produkteigenschaften durchsetzen werden.[4]

Mit dem Begriff der Intermediation wird die Aufspaltung der Wertkette im Vertrieb durch den Einsatz der Internettechnologie bezeichnet.[5] Sämtliche nicht den Kernkompetenzen der Unternehmung zurechenbaren Aktivitäten der Distributionsleistung werden in diesem Zusammenhang auf Kooperationspartner ausgelagert, so dass sich das Unternehmen auf die strategisch bedeutsamen Aktivitäten konzentrieren kann.[6] Spezialunternehmen übernehmen hierbei einen jeweils eng definierten Bereich der Vertriebswert-

---

[1]   Vgl. Albers/Peters (1997), S. 73.

[2]   Vgl. Rayport/Jaworski (2001), S. 5 f.

[3]   Vgl. Figueiredo (2000), S. 43 f.

[4]   Vgl. Becker (2000), S. 85 ff.

[5]   Vgl. Evans/Wurster (1997), S. 79.

[6]   Vgl. Tomczak/Schögel/Birkhofer (1999), S. 132.

schöpfungskette. Auf diese Weise sollen Kostenvorteile und Spezialisierungsvorteile erzielt werden.[1] Internettechnologien dienen hierbei vor allem der Koordination der Aktivitäten der beteiligten Akteure.

Die Disintermediation stellt die entgegengesetzte Entwicklungstendenz dar. Hierbei
werden innerhalb der Vertriebskette zunehmend Zwischenstufen eliminiert.[2] Die Vertriebsaktivitäten werden somit verstärkt durch einen einzelnen Anbieter kontrolliert und
koordiniert.[3] Dies ermöglicht die Ausschaltung von Zwischenhändlern und mithin eine
Vereinnahmung ihrer Margen.

Auch diese Entwicklung wird durch Internettechnologien wesentlich unterstützt, da erst
diese das Potenzial zu einer eigenständigen Optimierung der Vertriebswertkette enthalten. Im Mittelpunkt steht hierbei die Nutzung des Internets als zusätzlichem Vertriebskanal. So können potenzielle Kunden über das Internet effizient direkt angesprochen
werden.

Beide Ansätze finden in Abhängigkeit von den jeweiligen Produkteigenschaften ihre
Berechtigung. So spielt insbesondere bei komplexen, erklärungsbedürftigen Produkten
die Beratung durch den Anbieter eine stark kaufentscheidende Rolle. Eine solche kun-
denindividuelle Beratung kann am effektivsten und kostengünstigsten durch spezialisierte Akteure erfolgen, welche über umfassende Kompetenzen hinsichtlich der Produkte
und der Kundenbedürfnisse und über Spezialisierungsvorteile verfügen. Es kann somit
durch die mit einer weit gehenden Intermediation verbundene Spezialisierung der Bera-
tungsleistungen ein Mehrwert für den Kunden generiert werden.

Im Falle hochgradig standardisierter Produkte und Dienstleistungen, welche nur einen
geringen Erklärungsbedarf aufweisen, wird es eher zu einer Eliminierung von Zwischenstufen kommen, falls durch Internettechnologie ein direkter Kontakt zum Kunden
hergestellt werden kann. Die Einordnung der Produkte bzw. Dienstleistungen anhand
ihrer Eignung für die Intermediation bzw. Disintermediation wird in Abbildung 45 vorgenommen.

---

[1]   Vgl. Sarkar/Butler/Steinfeld (1997).
[2]   Vgl. Wirtz (1995), S. 49; Cunningham/Fröschl (1999), S. 31.
[3]   Vgl. Kierzkowski et al. (1996), S. 10 f.

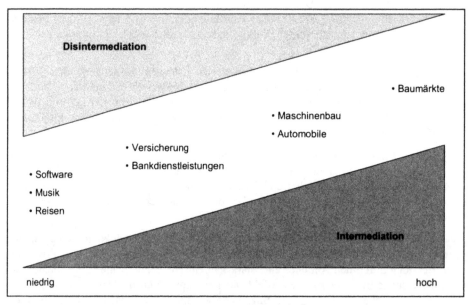

Abbildung 45:   Intermediation und Disintermediation[1]

Die Abbildung 45 zeigt, dass sich für eine Vielzahl von Produkten weder eine vollkommene Disintermediation noch eine weit reichende Intermediation als überlegen erweisen. So können insbesondere informationsbasierte und zu einem hohen Grad standardisierbare Produkte vom Hersteller selbst direkt online vertrieben werden.[2] Beispielhaft können hier Produkte wie Software, Zeitungen, Musik oder Videosequenzen genannt werden. Sind die Produkte hingegen nicht vollständig digitalisierbar, so bietet sich vielfach eine Kombination aus direktem Onlinevertrieb und traditionellem Vertrieb unter Einschaltung entsprechender Mittler im Sinne eines hybriden Distributionskanals an.

So können etwa die Kontaktaufnahme mit dem Kunden oder dessen erste Information online erfolgen, während eine tiefer gehende Beratung, welche schließlich in einer möglichen Bestellung mündet, auf traditionelle Vertriebswege zurückgreift. Ein Beispiel hierfür bieten Unternehmen der Automobilindustrie. Auf deren Internetpräsenz befinden sich neben allgemeinen Informationen zum Unternehmen und Produkten häufig auch so genannte Car-Konfiguratoren. Diese erlauben es dem Nutzer, einen PKW nach seinen Vorstellungen zu konfigurieren, wobei ihm sämtliche Auswahlmöglichkeiten hinsicht-

---

1   In Anlehnung an Wirtz (2000c), S. 73.
2   Vgl. Rayport/Sviokla (1995), S. 76 f.; Kiang/Raghu/Shang (2000), S. 386.

lich Farbe, Sonderausstattung oder Motorisierung zur Verfügung stehen. Hat der Kunde auf diese Weise ein Fahrzeug konfiguriert, werden seine Daten aufgenommen und an einen Vertragshändler in seiner Nähe weitergeleitet, welcher die weitere Beratung übernimmt.

Ein Mehrwert für den Kunden besteht hierbei insbesondere darin, dass er sich zunächst völlig unabhängig von den Öffnungszeiten des Händlers und ohne einen Anfahrtsweg auf sich nehmen zu müssen umfassend über sein gewünschtes Fahrzeug informieren kann. Zudem verfügen die Händler zumeist nur über eine begrenzte Anzahl an Vorführfahrzeugen eines bestimmten Modelltyps, welche hinsichtlich Farbe oder Ausstattung oftmals nicht den Vorstellungen des Kunden entsprechen. Das Internet bietet dem Kunden hier die Möglichkeit, sich auch optisch ein Bild von dem Fahrzeug in der von ihm gewünschten Farbgebung und Ausstattungsvariante zu verschaffen. Es findet somit eine Integration von Online- und Offlinevertriebskanälen in ein hybrides Kanalsystem statt.

Der Einsatz internetbasierter Absatzkanäle beinhaltet neben den beschriebenen Potenzialen jedoch auch ein nicht zu unterschätzendes Risiko des Auftretens von Absatzkanalkonflikten.[1] So bietet sich zwar eine Umgehung traditioneller Handelsstufen insbesondere dann an, wenn durch diese lediglich die Kosten, nicht jedoch der Wert eines Produktes erhöht werden. Gleichwohl ist mit einem solchen Vorgehen auch ein oftmals erhebliches Konfliktpotenzial verbunden. So ist zunächst der traditionelle Zwischenhandel in einigen Fällen in der Lage, durch eine Beeinflussung von Geschäftspartnern und Endverbrauchern den Druck auf Direktanbieter massiv zu forcieren. Weiteres Konfliktpotenzial ergibt sich daraus, dass die Hersteller vielfach eigene traditionelle Vertriebsressourcen bereithalten, deren Abbau oftmals kurzfristig nicht möglich ist.

Dies zeigt sich besonders deutlich beim Vertrieb von Versicherungsprodukten. Hier ist die traditionelle Vertriebsstruktur durch eine Ausschließlichkeitsorganisation gekennzeichnet, welche exklusiv Produkte des eigenen Unternehmens in geschützten Gebieten vertreibt. Bei der Implementierung eines zusätzlichen internetbasierten Vertriebskanals können sich Konflikte im Hinblick auf die Vertriebsstruktur sowie die Provisionen der Vertreter ergeben. Entsprechend nimmt die Vertreterschaft Internetaktivitäten auch eher als Bedrohung denn als Chance wahr.

Die Unternehmen stehen damit vor der Herausforderung, die traditionellen und die Onlinevertriebskanäle im Sinne einer Multi-Channel-Strategie sinnvoll zu integrieren (vgl. Abbildung 46).[2] Hierbei ist sicherzustellen, dass sowohl eine wirkungsvolle Verbindung zwischen den Kanälen geschaffen wird als auch eine bestmögliche Nutzung von Effizienzpotenzialen der elektronischen Vertriebskanäle stattfindet.[3] Hierfür bieten sich un-

---

[1] Vgl. Bucklin/Thomas-Graham/Webster (1997), S. 37 f.

[2] Vgl. Wirtz (2002a), S. 48 ff.; Wirtz (2002b), S. 676 ff.

[3] Vgl. Gosh (1998), S. 129 f.

terschiedliche Vorgehensweisen an. Neben der bereits beschriebenen Information über und Konfiguration von Produkten via Internet – etwa bei Automobilherstellern – können unterschiedliche Vertriebskanäle auch für den Vertrieb unterschiedlicher Marken, Produkte oder Produktvarianten genutzt werden, um so zu einer bestmöglichen Vertriebskanalkombination zu gelangen.

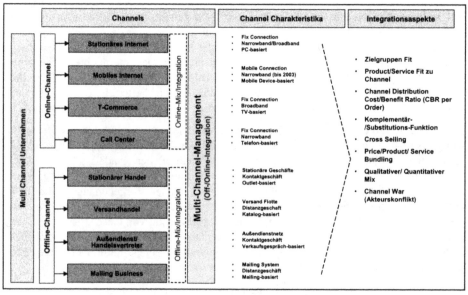

Abbildung 46:   Integriertes-Multi-Channel-Management[1]

Die Akzeptanz eines internetbasierten Absatzkanals und damit auch dessen Erfolg stehen in enger Beziehung mit der Generierung eines Mehrwerts für den Kunden.[2] Dies geschieht insbesondere durch die Erbringung innovativer Dienstleistungen für den Kunden und kann auf sämtlichen Stufen der Vertriebskette erfolgen. Eine solche mehrwertangereicherte Wertkette des (Online-)Vertriebs ist in Abbildung 47 dargestellt.

---

[1]   In Anlehnung an Wirtz (2002b), S. 687.
[2]   Vgl. Weiber/Kollmann (1999), S. 51.

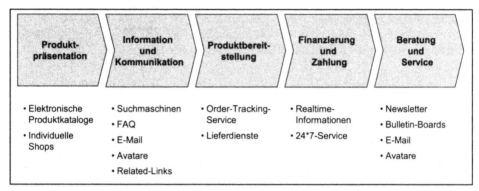

Produkt-präsentation	Information und Kommunikation	Produktbereit-stellung	Finanzierung und Zahlung	Beratung und Service
• Elektronische Produktkataloge • Individuelle Shops	• Suchmaschinen • FAQ • E-Mail • Avatare • Related-Links	• Order-Tracking-Service • Lieferdienste	• Realtime-Informationen • 24*7-Service	• Newsletter • Bulletin-Boards • E-Mail • Avatare

Abbildung 47:   Mehrwertangereicherte Wertkette der Onlinedistribution[1]

Im Bereich der Produktpräsentation stehen insbesondere virtuelle Produktkataloge im Vordergrund. Zudem kann bereits hier eine Orientierung des Leistungsprozesses an individuellen Kundenbedürfnissen erfolgen. Als Beispiel sei an dieser Stelle wiederum auf die Car-Konfiguratoren der Automobilhersteller verwiesen. Im Rahmen des Informations- und Kommunikationsprozesses wird Kundenmehrwert schwerpunktmäßig durch die Bereitstellung entscheidungsrelevanter Zusatzinformationen generiert. So stellt beispielsweise die Lufthansa mit dem InfoFlyway ein äußerst umfangreiches Angebot an relevanten Informations- und Transaktionsrubriken – wie beispielsweise Flugplan, Onlinebuchung, Miles & More und Newsticker – zur Verfügung.[2]

Im Bereich der Produktbereitstellung sind als Mehrwertleistung für den Kunden insbesondere so genannte Order-Tracking-Systeme zu erwähnen. Sie ermöglichen es dem Besteller, die Leistungsqualität und -bereitschaft eines Anbieters direkt zu überprüfen. Dies geschieht, indem er online den Liefer- bzw. Bearbeitungsstatus abfragt. Dies führt nicht nur zu Mehrwert für den Kunden, sondern zugleich auch zu Kosteneinsparungen bei den Versendern, da diese von einer Vielzahl telefonischer Anfragen zum Bestellstatus entlastet werden.[3]

Im Bereich der Finanzierung und Zahlung besteht der Mehrwert für den Kunden insbesondere in einer beschleunigten Prozessabwicklung sowie einer orts- und zeitungebundenen Beratungsleistung. Beispiel hierfür sind wiederum die Automobilhersteller. Hier können die Händler nach Bearbeitung eines Onlinekriterienkatalogs durch den Antragsteller diesem in Kooperation mit einem Finanzdienstleister entsprechend individua-

1   In Anlehnung an Wirtz (2001a), S. 394.
2   Vgl. Conrady/Orth (1999), S. 34 ff.
3   Vgl. Fritz (2001), S. 128.

lisierte Finanzierungsangebote unterbreiten. Auf diese Weise wird der Kunde bei Abschluss eines Kaufvertrags von der Notwendigkeit eines weiteren Finanzierungsgesprächs mit seinem Kreditinstitut entbunden, so dass ihm Convenience-Vorteile entstehen.

Ziel der Beratungs- und Servicephase ist es, dem Kunden eine bedarfsgerechte, individuelle Beratungs- und Serviceleistung zur Verfügung zu stellen, in deren Folge zusätzliche Käufe generiert werden können.[1] Hier bieten Internettechnologien insbesondere aufgrund der Möglichkeit einer effizienten Erfassung kunden- und kaufprozessbezogener Daten eine wertvolle Unterstützung. Dies ermöglicht beispielsweise die proaktive Zusendung entscheidungsrelevanter Informationen durch elektronische Kundenzeitschriften oder individualisierte E-Mails. Neben reinen Informationsleistungen kann auch Unterstützung bei der Verwendung der Produkte angeboten werden. Ein Beispiel ist das Unternehmen Hewlett-Packard, welches Installations-, Nutzungs- sowie Reparaturanweisungen in Form interaktiver Lernprogramme im Internet bereitstellt.

Die frühere Fokussierung der Diskussion um die Potenziale der Internettechnologien auf den Vertriebsbereich spiegelt sich auch in den Ergebnissen der Studie „Deutschland Online" wider (vgl. Abbildung 48). So gab mehr als ein Drittel der befragten Unternehmen an, dass das Internet bereits im Jahr 2002 für den Vertrieb ihrer Produkte und Dienstleistungen eine hohe oder sehr hohe Bedeutung hatte. Dieser Wert liegt deutlich höher als im Bereich Beschaffung und zeigt damit, dass der Einsatz entsprechender Technologien in diesem Bereich besonders weit fortgeschritten ist.

Dass der Vertrieb weiterhin den Schwerpunkt der Internetaktivitäten der Unternehmen bilden wird, zeigen die Ergebnisse der Studie ebenfalls. So erwartet mehr als die Hälfte der befragten Unternehmen, dass das Internet im Jahr 2005 eine hohe oder sehr hohe Bedeutung für den Vertrieb ihrer Produkte oder Dienstleistungen haben wird. Auch dieser Wert ist deutlich höher als der entsprechende Wert für die übrigen untersuchten Bereiche Beschaffung und Personal.

---

[1]   Vgl. Evans/Wurster (1999), S. 91 f.

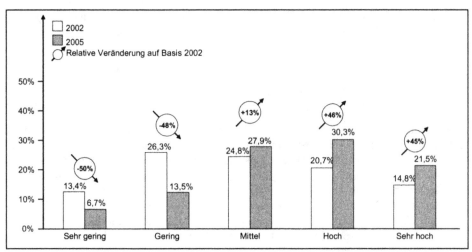

Abbildung 48: Bedeutung des Internets für den Vertrieb von Produkten und Dienstleistungen

3.2.2.3 Personalbeschaffung

Das Personalmanagement steht heute vor grundlegend neuen Rahmenbedingungen. Zum einen herrscht mit etwa vier Millionen Arbeitsplatzsuchenden eine hohe Arbeitslosigkeit, die dazu führt, dass Unternehmen eine große Zahl von Bewerbungen erhalten und vor der Herausforderung stehen, aus dieser Flut von Bewerbungen geeignete Bewerber herauszufiltern. Die Lösung dieser Aufgabe setzt leistungsfähige Systeme und Prozesse voraus, die für hohe Bewerberaufkommen mit unterschiedlichsten Qualifikationsprofilen geeignet sind.[1]

Zum anderen sind oftmals für bestimmte Positionen sehr spezifische Kenntnisse und Fähigkeiten erforderlich, über die nur wenige Arbeitnehmer verfügen. Gerade diese Arbeitnehmer befinden sich jedoch vielfach in Beschäftigungsverhältnissen und sind nicht aktiv auf der Suche nach einer neuen Arbeitsstelle. In diesem Szenario stehen die Personalabteilungen vor dem Problem, den richtigen Kandidaten genau in dem Moment, in dem eine Stelle vakant wird, zu identifizieren und für das Unternehmen zu gewinnen.[2] Hier können Internettechnologien eine wertvolle Unterstützung bieten.[3]

---

[1] Vgl. eHR-check (2002), S. 3.
[2] Vgl. Mosley (1998), S. 23.
[3] Vgl. Williams (2000), S. 21.

Zur Analyse der Einsatzpotenziale von Internettechnologien in der Personalbeschaffung bietet sich eine Zerlegung des Recruiting-Prozesses in einzelne Schritte an. Hierbei können nach Capelli drei Phasen unterschieden werden:[1] Die Erregung der Aufmerksamkeit potenzieller Kandidaten, die Auswahl sowie die Kontaktaufnahme. Um die Aufmerksamkeit potenzieller Kandidaten zu erregen, stehen den Unternehmen unterschiedliche internetbasierte Möglichkeiten zur Verfügung. Zu nennen ist hier zunächst die Schaltung einer eigenen Recruiting-Homepage im Rahmen des Internetauftritts des Unternehmens.

Diese kann generelle Informationen über Einstiegs- und Karrieremöglichkeiten bei dem betreffenden Unternehmen ebenso enthalten wie konkrete Vakanzen. Daneben werden vielfach auch Informationen über das Arbeitsumfeld, Profile von Mitarbeitern sowie Informationen über sonstige (soziale) Leistungen des Unternehmens für die Mitarbeiter bereitgestellt. So finden sich etwa auf den Recruiting-Homepages großer Beratungsunternehmen Kategorien wie „Ein Tag im Leben eines Beraters", Casestudies und Angaben zum Unternehmen und den Arbeitsbedingungen. Der Softwareanbieter SAP räumt auf seiner Recruiting-Homepage z. B. einer Beschreibung der Sozialleistungen des Unternehmens großen Raum ein.

Gegenüber dem Personalmarketing in traditionellen Medien sind die Kosten einer solchen Recruiting-Homepage vergleichbar gering, da lediglich einmalige Kosten für das Erstellen der Homepage sowie fortlaufende Kosten für die Pflege und Aktualisierung der Seite anfallen. Weitere Vorteile bestehen darin, dass das Unternehmen die volle Kontrolle über Inhalt und Layout der Seite behält und sich so von anderen Unternehmen abheben kann.[2]

Der Erfolg einer Recruiting-Homepage ist jedoch in starkem Maße davon abhängig, inwieweit es dem Unternehmen gelingt, potenzielle Kandidaten dafür zu interessieren.[3] Dazu kann beispielsweise eine prominente Verlinkung der Homepage des Unternehmens und der Recruiting-Homepage dienen.[4] Auf diese Weise werden Nutzer auf Karrieremöglichkeiten bei dem entsprechenden Unternehmen aufmerksam gemacht. Dieses Vorgehen setzt jedoch voraus, dass die Nutzer die Unternehmens-Homepage aus eigener Initiative aufsuchen.

Dies ist in starkem Maß von der Bekanntheit des Unternehmens und seiner Produkte abhängig. Große Unternehmen mit bekannten Produkten haben es deutlich einfacher, über eine Recruiting-Homepage potenzielle Kandidaten auf sich aufmerksam zu machen. Studien zeigen, dass der Bekanntheitsgrad der Produkte eines Unternehmens oftmals viele

---

[1]   Vgl. Cappelli (2001), S. 140.
[2]   Vgl. Thomas/Ray (2000), S. 44.
[3]   Vgl. McGarvey (1999), S. 85.
[4]   Vgl. Zall (2000), S. 70.

Kandidaten erst zu einer Bewerbung veranlasst.[1] Jedoch kann auch für weniger bekannte Unternehmen eine Recruiting-Homepage als flankierende, Image fördernde Maßnahme zum Recruiting-Prozess beitragen.

Unabhängig vom Bekanntheitsgrad bietet sich für alle Unternehmen die Schaltung von Anzeigen in Onlinestellenbörsen als weitere Maßnahme an, um potenzielle Bewerber auf sich aufmerksam zu machen. Mittlerweile existiert eine Vielzahl entsprechender Jobbörsen, wobei zwischen allgemeinen und auf bestimmte Berufsgruppen oder Branchen spezialisierten Börsen unterschieden werden kann. Jobbörsen weisen gegenüber der Anzeigenschaltung in traditionellen Medien einige Vorteile auf. Zu nennen sind hier zunächst die im Vergleich zu klassischen Stellenbörsen geringeren Schaltkosten.[2] Darüber hinaus bleibt eine einmal geschaltete Anzeige länger erhalten, während Anzeigen in anderen Medien nur einmalig in einer bestimmten Auflage erscheinen. Schließlich bieten Onlinestellenanzeigen durch zahlreiche Filterfunktionen die Möglichkeit einer wesentlich fokussierteren Ansprache potenzieller Bewerber.

Onlinestellenbörsen bieten den Unternehmen jedoch vielfach nicht nur die Möglichkeit, eigene Anzeigen zu schalten, sondern auch, in dort hinterlegten (anonymisierten) Kandidatenprofilen zu recherchieren, um auf diese Weise für das Unternehmen interessante Arbeitnehmer zu identifizieren. Hier steht den Unternehmen für die aktive Personalsuche ein sehr großer Pool potenzieller Kandidaten zur Verfügung. Aufgrund zahlreicher Filterfunktionen kann dieser zudem rasch und kriterienspezifisch durchsucht werden. Dies ist deutlich kostengünstiger als ein Rückgriff auf spezialisierte Personalberater, welche ebenfalls über zahlreiche Bewerberprofile verfügen, für den Zugriff auf bzw. die Auswahl aus diesen Datenbanken allerdings hohe Honorare verlangen. Ein Rückgriff auf Personalberater – insbesondere in der Form des Headhunters – ist daher in der Regel nur für die Suche nach hoch qualifizierten Fach- und Führungskräften sinnvoll, da diese vielfach in bestehenden Beschäftigungsverhältnissen stehen und nicht aktiv nach einer neuen Position suchen.[3]

Gerade angesichts der aktuell hohen Arbeitslosigkeit sehen sich viele Unternehmen einer Flut von Bewerbungen gegenüber. Dabei stimmen viele Bewerbungen bereits hinsichtlich ihres grundlegenden Qualifikationsprofils nicht mit den Anforderungen der konkreten Position bzw. des Unternehmens überein.[4] Um trotz dieser Flut von Bewerbungen einen zeit- und kosteneffizienten Ablauf des Stellenbesetzungsverfahrens zu gewährleisten, besteht heute mehr denn je die Notwendigkeit einer gründlichen Vorauswahl der Bewerbungen. Dies bildet den Gegenstand der zweiten Phase des Recruiting-Prozesses. Für diese Funktion bietet die Internettechnologie wertvolle Unterstützung.

---

[1]   Vgl. Cappelli (2001), S. 140.
[2]   Vgl. Jobpilot.de (2003), S. 1; FAZ (2003), S. 10.
[3]   Vgl. Piturro (2000), S. 35.
[4]   Vgl. Cappelli (2001), S. 141.

Hier sind insbesondere so genannte Online-Screening-Tools zu erwähnen. Anhand von Fragen, die der Bewerber online beantwortet, wird ein Abgleich mit dem Anforderungs-profil des Unternehmens vorgenommen.[1] Ein Beispiel bildet die Onlinebewerbungsform des Unternehmens PricewaterhouseCoopers. Diese enthält hochentwickelte psychomet-rische Instrumente, welche die Personalverantwortlichen dabei unterstützen, die Eignung eines Bewerbers für eine bestimmte Position zu beurteilen.[2] Auf diese Weise gelingt ei-ne zumindest teilweise automatisierte Vorauswahl der Bewerbungen, wodurch sich deut-liche Zeit- und Kostenreduktionen erzielen lassen.

Ist ein interessanter Bewerber identifiziert, so sollte schnellstmöglich ein Kontakt zu diesem hergestellt werden, bevor er sich für eine alternative Stelle bei einem Wettbe-werber entscheidet. Hierzu ist eine schnelle Abwicklung des gesamten Rekrutierungs-prozesses erforderlich. Neben der bereits beschriebenen automatisierten Vorauswahl von Bewerbern kann hierzu insbesondere ein hoch entwickeltes so genanntes Hiring-Management-System (HMS) dienen. Ein solches – grundsätzlich einem Enterprise-Ressource-Planning-System (ERP) ähnliches System – unterstützt den gesamten Recrui-ting-Prozess auf Grundlage einer einheitlichen Datenbasis.[3]

Hierbei werden die eingehenden Onlinebewerbungen zunächst in einem einheitlichen Format gesammelt und entsprechende Eingangsbestätigungen an die Bewerber versen-det. Anschließend werden sie einem ersten Screening unterzogen. Auch die internen Ab-sprachen mit den suchenden Fachabteilungen sowie die anschließende Kontaktaufnahme mit den Bewerbern können aufgrund der einheitlichen Datenbasis schnell und in der Re-gel ohne Medienbruch erfolgen.

Zusammenfassend liefert der Einsatz von Internettechnologien in der Personalbeschaf-fung die folgenden Vorteile: Zeit- und Kosteneinsparungen sowie den Zugang zu einer wesentlich größeren Anzahl an potenziellen Kandidaten bei einer gleichzeitigen Unab-hängigkeit von zeitlichen und räumlichen Restriktionen, wie sie etwa Erscheinungsweise und Verbreitungsgebiet von Printmedien bilden. Angesichts dieses Potenzials verwun-dert es, dass das internetbasierte Recruiting bisher noch relativ wenig diskutiert wird.

Auch dessen Anwendung in der Praxis ist, wie die Ergebnisse der Studie „Deutschland Online" zeigen, noch relativ schwach verbreitet (vgl. Abbildung 49). So gaben für 2002 lediglich 15 % der befragten Unternehmen an, dass sie das Internet in hohem oder sehr hohem Maß für die Personalbeschaffung einsetzen. Dies ist von allen untersuchten Be-reichen der geringste Prozentsatz. Für das Jahr 2005 rechnen 28 % der befragten Unter-nehmen mit einem hohen und sehr hohen Einsatz des Internets für die Personalbeschaf-fung. Auch dies stellt den geringsten Prozentsatz aller untersuchten Bereiche dar.

---

[1]   Vgl. Zall (2000), S. 69 f.
[2]   Vgl. Cappelli (2001), S. 141.
[3]   Vgl. Cappelli (2001), S. 143.

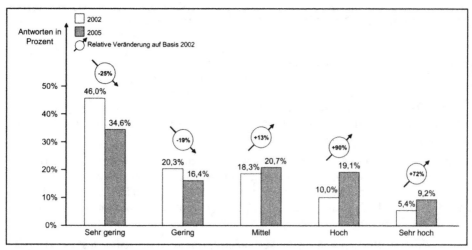

Abbildung 49:   Einsatz des Internets zur Personalbeschaffung

Dem noch zurückhaltenden Einsatz von Internettechnologien in der Personalbeschaffung entsprechend scheinen die Unternehmen auch die Kosteneinsparungspotenziale des internetbasierten Recruiting noch nicht voll auszuschöpfen. Aktuell gaben die Unternehmen eine Reduktion der Recruiting-Kosten um 5,7 % an (vgl. Abbildung 50). Für das Jahr 2005 erwarten sie Einsparungen von 7,2 %.

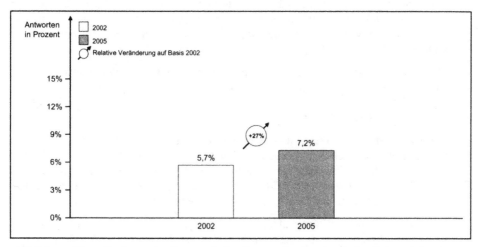

Abbildung 50:   Senkung der Personalrekrutierungskosten durch den Interneteinsatz

3.3   Zukünftige ökonomische Perspektiven

Das Internet wird mehr und mehr zum selbstverständlichen Bestandteil unseres Wirtschaftslebens. Der Zeitraum bis Mitte 2000 galt als Pionierzeit in der Internetökonomie, in der das Internet für die wirtschaftliche Verwertung entdeckt und weltweit die „New Economy" proklamiert wurde. Das Internet wurde damals als jene Basisinnovation verstanden, die bestehende Strukturen im gesellschaftlichen wie wirtschaftlichen Gefüge von Grund auf verändern würde.

Allerdings wird das Internet die bestehenden Strukturen nicht ersetzen, sondern vielmehr ergänzen und optimieren. Die Integration der Internetökonomie stellt die Grundlage für eine Weiterentwicklung unserer Wirtschaft dar. Abschließend können aufbauend auf die in den Abschnitten 3.1 und 3.2 erläuterten Ergebnisse folgende Schlussfolgerungen für künftige ökonomische Perspektiven gezogen werden:

- Durch die Diffusion von Internettechnologien in der Wirtschaft – insbesondere des Breitbandinternets – werden erhebliche Umweltveränderungen hinsichtlich einer Intensivierung des Wettbewerbs, einer Steigerung der Komplexität der Märkte, eines veränderten Kundenverhaltens sowie einer fortschreitenden Virtualisierung von Organisationsstrukturen und Produkten hervorgerufen.

- Unternehmen in Deutschland gehen mehrheitlich davon aus, dass durch das Internet bestehende Geschäftsmodelle verändert werden und neue Geschäftsmodelle entstehen. Ebenso wie die Geschäftsmodelle wird die Geschäftstätigkeit mehr denn je durch das Internet beeinflusst. Über 50 % der Unternehmen im Allgemeinen und der Werbewirtschaft im Speziellen gehen davon aus, dass sich diese Entwicklung bis 2005 verstärken wird. In der Medienindustrie wird der Einfluss des Internets weniger hoch eingeschätzt.

- Alle befragten Gruppen gehen davon aus, die Potenziale der Internettechnologie in Zukunft wesentlich stärker zu nutzen als bisher. Der Anteil derjenigen, die diese Potenziale 2005 in hohem Umfang ausschöpfen wollen, verdoppelt sich im Vergleich zu 2002 auf fast zwei Drittel.

- Auf operativer Ebene können durch den Einsatz von Internettechnologien Effizienzsteigerungen und Kostensenkungen in den Bereichen Beschaffung, Personal und Vertrieb erzielt werden. Darüber hinaus ermöglichen moderne Anwendungen, wie beispielsweise internetbasierte Videokonferenzsysteme oder kollaborative Anwendungen, die Reduktion der Reisekosten eines Unternehmens.

Ein weiteres Ergebnis der Studie „Deutschland Online" bestätigt die zuvor genannten Kernaussagen. Arbeitsplätze in den Branchen, die dem Bereich der Informations- und Kommunikationstechnologie zugeordnet werden können, sind nach Auffassung aller Befragten zukunftssicherer als Arbeitsplätze in anderen Wirtschaftszweigen (vgl. Abbildung 51).

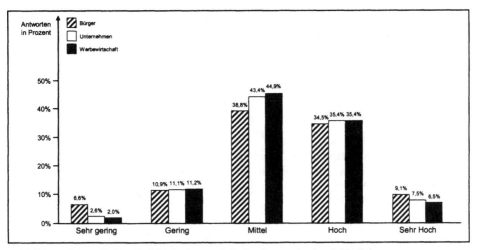

Abbildung 51:   Zukunftsfähigkeit von Arbeitsplätzen in den IuK-Sektoren

Das Internet hat bereits heute die Wirtschaftswelt nachhaltig verändert. Es ermöglicht neue, verteilte Organisationsformen, innovative Arbeitsprozesse und neue Wege, um mit den Geschäftspartnern zu interagieren. Darüber hinaus erlaubt es dem Management, eine neue Quantität und Qualität an Informationen über das Unternehmen und das jeweilige Umfeld zu erhalten und einzusetzen. Die Unternehmen, die es verstehen, die Möglichkeiten des Internets zu nutzen und in ihre Strategie und deren operative Umsetzung zu integrieren, werden auch in Märkten, die durch hohe Dynamik und Komplexität gekennzeichnet sind, bessere Erfolgschancen haben.

Vor dem Hintergrund der Studienergebnisse können Handlungsempfehlungen abgeleitet werden, die die verbesserte Einbindung der Internettechnologien in die unternehmerischen Tätigkeiten gewährleisten sollen. Im Folgenden werden somit Thesen bezüglich der Geschäftsmodelle, der Geschäftstätigkeit sowie für ausgewählte betriebliche Funktionen postuliert:

– Unternehmen aller Branchen sollten ihr Geschäftsmodell auf die Integration internetbasierter Erlösmodelle prüfen. So kann der Gefahr der Disintermediation vorgebeugt werden. Gleichzeitig besteht die Chance, bisher nicht erschlossene Erlöspotenziale zu entdecken.

– Aufgrund des intensivierten Wettbewerbs und der ansteigenden Komplexität bedarf es einer ständigen Umfeldanalyse hinsichtlich der Konkurrenzunternehmen sowie potenzieller Markteintritte, die durch den technologischen Wandel ermöglicht werden.

– Der umfassende Einsatz von E-Procurement-Technologien kann insbesondere in beschaffungsintensiven Unternehmen erhebliche Optimierungspotenziale mit sich bringen und zu einer nachhaltigen Gewinnsteigerung des Unternehmens beitragen. Ne-

ben einer möglichen Reduktion der Kosten können ebenfalls die Auswahl von Lieferanten erleichtert und eine gesteigerte Qualität der Beschaffungsprozesse sowie der
Beschaffungsgüter erreicht werden.

– Unternehmen sollten die Internettechnologie in ihre Vertriebsprozesse integrieren.
  Ausgehend von einer multimedialen Produktpräsentation, über die Produktbereitstellung und die Abwicklung der Transaktion bis hin zu einem intensiven, medienge-
  stützten Kundenservice können mithilfe internetbasierter Anwendungen vertiefte
  Kundenbeziehungen geschaffen werden.

– Der Einsatz von Internettechnologien im Recruiting-Prozess ist in zweierlei Hinsicht
  von großer Bedeutung für Unternehmen. Zum einen sollten die Kostensenkungspotenziale, die sich hierdurch ergeben, genutzt werden. Zum anderen trägt ein gut ge-
  staltetes Recruiting-Portal im Internet positiv zur Imagebildung und damit zur gene-
  rellen Awareness bei.

4. Perspektiven des Internet-TV

Im folgenden Kapitel werden die Entwicklungsperspektiven des Internet-TV dargestellt. Neben den klassischen Verbreitungssystemen für Fernsehen (terrestrische Sendeanlagen, Satelliten und Kabelnetze) bietet die Internettechnologie (über TCP/IP) eine zusätzliche Distributionsmöglichkeit für Programmangebote, die sich aufgrund des Interaktivitätspotenzials von den bestehenden Kanälen unterscheidet.

Der Begriff Internet-TV wird in der Praxis sehr uneinheitlich gebraucht. Zumeist erfolgt eine Unterscheidung nach den Empfangsgeräten. Unter Internet-TV wird einerseits der Empfang von TV-Programmen auf dem PC verstanden, andererseits wird mit diesem Begriff auch die Nutzung des Internets über einen Fernseher bezeichnet. Es handelt sich dann um die Erweiterung eines klassischen TV-Geräts um interaktive Funktionen.[1]

Nach einer Darstellung der Grundlagen des Internet-TV werden die möglichen Realisierungsformen von Internet-TV untersucht. Einen Schwerpunkt der Analyse bilden die Voraussetzungen, die ein Anbieter für den Betrieb von Internet-TV erfüllen sollte. Darüber hinaus werden die bevorzugten Abrechnungsverfahren, Inhalte und Funktionen aus Konsumenten- und Anbietersicht dargestellt. Abschließend werden die Auswirkungen des Internet-TV auf konkurrierende Vertriebswege von Medieninhalten betrachtet.

4.1 Grundlagen des Internet-TV

Im Internet-TV manifestiert sich die fortschreitende Konvergenz der Medienmärkte. Dabei wird unter Konvergenz in der Informations- und Kommunikationsindustrie die Annäherung der zugrunde liegenden Technologien und die Zusammenführung einzelner Wertschöpfungsbereiche aus der Telekommunikations-, der Medien- und der Informationstechnologiebranche verstanden (sektorale Konvergenz). Letztendlich führt dies zu einem Zusammenwachsen der Märkte insgesamt (vgl. Abbildung 52).[2]

---

[1] Vgl. Stipp (2001), S. 369.
[2] Vgl. Wirtz (2001a), S. 491 f.

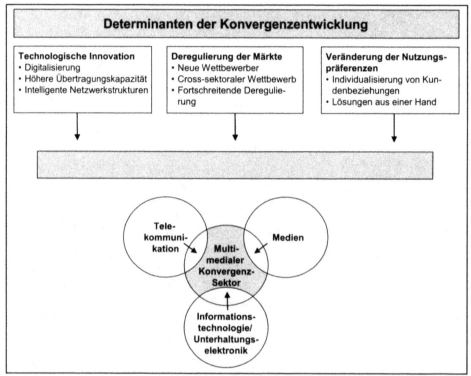

Abbildung 52:   Determinanten der Konvergenz im Informations- und Kommunikationsbereich[1]

Als Determinanten der Konvergenzentwicklung können im Wesentlichen drei Sachverhalte angeführt werden.[2]

◼ Digitalisierung

Die Digitalisierung eröffnet neue Darstellungs-, Speicher- und Distributionsmöglichkeiten für Medienprodukte. Sie bildet die technologische Basis der Konvergenz. Die Vereinheitlichung bisher getrennter Speichermedien, z. B. die Speicherung von Filmen, Musik und Text auf Festplatten, ermöglicht die Ausnutzung von Economies-of-Scope in

---

[1]   In Anlehnung an Wirtz (2000b), S. 294.
[2]   Vgl. Wirtz (2000b), S. 291 ff.

vor- und nachgelagerten Wertschöpfungsstufen. So kann z. B. ein Spielfilm nach der Verwertung im Kino als Streaming-Angebot im Internet vertrieben werden. Die Digitalisierung hat auch Auswirkungen auf die technologische Infrastruktur.

Mit der Umstellung von analoger auf digitale Datenübertragung werden unterschiedliche Kommunikationsnetzwerke für die Datenübertragung nutzbar und damit untereinander substituierbar. So kann ein Internetzugang inzwischen über Telefon-, TV-Kabel-, Satelliten und Mobilfunknetze sowie Wireless-LAN erfolgen. Damit gehen Leistungssteigerungen bei der Datenübertragung sowie die Entwicklung neuer Interaktionsformate einher.

▓ Deregulierung der Informations-, Medien- und Kommunikationsmärkte

Seit Mitte der neunziger Jahre sind in den USA umfangreiche Deregulierungen durchgeführt worden (Einführung Cross-sektoralen Wettbewerbs und Liberalisierung der vertikalen Integrationsregeln). Auch in der EU führen Deregulierungsbestrebungen, wie beispielsweise die Liberalisierung des Telekommunikationssektors, zur Entstehung wettbewerblicher Strukturen in der Informations-, Medien- und Kommunikationsindustrie.[1]

▓ Veränderungen der Nutzerpräferenzen

Das zunehmende Angebot an medialen Dienstleistungen hat zu einer Fragmentierung des Medienkonsums geführt. Vor allem junge Konsumenten nutzen eine Vielzahl unterschiedlicher Angebote, um ihre Informations- und Unterhaltungsbedürfnisse zu befriedigen.[2] Gleichzeitig sind Veränderungen der Nutzerpräferenzen hin zu einem verstärkten Einsatz von persönlichen Informations- und Kommunikationsinstrumenten und eine eng an diese Entwicklung gekoppelte Personalisierung und Individualisierung der genutzten Medien festzustellen (z. B. personalisierte Zeitungen wie wsj.com oder Mobilfunkdienste mit individuellen Informationsangeboten und Klingeltönen). Diese Vernetzung birgt insofern einen Trend zu systemischen Lösungen, als dass Unternehmen zum einen durch Funktionsintegration und zum anderen durch Leistungsbündelung integrierte Informations- und Kommunikationsangebote schaffen.

Der Vertrieb von Medieninhalten über das Internet ist ein Beispiel für die Möglichkeiten, die sich mit der Konvergenzentwicklung eröffnen. Inhalte klassischer Medienzweige wie Print oder Fernsehen werden über einen neuen Distributionskanal vertrieben und um neue, in den nichtdigitalen Medien nicht verfügbare Funktionen (z. B. Hyperlinks) ergänzt. Grundsätzlich besteht innerhalb der Medienindustrie große Bereitschaft, das Internet für den Vertrieb der eigenen Produkte zu nutzen. Im Rahmen der Studie „Deutschland Online" gaben 40 % der befragten Medienunternehmen an, dass im Jahr

---

[1]   Vgl. Greupner (1996), S. 142 ff.
[2]   Vgl. Rayport/Jaworski (2001), S. 368 f.

2005 der direkte Onlinevertrieb von Inhalten für sie eine hohe oder sehr hohe Bedeutung haben wird (vgl. Abbildung 53). 2002 galt dies nur für 16,7 %. Weiterhin messen für 2005 22,6 % der Medienunternehmen dem indirekten Onlinevertrieb über Partner eine hohe Bedeutung bei.

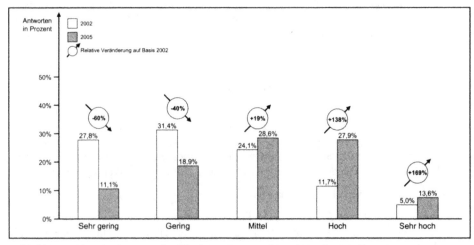

Abbildung 53:   Bedeutung des direkten Content-Vertriebs für Medienunternehmen

Für die Durchsetzung von Internet-TV müssen technische Grundlagen geschaffen werden. Die wichtigste Voraussetzung ist die Verbreitung leistungsfähiger Internetanschlüsse mit großer Bandbreite, um die erforderlichen Datenmengen mit ausreichender Geschwindigkeit übertragen zu können. Weitere Einflussfaktoren sind die verwendeten Datenkompressionsverfahren, die Übertragungs- und Empfangsarten sowie der Schutz der Urheberrechte mithilfe des Digital-Rights-Management (DRM).

▓ Übertragungsmedien

Bei den Übertragungsmedien für Internet-TV wird zwischen kabelgebundenen und kabellosen Lösungen unterschieden. Kabelgebundene Lösungen ermöglichen stationären Betrieb; für mobilen Betrieb sind kabellose Übertragungsmedien erforderlich. Die Übertragungsmedien differieren hinsichtlich der zur Verfügung stehenden Bandbreite. Zu den kabelgebundenen Lösungen zählen neben herkömmlichen analogen Anschlüssen ISDN, xDSL, Powerline oder TV-Kabelnetze. Kabellose Lösungen für den Empfang von Internet und Internet-TV sind Satellitenempfang, GPRS, Wireless-LAN und zukünftig auch UMTS. Tabelle 4 zeigt eine Übersicht der verschiedenen Übertragungsmedien und deren Bandbreiten.

Netz	Technologie	Hinkanal	Rückkanal
Telefonnetz	Analog	14,4 bis 56 Kbit/s	
	ISDN	56 bis 128 Kbit/s	
	ADSL (Asymmetric-DSL)	1,5 bis 8 Mbit/s	640 Kbit/s
	VDSL (Very-high-DSL)	12 bis 52 Mbit/s	192 bis 640 Kbit/s
Kabelnetz	DVB-C (Kabelmodem)	1 bis 10 Mbit/s	768 Kbit/s
Glasfasernetz	T1	1,54 Mbit/s	
	T3	45 Mbit/s	
Terrestrisch	GSM	9,6 Kbit/s	
	GPRS	115 Kbit/s	
	UMTS	2 Mbit/s	
	Wireless-LAN (802.11b)	11 Mbit/s	
	DVB-T	4-22 Mbit/s	
Satellit	Verschiedene Projekte	bis zu 155 Mbit/s	
Stromnetz	DPL (Digital-Power-Line)	1 Bit/s	

Tabelle 4:   Übertragungsmedien und ihre Bandbreiten[1]

Die Qualität von Internet-TV ist stark von der zur Verfügung stehenden Bandbreite ab-hängig. Den Konsumenten muss ein komfortabler Zugriff auf Inhalte möglich sein, da-mit sie Internet-TV als Alternative zu klassischen TV-Angeboten akzeptieren. Zusätzli-che Funktionen, die durch das Interaktivitätspotenzial von Internet-TV angeboten werden können und parallel zum Programm zur Verfügung stehen sollten, sind ebenfalls auf eine Mindestbandbreite angewiesen.

Die Anzahl der Haushalte, die über einen Breitbandinternetanschluss verfügen, wird in den nächsten Jahren erheblich wachsen (vgl. Kap. 2). Die Studie „Deutschland Online" ergab, dass Medienunternehmen mit einer Zahl von 12,6 Millionen Breitbandanschlüs-sen im Jahr 2008 rechnen. Das entspricht etwa 30 % aller Haushalte in Deutschland. Damit besteht eine ausreichende Rezipientenbasis für den Betrieb von Internet-TV.

---

[1]   Quelle: ECC (2001), S. 97.

▓ Datenkompression

Die Verbreitung breitbandiger Internetanschlüsse ist eine Voraussetzung für den Betrieb von Internet-TV. Die Datenmenge, die z. B. für den Konsum eines Films übertragen werden muss, hängt dagegen maßgeblich von den verwendeten Kompressionsverfahren ab. Diese werden auch als Codec bezeichnet. Unter einem Codec versteht man ein Verfahren zur Kompression und Dekompression von Video- und Audiosignalen. Dadurch wird die Datenmenge reduziert, die zur Übertragung und Speicherung notwendig ist. Codecs ermöglichen auch eine Umwandlung analoger in digitale Signale.

Das Codec bestimmt die Eigenschaften des Videos, insbesondere die Bildwiederholungsrate, die Bildgröße und die Bildqualität. Tabelle 5 zeigt eine Übersicht der wichtigsten Video-Codecs. Diese unterteilen sich in proprietäre Lösungen und Codecs, die auf dem offenen Standard der Moving Picture Experts Group (MPEG) basieren. Die beiden führenden Anbieter sind derzeit RealNetworks und Microsoft mit ihren proprietären Codecs Real Video 9 bzw. Windows Media Video 9.

Video-Codecs		
Codec	**Hersteller**	**Lösungsansatz**
Windows Media Video 9	Microsoft	Proprietäre Lösung
Real Video 9	RealNetworks	Proprietäre Lösung
Sorenson MPEG-4 Pro	Sorenson Media	MPEG-4-konformes Video
Sorenson Video 3.1 Pro	Sorenson Media	Proprietäre Lösung
QuickTime MPEG-4	Apple Computer	MPEG-4-konformes Video
DivX 5.0.5	DivXNetworks	MPEG-4-konformes Video
Dicas mpegable	Dicas	MPEG-4-konformes Video
XviD	XviD Team	MPEG-4-konformes Video
VP6 Video Codec	On2 Technologies	Proprietäre Lösung

Tabelle 5:   Wichtige Video-Codecs

Für die Akzeptanz eines Codec ist die Einbindung des Digital-Rights-Managements wichtig. Bisher unterstützen die offenen MPEG-4-Standards kein DRM, hingegen bieten RealNetworks und Microsoft in ihrer Player-Software Windows Media Player und

RealOne bereits die Möglichkeit der digitalen Rechteverwaltung an. Ohne eine Integration von DRM-Elementen stellen die MPEG-Standards voraussichtlich keine Alternative für den kommerziellen Gebrauch dar.

Bei Standards werden Netzwerkeffekte wirksam.[1] Von direkten Netzwerkeffekten wird gesprochen, wenn eine steigende Nutzerzahl gleichbedeutend mit einer Nutzensteigerung des Netzwerks ist.[2] Indirekte Netzwerkeffekte treten überwiegend bei Systemprodukten auf, die aus einem Basisprodukt und unterschiedlichen Komplementärprodukten bestehen (z. B. Set-top-Box und Programmangebot). Hier führt eine größere Anzahl von Nutzern des Basisprodukts zu einem erweiterten Angebot an Komplementärprodukten und somit indirekt zu einem gesteigerten Nutzen des Basisprodukts.

Für Internet-TV sind besonders indirekte Netzeffekte bedeutsam. Internet-TV kann nur dann eine umfassende Alternative zum klassischen TV-Angebot sein, wenn eine ausreichende Menge komplementärer Güter, d. h. Programminhalte, angeboten wird. Technologische Innovationen im TV-Bereich sind, wie das Beispiel des Farbfernsehens in den USA zeigt, auf attraktive Inhalte zur Durchsetzung angewiesen.[3] Einheitliche oder kompatible Standards ermöglichen die Entstehung einer ausreichend großen installierten Nutzerbasis, die sowohl aus Sicht der Content-Provider als auch der ISP eine attraktive Zielgruppe darstellt. Um die Voraussetzungen für ein umfassendes Angebot an Inhalten zu schaffen, ist deshalb die Definition einheitlicher Standards zur Datenkompression erforderlich.

Übertragungsarten von Internet-TV

Grundsätzlich können beim Internet-TV die Daten auf zwei verschiedene Arten an den Rezipienten übertragen werden. Man unterscheidet zwischen den Prinzipien „Push" und „Pull".[4] Beim Pull-/On-Demand-Prinzip werden Audio- und Videodaten erst nach Aufforderung durch den Empfänger übertragen. Das Pull-Prinzip ist die klassische Form der Kommunikation im Internet. Der Rezipient ist frei von den Sendeplänen der Programmveranstalter und kann den Zeitpunkt und den Inhalt der Rezeption selbst bestimmen. In einer Datenbank von Beiträgen sucht er den ihn interessierenden Inhalt aus und ruft ihn ab. Dieses Prinzip liegt auch dem Video-on-Demand zugrunde (VoD).

In einem Video-on-Demand-System hat der Konsument unabhängig von einem Sendeschema des Programmveranstalters die Möglichkeit, auf Programminhalte zuzugreifen. Nachdem er seine Programmanforderung an das Sendezentrum übermittelt hat, werden

---

1   Vgl. Borowicz/Scherm (2001), S. 392.

2   Vgl. Wirtz/Vogt/Denger (2001), S. 165.

3   Vgl. Shapiro/Varian (1999), S. 216 f.

4   Vgl. Goldhammer/Zerdick (2000), S. 35.

ihm Inhalte über eine Datenleitung übermittelt. Darüber hinaus können auch die Funktionen eines Videorecorders, wie Pause, Zeitlupe oder Rückspulen, in ein Video-on-Demand-System integriert werden.[1]

Beim Push-Prinzip werden ohne Aufforderung durch den Rezipienten Daten an ihn übertragen.[2] Der Absender geht davon aus, dass der Empfänger sich für das Material interessiert. Das Push-Prinzip liegt dem klassischen Rundfunk zugrunde, dessen Inhalte meist passiv vom Konsumenten aufgenommen werden. Das Push-Prinzip wurde noch 1997 als zukünftige Übertragungsform für Inhalte im Internet diskutiert, hat aber inzwischen an Bedeutung verloren.[3]

Das Pull-Prinzip wird im TV-Bereich aufgrund technischer Restriktionen bisher wenig genutzt. Im Gegensatz dazu bietet Internet-TV die Möglichkeit der Interaktion zwischen Programmveranstalter und Empfänger. Voraussetzung ist das Vorliegen eines Hin- und Rückkanals, der den gegenseitigen Austausch von Daten zulässt. Während für die Internetnutzung Interaktivität eine Selbstverständlichkeit darstellt, werden Interaktivitätspotenziale im TV-Bereich kaum genutzt. Set-top-Boxen ermöglichen es jedoch, TV-Geräte zur interaktiven Kommunikation einzusetzen und auf diese Weise Charakteristika von klassischem Fernsehen und Internet zu vereinen.

▓ Empfangsarten von Internet-TV

Bei der Verbreitung von Audio- und Videodaten über das Internet kann man beim Empfang zwischen Downloading und Streaming unterscheiden. Beim Downloading muss die gesamte Datenmenge auf dem Rechner abgespeichert werden, bevor eine Wiedergabe möglich ist. Dies nimmt selbst bei schnellen Breitbandzugängen Zeit in Anspruch und erfordert besonders bei Filminhalten sehr viel Speicherplatz. Das Downloading eignet sich deshalb vorwiegend für kurze Filminhalte, wie beispielsweise Trailer.

Im Gegensatz dazu erlaubt das Streaming eine sofortige Wiedergabe der Audio- und Videosequenzen, ohne dass die gesamte Datenmenge vorher geladen werden muss. Lediglich ein Datenpuffer zum Ausgleich von Schwankungen der Übertragungsbandbreiten wird benötigt. Ein „Stream" ist ein kontinuierlicher Datenfluss von digitalen Audio- und/oder Videosignalen, der auf Abruf die Echtzeitübertragung von Content ermöglicht. Beim Streaming werden diese Signale von einem Server zu einem oder mehreren Clients in einem Netzwerk transportiert. Die Übertragung der Audio- und Videodaten erfolgt dabei als Unicast oder als Multicast. Videokonferenzsysteme bedienen sich einer Konferenzstruktur (vgl. Abbildung 54).

---

[1]   Vgl. Woldt (2002), S. 534.
[2]   Vgl. Miles (1998), S. 5.
[3]   Vgl. Kelly/Wolf (1997).

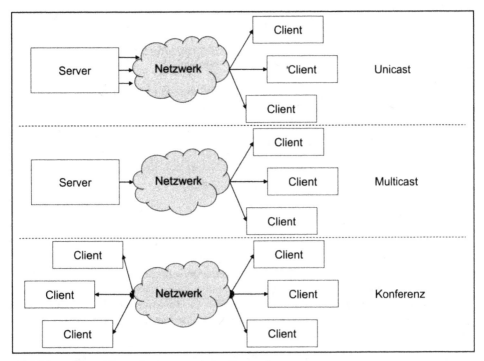

Abbildung 54:   Datenübertragung beim Streaming

Das Streaming bildet somit die Grundlage für Internet-TV sowie andere Video- und Au-
dioanwendungen (z. B. Videokonferenzen oder Internet-Radio). Die relativ kurze War-
tezeit bei der Datenübertragung erlaubt ein sofortiges Tune-in zur Rezeption des Programms. Weiterhin sind Echtzeitübertragungen (beispielsweise eines Sportereignisses)
möglich. Außerdem ist auf dem Client kein übermäßiger Speicherplatz für den Empfang
von Inhalten notwendig.

Allerdings werden Audio- und Video-Streams durch die zur Verfügung stehende Bandbreite der Verbindung begrenzt. Bei geringer Bandbreite müssen deshalb Zugeständnis-
se an die Qualität von Video und Audio gemacht werden. Weiterhin sind spezielle Soft-
und Hardware (insbesondere leistungsfähige Server) nötig. Tabelle 6 fasst die Vor- und
Nachteile des Streaming zusammen.

Vorteile	Nachteile
– Kurze Wartezeit bei der Datenüber-tragung – Sofortiges Tune-in – Echtzeitübertragungen – Kein Speicherplatz auf dem Client nötig	– Begrenzt durch Bandbreite der Ver-bindung – Bei geringer Bandbreite Qualitäts-einbußen – Spezielle Software und Server not-wendig

Tabelle 6:   Vor- und Nachteile von Streaming

■ Digital-Rights-Management

Ein besonderes Kennzeichen digitaler Produkte ist die Tatsache, dass sie ohne Qualitäts-verlust in beliebiger Zahl vervielfältigt werden können. Wie die Entwicklung der Musik-tauschbörsen im Internet gezeigt hat, führt die unkontrollierte und kostenlose Verbrei-tung von Inhalten zu erheblichen Umsatzeinbußen der Rechteinhaber. Vor diesem Hintergrund ist zur Durchsetzung von Internet-TV ein funktionierendes Digital-Rights-Management zum Schutz vor Urheberrechtsverletzungen notwendig, um die Teilnahme-bereitschaft der Rechteinhaber zu sichern.

Durch Digital-Rights-Management schützen Anbieter ihre Produkte, indem sie den Zugriff, die Verwendung und den Handel nur autorisierten Nutzern erlauben. DRM-Systeme regeln unter anderem die Möglichkeit des Kopierens, die Nutzungszeit und -frequenz sowie die Identifikation des Endgeräts. Die Systeme sind entweder software- oder hardwarebasiert. Bei den meisten Software-DRM-Lösungen werden Verschlüsse-lungen und digitale Wasserzeichen eingesetzt, um den Zugriff auf die Inhalte zu kontrol-lieren.

Hardwarebasierte DRM-Systeme sind z. B. Kryptoprozessoren. Letztendlich soll durch DRM geschützter Content sicher über das Internet distribuiert werden können. Zwar findet der Tausch von Filmen über Peer-to-Peer-Netzwerke (P2P) aufgrund fehlender Bandbreiten noch eingeschränkt statt, doch mit der Verbreitung von Breitbandinternet ist auch hier eine Zunahme zu erwarten. Aus diesem Grund ist für Internet-TV die Etab-lierung eines funktionierenden DRM zwingend.

Microsoft hat DRM-Software bereits in seine Produktpalette integriert. Die Daten wer-den verschlüsselt und mit zusätzlichen Informationen versehen. Zur Darstellung ist ein digitaler Schlüssel notwendig („Key"). Die Verwaltung der Rechte am Content erfolgt über den Windows Media Rights Manager. Abbildung 55 stellt die Funktionsweise schematisch dar.

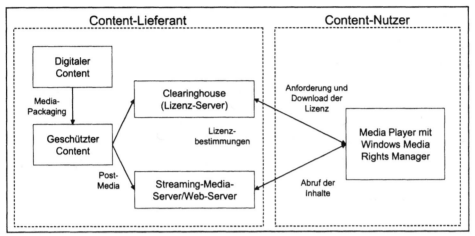

Abbildung 55:   Funktionsweise des DRM-Systems von Microsoft[1]

Beim Media-Packaging wird der digitale Content verpackt und verschlüsselt. Zusätzliche Informationen (beispielsweise zum Erwerb der Lizenzen) werden mit eingebunden. Die Daten werden nun auf entsprechenden Servern per Download oder per Streaming bereitgestellt. Die Lizenzinformationen werden auf einem Lizenz-Server in einem so genannten „Clearinghouse" bereitgehalten. Dieses ist mit der Verwaltung der Lizenzen beauftragt und prüft die Lizenzanforderungen der Konsumenten. Bevor der Konsument den Audio- oder Videoinhalt der Datei abspielen kann, muss er einen Key vom Lizenzserver erwerben, um den Inhalt zu entschlüsseln.

Zur Wiedergabe wird ein mit dem Windows Media Rights Manager kompatibler Player benötigt, wobei die Wiedergabe von den erworbenen Rechten abhängig ist. Festgelegt werden können die maximale Abspielanzahl, ein Ablaufdatum und die Möglichkeit, den Inhalt auf CD zu brennen oder ihn auf tragbare Player zu überspielen.

Wie bei den Standards zur Videokomprimierung ist auch beim DRM ein einheitlicher Standard wichtig. Der Grund sind auch hier die indirekten Netzwerkeffekte. Ein einheitlicher Standard wirkt positiv auf die Entwicklung eines breiten Programmangebots und eine komfortable Nutzung der Endgeräte.

---

[1]   In Anlehnung an Microsoft (2003).

4.2   Realisierungsformen des Internet-TV

Neben den technischen Grundlagen müssen die Erwartungen der Konsumenten berücksichtigt werden, um ein neues Medium wie Internet-TV erfolgreich zu positionieren.[1] Deshalb werden im Folgenden die zur Verfügung stehenden Plattformen für Internet-TV und das notwendige Angebot an Inhalten und Funktionen untersucht, um Handlungsempfehlungen für die Ausgestaltung von Internet-TV geben zu können. Ergänzt werden die Einschätzungen aus Konsumentensicht durch die Bewertungen der Medienunternehmen.

4.2.1   Plattformen

Bedeutsam für die erfolgreiche Einführung des Internet-TV sind einheitliche technische Standards und Plattformen. Dieser Aspekt betrifft aus Konsumentensicht auch das notwendige Endgerät.

■ Endgeräte für Internet-TV

Die verschiedenen Endgeräte für den Empfang von Internet-TV lassen sich grundsätzlich in zwei Gruppen unterteilen: stationäre und mobile Endgeräte. Zu den stationären Endgeräten zählt neben dem Personal Computer (PC) der mit einer Set-top-Box aufgerüstete Fernseher. Auch internetfähige Spielkonsolen können als Endgerät für Internet-TV genutzt werden. Zu den mobilen Endgeräten gehören das Mobiltelefon, der Personal-Digital-Assistant (PDA) und das Notebook.

Ein Personal Computer wird durch ein Wiedergabeprogramm und einen Breitbandinternetzugang zu einem Endgerät für Internet-TV. Als Software können entweder bereits verfügbare Player wie der Windows Media Player oder neu entwickelte Softwarelösungen des Anbieters genutzt werden. Aus Sicht anspruchsvoller Konsumenten ist der PC vor allem dann nachteilig, wenn die Hardware nicht für eine gute Wiedergabequalität konfiguriert ist.[2] Monitore mit hoher Auflösung, leistungsfähige Grafikkarten und in zunehmendem Maß die Unterstützung von Dolby-Surround-Sound mit Anschlussmöglichkeiten an eine HiFi-Anlage sind notwendig, um den PC in ein Wiedergabegerät für anspruchsvolles Home-Cinema zu verwandeln.

---

[1]   Vgl. Stipp (2001), S. 371 f.
[2]   Vgl. Löbbecke/Falkenberg (2002), S. 99.

Klassische TV-Geräte können mit einer Set-top-Box internetfähig gemacht werden und damit als Endgerät für Internet-TV dienen. Als Übertragungsmedium kommen derzeit vor allem xDSL-Anschlüsse in Betracht, da Kabelnetze in Deutschland bisher nicht rückkanalfähig sind. Durch die Set-top-Box sind mit dem Fernseher auch Internetanwendungen wie Chat oder E-Mail nutzbar; zusätzliche Funktionen werden durch den Einbau eines digitalen Videorecorders ermöglicht. Aufgrund der tendenziell größeren Fernsehmonitore ist eine hohe Qualität der übermittelten Videos erforderlich. Insbesondere eine hohe Auflösung kann nur durch ausreichende Bandbreite sichergestellt werden.

Die Durchsetzung eines Endgeräts für Internet-TV hängt von der zukünftigen Entwicklung der Nutzungsgewohnheiten ab, da dieses Medium die Charakteristika von Fernsehen und Internet vereint.[1] Das Internet involviert den Nutzer aktiv aufgrund seiner Interaktivität, während das Fernsehen aufgrund der Ausstrahlung nach dem Push-Prinzip eher passiven Konsum fördert. Die Wahl des Endgeräts wird davon beeinflusst, ob der Konsument eher eine Fernsehnutzung mit ergänzenden interaktiven Angeboten oder den Bezug von TV-Inhalten im interaktiven Kontext des Internets bevorzugt. Als stationäre Endgeräte kommen auch Spielkonsolen in Frage. Produkte von Sony und Microsoft sind mit DVD-Playern und Internetzugang ausgerüstet. Aufgrund der technischen Spezifikationen von Spielkonsolen sind jedoch ähnliche Nachteile in Bezug auf die Wiedergabequalität wie bei einem PC zu erwarten.

Die Eignung mobiler Endgeräte für Internet-TV ist schwer abschätzbar, da Fernsehen bisher vorwiegend zu Hause genutzt wird. Bei den bestehenden Mobilfunknetzen ist die Bandbreite für einen benutzerfreundlichen Empfang von TV-Programmen zu gering. Mit der Einführung von Mobilfunknetzen der dritten Generation (UMTS) werden höhere Übertragungskapazitäten zur Verfügung stehen, so dass Internet-TV in Kombination mit entsprechenden Endgeräten mit qualitativ hochwertigen Displays auch über Mobiltelefone komfortabel nutzbar wird. Laptops verfügen über ähnliche technische Voraussetzungen wie PCs, sind aber aufgrund ihrer Portabilität für den mobilen Empfang von Medieninhalten geeignet. Mit WLAN steht unabhängig von UMTS ein Übertragungsmedium mit hoher Bandbreite zur Verfügung, das den mobilen Empfang von Internet-TV ermöglicht. Als Anwendungssoftware sind dieselben Programme wie auf stationären PCs nutzbar.

---

[1]   Vgl. Holtrop (2003), S. 544.

4.2.2   Plattformanbieter

In der Studie „Deutschland Online" wurde untersucht, welche Anforderungen der Betreiber von Internet-TV aus Sicht der Medienunternehmen erfüllen muss. Da als Betreiber nicht ausschließlich Medienunternehmen, sondern auch andere Akteure, wie z. B. Internet-Service-Provider oder Softwareunternehmen, in Frage kommen, werden die potenziellen Anbieter zunächst in die Wertschöpfungsstruktur des Internet-TV eingeordnet. Danach wird anhand der Studienergebnisse dargestellt, welche technischen Voraussetzungen von den jeweiligen Anbietern erfüllt werden müssen.

Abbildung 56 stellt die Wertschöpfungskette des Internet-TV dar. Auf der ersten Stufe „Content" werden die Inhalte produziert oder beschafft. Auf der zweiten Stufe erfolgt die Bündelung der Inhalte zu zielgruppenspezifischen Angeboten und die Ergänzung um Servicedienstleistungen, die spezifisch für Internet-TV sind. Dazu gehören beispielsweise ein Electronic-Programming-Guide und Funktionen wie Chat oder E-Mail. Die Stufe Processing umfasst vor allem die Prozesse, die die technische Infrastruktur (wie eine digitale Programmbibliothek) oder die Abwicklung des Zahlungsverkehrs für entgeltpflichtige Inhalte betreffen. In der vierten Stufe Transmission wird das Angebot an die Rezipienten übertragen. Die Entwicklung, Produktion und Distribution der Hard- und Software (wie beispielsweise Set-top-Boxen oder Player-Software) erfolgt auf der fünften Stufe.

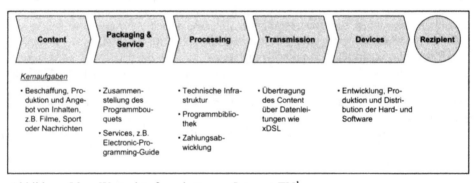

Abbildung 56:   Wertschöpfungskette von Internet-TV[1]

Vier Unternehmenstypen lassen sich als mögliche Anbieter von Internet-TV identifizieren: Internet-Service-Provider, Fernsehsender, Medienunternehmen sowie Softwareunternehmen. Internet-Service-Provider (ISP) stellen die technische Verbindung zum In-

---

[1]   In Anlehnung an Thielmann/Dowling (1999), S. 7.

ternet zur Verfügung. Diese Gruppe soll auch die Online-Service-Provider umfassen, die über den reinen Internetzugang hinaus weitere Dienstleistungen anbieten. ISP sind vor allem auf der Stufe Transmission tätig und haben dadurch direkten Kontakt zum Konsumenten. Die vor- und nachgelagerten Stufen Processing und Devices können teilweise aus eigener Kraft besetzt werden, da beispielsweise viele ISP über eigene Abrechnungssysteme verfügen. Stufen, die nicht die eigene Kernkompetenz betreffen, können hingegen über Kooperationen oder Integration abgedeckt werden. Dazu zählt beispielsweise die Content-Produktion.

Medienunternehmen besetzen die ersten drei Stufen der Wertschöpfungskette. Fernsehsender sind zwar in vielen Fällen an Medienunternehmen gebunden,[1] werden aber aufgrund der Tatsache, dass Konsumenten sie als eigenständige Marken wahrnehmen, separat betrachtet. Sie sind wie Medienunternehmen auf den vorderen Stufen der Wertschöpfungskette tätig, weisen im Bereich des Processing allerdings nicht dieselbe Kompetenz auf. Diese ist eher im Bereich der Content-Produktion zu finden. Außerdem sind Fernsehsender beim Endkunden über ihre Marke bekannt und genießen deshalb einen Glaubwürdigkeits- und Wahrnehmungsvorteil.

Unter Softwareunternehmen sind vor allem die Anbieter von Player-Software wie Microsoft oder RealNetworks zu verstehen. Sie sind vorwiegend auf der Stufe Devices tätig, da sie die notwendige Software zum Betrieb von Internet-TV auf PCs zur Verfügung stellen. Ein Einstieg in andere Wertschöpfungsstufen ist hier über strategische Allianzen möglich.

Alle potenziellen Anbieter unterscheiden sich hinsichtlich ihrer Position in der Wertschöpfungskette, sie wird aber von keinem Anbieter vollständig abgedeckt. Insofern ist ein Betreiber auf Kooperation oder Integration von Unternehmen angewiesen, die über komplementäre Kompetenzen verfügen. Vor diesem Hintergrund wurde in der Studie „Deutschland Online" untersucht, über welche Kompetenzen ein Anbieter oder Kooperationspartner für Internet-TV nach Ansicht der Medienunternehmen verfügen sollte.

Die Innovationen des Internet-TV sind vor allem auf den Wertschöpfungsstufen Processing, Transmission und Devices zu finden, da auf diesen Stufen dem Einsatz der Internettechnologie als alternativer Übertragungstechnologie eine besondere Bedeutung zukommt. Beschaffung, Produktion und Angebot des Content unterscheiden sich wenig von den Vorgehensweisen im klassischen TV-Management.[2] Bei Packaging & Service wird das Angebot des klassischen TV um interaktive Funktionen ergänzt, diese sind jedoch in viele bestehende Internetangebote integriert. Aus diesem Grund wurde der Schwerpunkt der Untersuchung auf die Kompetenzen auf den Stufen Processing, Transmission und Devices gelegt.

---

[1]   Vgl. Wirtz (2003a).
[2]   Vgl. Wirtz (2003a).

Auf der Stufe des Processing stellt der sichere und zuverlässige Betrieb eine Grundvoraussetzung dar; er hat für 89,6 % der Medienunternehmen hohe Bedeutung. Wie beispielsweise die Einführung von WAP-Diensten im Mobilfunkbereich demonstriert hat,
ist Zuverlässigkeit für die Akzeptanz neuer Dienste auf Konsumentenseite notwendig,
stellt aber die Betreiber beim Einsatz neuer Technologien vor besondere Herausforderungen. Zudem muss nach Ansicht von 63,1 % der Medienunternehmen ein leistungsfähiger Kopierschutz zur Verfügung stehen (vgl. Abbildung 57). Wie in den Ausführungen zum DRM gezeigt wurde, existieren verschiedene Möglichkeiten zur Realisierung
der Rechteverwaltung, die auf jeder Ebene der Wertschöpfungskette implementiert werden können.

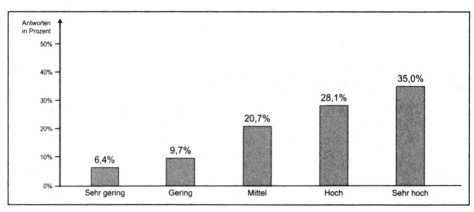

Abbildung 57:   Bedeutung eines leistungsfähigen Kopierschutzes

Für mehr als 70 % der Medienunternehmen hat ein Abrechnungssystem für entgeltpflichtige Inhalte eine hohe oder sehr hohe Bedeutung (vgl. Abbildung 58). Dies ist
auch als Hinweis auf das beabsichtigte Finanzierungsmodell zu verstehen, weil ein solches System nur beim Angebot entgeltpflichtiger Inhalte (Paid-Content) benötigt wird.
Es ist zu vermuten, dass Medienunternehmen dieses System nicht selbst betreiben, sondern an Anbieter, die das nötige Know-how aufweisen, auslagern werden. Als Anbieter
eines Abrechnungssystems könnten beispielsweise Internet-Service-Provider die Abrechnung von Medieninhalten in das Abrechnungssystem für den Internetzugang integrieren.

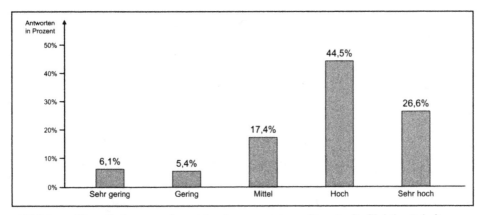

Abbildung 58:   Bedeutung eines Abrechnungssystems für entgeltpflichtige Inhalte

Die Existenz einer Distributionsplattform für digitale Inhalte ist für fast zwei Drittel der Medienunternehmen von hoher Bedeutung (vgl. Abbildung 59). Dies betrifft vor allem die Internet-Service-Provider, die über den physischen Kontakt zum Endkunden verfügen.

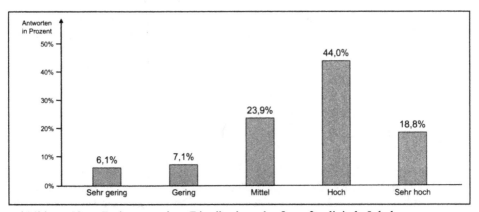

Abbildung 59:   Bedeutung einer Distributionsplattform für digitale Inhalte

Im Bereich Devices ist aus Sicht der Medienunternehmen hohe Kompetenz bei Hard- und Softwareauslieferung wichtig. 67,2 % sprechen diesem Aspekt eine hohe Bedeutung zu (vgl. Abbildung 60). Im Fall einer softwarebasierten Lösung kann die Distribution über das Internet erfolgen, der Kunde bezieht dann über Download entsprechende Programme. Hardwarebasierte Lösungen sind auf eine flächendeckende Distribution über den Handel oder auf eine Kombination von Onlinebestellung und physischer On-Demand-Distribution angewiesen.

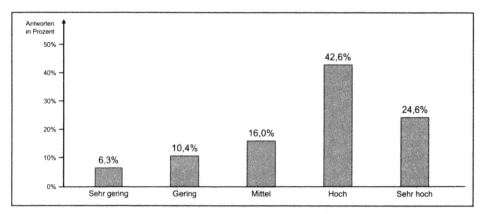

Abbildung 60:   Bedeutung der Auslieferungskompetenz

Für 59 % der Medienunternehmen hat die Existenz einer offenen technischen Plattform zur Distribution von Internet-TV hohe Bedeutung. Real- und Microsoft-Codecs stellen aufgrund ihrer Verbreitung Quasistandards dar, sind aber proprietär. Im Bereich der Set-top-Boxen existiert mit MHP ein offener Standard, auf dessen Basis Anwendungen im Bereich des Internet-TV entwickelt werden können.

Zusammenfassend ist festzustellen, dass besonders Distributionsaspekte von hoher Bedeutung für Medienunternehmen sind. Die Existenz einer Distributionsplattform für digitalen Content, ein leistungsfähiger Kopierschutz, ein Abrechnungssystem für entgeltpflichtige Inhalte sowie die Auslieferungskompetenz sind wichtige infrastrukturelle Voraussetzungen für jeden potenziellen Anbieter von Internet-TV.

4.2.3   Angebot

Für die erfolgreiche Einführung von Internet-TV sind neben den technischen Voraussetzungen die inhaltlichen Angebote von Bedeutung. Sie müssen gegenüber den Inhalten des klassischen TV einen Mehrwert bieten, um aus Konsumentensicht attraktiv zu sein. Im Folgenden wird auf den Content, die Funktionen und die Abrechnungsverfahren eingegangen, die für Internet-TV als geeignet identifiziert werden konnten.

4.2.3.1 Content

Die Festlegung des Programmangebots gehört zu den produktpolitischen Entscheidungen des Internet-TV-Managements. Im Rahmen der Sortimentspolitik werden Entscheidungen über den Programmumfang, also Breite und Tiefe des Programms, getroffen.[1] Dazu kommt noch die Festlegung der inhaltlichen Schwerpunkte, mit denen sich ein Anbieter von seinen Wettbewerbern differenziert. Je nach Programmumfang werden Vollprogramme, Spartenprogramme, lokale und Fensterprogramme unterschieden.[2] Lokale und Fensterprogramme sind im Zusammenhang mit Internet-TV nicht von Bedeutung, weil die Charakteristika des Internets eine regionale Beschränkung des Empfangs nicht zulassen. Deshalb wird nur auf Voll- und Spartenprogramme eingegangen.

Der Begriff des Vollprogramms wird in § 2 Abs. 2 Nr. 1 des Rundfunkstaatsvertrags (RStV) definiert. Demnach ist ein Vollprogramm ein Programm mit vielfältigen Inhalten, in welchem Informationen, Bildung, Beratung und Unterhaltung wesentliche Bestandteile bilden. In einigen Landesrundfunkgesetzen wird darüber hinaus eine Mindestsendezeit vorausgesetzt. Vollprogramme richten sich mit ihrem Angebot an eine breite Masse von Rezipienten. Eine Spezialisierung entsprechend den Interessen einer vordefinierten Zielgruppe findet nicht statt. Klassische Vollprogramme bieten die öffentlich-rechtlichen Sendeanstalten ARD und ZDF an.

Daneben sind auch die privatwirtschaftlich organisierten Sender RTL und SAT.1 entsprechend ihrer Programmgestaltung und ihrer Verbreitung als Vollprogramme anzusehen. Spartenprogramme sind gemäß § 2 Abs. 2 Nr. 2 RStV Programme mit gleichartigen Inhalten. Sie weisen dabei einen inhaltlichen Schwerpunkt auf. Ihr Angebot richtet sich an bestimmte Zielgruppen, die ein besonderes Interesse am jeweiligen inhaltlichen Schwerpunkt haben (Special-Interest-TV). Beispiele für Spartenprogramme sind Nachrichtensender wie n-tv, Kulturkanäle wie arte oder Sportsender wie Eurosport.

Im Rahmen der Studie „Deutschland Online" wurden Medienunternehmen befragt, welcher Programmumfang aus ihrer Sicht für Internet-TV geeignet ist. Lediglich 10,4 % der Befragten waren der Auffassung, dass ein Vollprogramm für Internet-TV angemessen ist. Dagegen eignen sich nach Auffassung von 88 % der Medienunternehmen Special-Interest-Angebote in hohem Maß für Internet-TV. Eine ähnliche Auffassung wurde von den befragten Bürgern vertreten. Fast 60 % zeigten hohes Interesse an Special-Interest-Angeboten über Internet-TV (vgl. Abbildung 61).

---

[1]   Vgl. Wirtz (2003a).
[2]   Vgl. Wirtz (2003a).

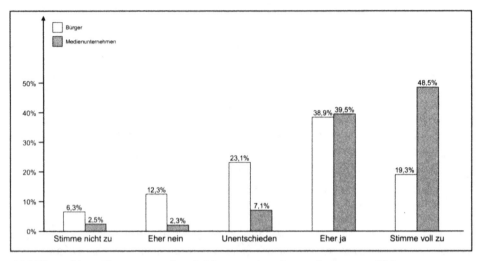

Abbildung 61:   Eignung von Special-Interest-Angeboten für Internet-TV

Im Vergleich zu klassischen Distributionswegen ermöglicht Fernsehen auf Basis von Internettechnologie Narrowcasting. Narrowcasting bezeichnet das Angebot einer Vielzahl spezialisierter, auf bestimmte Zielgruppen zugeschnittener Programme; es entspricht somit inhaltlich der Idee von Spartensendern. Internet-TV transformiert das Internet in ein personalisiertes Broadcasting-System, das es dem Nutzer ermöglicht, sich sein Angebot selbst zusammenzustellen. Auch bezüglich der Programminhalte sind Medienunternehmen und Bürger befragt worden. Bürger gaben an, dass sie besonders Spielfilme, Dokumentationen und Nachrichten über Internet-TV nutzen würden. Medienunternehmen halten hingegen besonders Nachrichten, Sport und Erotik für die Distribution über Internet-TV geeignet (vgl. Tabelle 7).

Medienunternehmen geben vor allem Inhalte an, die sich auf spezielle Zielgruppen anpassen lassen. Randsportarten, aber auch spezialisierte Nachrichtensendungen sind im derzeitigen TV-Programm wenig repräsentiert, so dass sie sich aus Sicht der Medienunternehmen besonders für Internet-TV eignen. In Bezug auf Nachrichten sind Bürger derselben Auffassung, sehen aber nicht die Möglichkeiten, die sich für die Übertragung bisher vernachlässigter Sportarten ergeben. Vor allem aufgrund rechtlicher Hürden existiert in Deutschland im Gegensatz zu anderen europäischen Ländern bisher nur ein rudimentäres Angebot erotischer Inhalte über das Fernsehen.

Inhalt \ Zielgruppe	Bürger	Medienunternehmen
• Sport	◑	◕
• Spielfilme	◕	◑
• Dokumentationen	◕	◑
• Nachrichten	◕	◕
• Erotik	◔	◕
• Shows	◔	◔
• Serien	◔	◔

○ = Sehr gering   ◔ = Gering   ◑ = Mittel   ◕ = Hoch   ● = Sehr hoch

Tabelle 7:   Inhalte von Internet-TV

Aus Sicht der Bürger stellen auch Dokumentationen über weniger populäre Themen und Spielfilme interessanten Nischen-Content dar. Das Potenzial dieser Inhalte wird von den Medienunternehmen geringer eingeschätzt. Vor allem Spielfilminhalte sind ein knappes Gut, da die bisherige Nachfrage der TV-Sender das jährliche Produktionsvolumen überschreitet und im regulären Free-TV große Konkurrenz um Inhalte besteht.

4.2.3.2 Funktionen

Neben den Inhalten determinieren die angebotenen Funktionalitäten den Zusatznutzen von Internet-TV. Es profitiert insbesondere von der technologischen Basis, die es erlaubt, beim Internet-TV Interaktivität mittels eines Rückkanals anzubieten. Technisch gesehen existiert zusätzlich zum Downstream (vom Anbieter zum Teilnehmer) auch ein Upstream (vom Teilnehmer zum Anbieter). Der Rückkanal ermöglicht die Integration zusätzlicher Funktionen, die Internet-TV gegenüber klassischen TV-Angeboten aufwerten. Zu nennen sind hier vor allem Video-on-Demand (VoD) und internetbasierte Kommunikationsdienste.

Bei VoD kann der Nutzer über sein Endgerät mit dem Anbieter Kontakt aufnehmen und gewünschte Inhalte zeitautonom konsumieren. Dabei erfolgt die Übertragung aus einer digitalisierten Filmbibliothek, in der Regel als Verleih mit eingeschränkter Nutzungsdauer oder als Verkauf. Wie aus Abbildung 62 hervorgeht, ist das Angebot von VoD für 80,9 % der Konsumenten wichtig bzw. sehr wichtig.

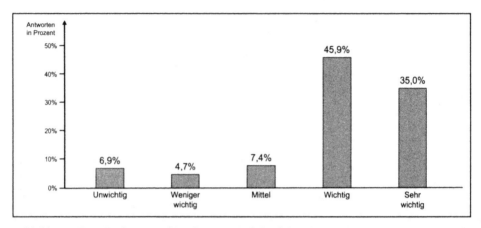

Abbildung 62:   Bedeutung einer On-Demand-Funktion (Bürger)

In Abbildung 63 ist zu erkennen, dass für fast die Hälfte der Medienunternehmen Internet-TV in hohem oder sehr hohem Maß für VoD geeignet ist. Der Vorteil des VoD liegt aus Sicht des Konsumenten in der Zeitsouveränität, die er durch dessen Nutzung erhält. Er ist unabhängig von einer vorgegebenen Programmstruktur. Für Medienunternehmen bietet dieses Konzept den Vorteil, dass keine vertikale oder horizontale Programmstruktur zur Sicherstellung des Audience-Flow erforderlich ist.

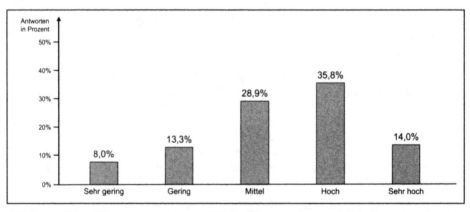

Abbildung 63:   Eignung von Internet-TV für Video-on-Demand (Medienunternehmen)

Durch Interaktivität kann das Programmangebot ähnlich wie bei einer DVD auch um zusätzliche Informationen ergänzt werden. Verknüpfungen zu weiterführenden Informationen werden über Hyperlinks oder Indexierungen erstellt. Auch die lineare Abfolge der Filmsequenzen kann durch indexierte Filmsequenzen durchbrochen werden. Der Konsument hat dann die Möglichkeit, mittels einer Suchfunktion interessante Filmab-

schnitte zu selektieren. Auf diese Weise entstehen aus Filmangeboten interaktive Anwendungen. Die Option, während einer Sendung an weiterführende Informationen zu
gelangen, ist für 46,2 % der Bürger eine wichtige Funktion (vgl. Abbildung 64).

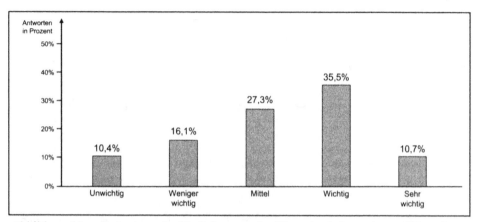

Abbildung 64:   Bedeutung der Verlinkung weiterführender Informationen (Bürger)

Die Interaktivität von Internet-TV ermöglicht nicht nur die Kommunikation zwischen
Anbieter und Rezipient, sondern auch die Kommunikation der Nutzer untereinander.
Dazu stehen E-Mail, SMS, Chat oder Messenger zur Verfügung. Der Nutzer könnte sich
über Chat zu einem Internet-TV-Angebot mit Freunden oder anderen Interessierten aus-
tauschen oder sie per SMS über Internet-TV-Angebote informieren.

65,5 % der Medienunternehmen sind der Auffassung, dass Kommunikationsdienste wie
E-Mail, Chat und SMS in Internet-TV integriert werden sollten (vgl. Abbildung 65).
Nach Angabe von 70 % der Bürger ist ihnen der Austausch mit anderen Zuschauern per
Chat jedoch weniger wichtig. Allerdings muss festgestellt werden, dass diese Dienste
z. B. auf einem Fernseher mit Set-top-Box auch unabhängig vom TV-Angebot genutzt
werden können.

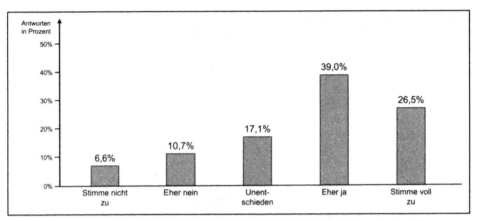

Abbildung 65:   Eignung von Kommunikationsdiensten für Internet-TV (Medienunter-
                 nehmen)

Die Ergebnisse zeigen, dass nach Auffassung von Medienunternehmen und Bürgern
VoD die geeignete Programmstruktur für Internet-TV ist. Durch VoD können die Potenziale der Internettechnologie in einer Weise genutzt werden, die dem Rezipienten einen
echten Zusatznutzen bietet. Falls für ihn das Endgerät beispielsweise in Form einer Set-
top-Box eine Alternative zum PC darstellt, ist davon auszugehen, dass er Kommunikationsanwendungen wie Chat oder SMS in seinen täglichen Medienkonsum integriert.

4.2.3.3 Abrechnungsverfahren und Preise

Zur Finanzierung von Internet-TV existieren im Wesentlichen zwei Möglichkeiten. Internet-TV kann dem Kunden genauso wie herkömmliches TV als Free-TV oder als
Pay-TV angeboten werden. Beim Free-TV wird die notwendige Finanzierung durch
Werbung oder durch den Verkauf von Produkten und Dienstleistungen über das
TV-Programm (T-Commerce) sichergestellt. Beim Pay-TV erfolgt die Finanzierung direkt durch Entgelte der Konsumenten. Dabei ist Pay-TV auf Basis von Abonnements
einzelner Programmteile (Pay-per-Series), von Programmen (Pay-per-Channel), von
ganzen Programmpaketen oder abhängig von der Nutzung durch den Konsumenten
(Pay-per-View) möglich.

Im Fall einer Finanzierung durch Werbung zahlt die werbetreibende Wirtschaft Entgelte
für Werbezeit in einem bestimmten Werbeumfeld mit kalkulierbarer Reichweite.[1] Für
den Rezipienten ist die Nutzung des Programms kostenlos. Auch abhängig vom Programmangebot besteht prinzipiell bei Internet-TV die Möglichkeit der Werbefinanzie-

---

[1]   Vgl. Heinrich (1999), S. 277.

rung. So können Filme auch bei Distribution über Video-on-Demand mit Werbeeinblendungen versehen oder bestimmte Inhalte über Sponsoring finanziert werden; zudem können Inhalte vom Betreiber im Tausch gegen Werberaumleistungen beschafft werden (Bartering).[1] Wird das Programm als Spartenprogramm konzipiert, ist von einer homogenen Zielgruppenstruktur auszugehen, die mit geringen Streuverlusten von den Werbetreibenden angesprochen werden kann.

Dennoch ist fraglich, ob allein durch Werbeleistungen die Finanzierung von Internet-TV gesichert werden kann. Derzeit entfallen 95 % der Werbeerlöse im konventionellen Free-TV auf die RTL-Group, ProSiebenSat.1 und die öffentlich-rechtlichen Sender.[2] Bei der großen Anzahl bestehender Free-TV-Angebote wird sich zeigen, ob der Finanzbedarf von Internet-TV allein über eine Werbefinanzierung sichergestellt werden kann.

Eine alternative Finanzierungsform von Internet-TV stellt das Pay-TV dar. Dabei wird das Programmangebot ausschließlich über von den Rezipienten erhobene Entgelte finanziert. Es werden nutzungsunabhängige und nutzungsabhängige Entgeltformen unterschieden. Nutzungsunabhängige Entgelte werden für die unbegrenzte Nutzungsmöglichkeit eines bestimmten Programmangebots erhoben. Diese können sich bei Pay-per-Series auf eine Serie ähnlicher Inhalte, bei Pay-per-Channel auf einen Kanal oder bei Pay-TV-Abonnements auf eine Reihe einzelner Kanäle beziehen. Alle diese Angebote stellen Bündel von Programmleistungen dar, die dem Anbieter durch Preisbündelung die Abschöpfung unterschiedlicher Zahlungsbereitschaften ermöglichen.[3]

Bei Pay-per-View erfolgt eine nutzungsabhängige Abrechnung des Programmangebots. Der Nutzer zahlt nur für die von ihm gewünschten Inhalte und hat kontinuierliche Ausstiegsoptionen.[4] Diese Ausstiegsoptionen erlauben eine Reduktion der Unsicherheit über die Qualität des Angebots. Pay-per-View stellt ein mit Video-on-Demand korrespondierendes Abrechnungsverfahren dar, da es die exakte Abrechnung der genutzten Inhalte ermöglicht.

Lange waren Bezahlinhalte im Internet nur schwer durchsetzbar, allerdings nimmt die Bereitschaft zur Nutzung entgeltpflichtiger Inhalte zu. Nach einer Studie der Hamburger Unternehmensberatung Fittkau & Maaß von Herbst 2002 lehnen nur noch 27,1 % der deutschen Internetnutzer kostenpflichtige Inhalte rundweg ab. Ein Jahr zuvor war dies noch bei mehr als der Hälfte der Nutzer der Fall. Knapp ein Fünftel der Internetnutzer ist laut der Studie bereit, für das Herunterladen von Filmen und Bildern Geld zu bezahlen.[5] In der Studie „Deutschland Online" wurde ermittelt, wie Medienunternehmen die Distri-

---

1   Vgl. Sherman (1995), S. 334.
2   Vgl. Wirtz (2003a).
3   Vgl. Adams/Yellen (1976), S. 485; McAfee/McMillan/Whinston (1989), S. 380.
4   Vgl. Löbbecke/Falkenberg (2002), S. 101.
5   Vgl. Fittkau & Maaß (2002).

bution von Paid-Content über Internet-TV einschätzen. 39 % der befragten Medienunternehmen halten Internet-TV in hohem oder sehr hohem Maß zur Distribution von
Paid-Content-Angeboten geeignet (vgl. Abbildung 66).

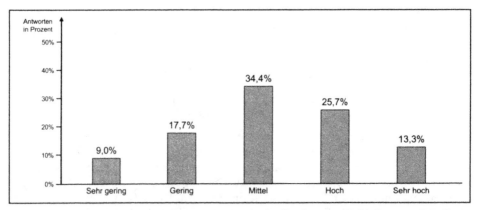

Abbildung 66:   Eignung von Internet-TV zur Distribution von Paid-Content (Medien-
                 unternehmen)

Darüber hinaus wurde untersucht, welche Abrechnungsverfahren Bürger und Medienunternehmen wünschen und wie sie die Zahlungsbereitschaften einschätzen. Als Abrechnungsverfahren für entgeltpflichtige Inhalte präferieren 48,5 % der Bürger Pay-per-
View (vgl. Abbildung 67). Neben Pay-per-View wird lediglich das Abonnement als alternative Abrechnungsform von einer größeren Teilnehmerzahl akzeptiert. Andere Abrechnungsformen wie Pay-per-Series und Pay-per-Channel spielen dagegen nur eine untergeordnete Rolle. Dasselbe gilt für Medienunternehmen; von ihnen hält der größte Teil
ebenfalls Pay-per-View für das geeignete Abrechnungsverfahren.

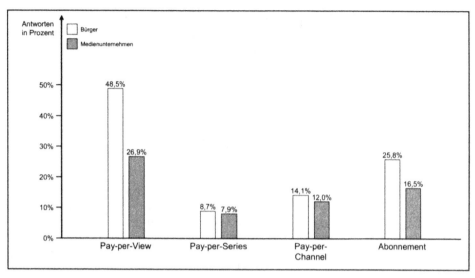

Abbildung 67:   Bevorzugte Abrechnungsverfahren

Bürger und Medienunternehmen wurden außerdem nach Preisen für entgeltpflichtige
Filme im Internet-TV befragt. Für den erfolgreichen Betrieb einer Internet-TV-Plattform
mit entgeltpflichtigen Inhalten sollte der Preis für ein Filmangebot nach Auffassung der
Mehrheit der Medienunternehmen (66,8 %) und Bürger (75,1 %) geringer sein als in einer Videothek (vgl. Abbildung 68).

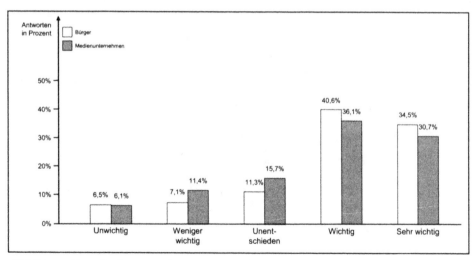

Abbildung 68:   Bedeutung, dass der Preis für ein Programmangebot im Internet-TV
                 geringer ist als in der Videothek

Zusammenfassend können zur Finanzierung von Internet-TV folgende Ergebnisse fest-gehalten werden: Ein großer Teil der Medienunternehmen ist der Auffassung, dass Pay-TV die geeignete Finanzierungsform für Internet-TV ist. Bürger und Medienunternehmen halten Pay-per-View für die geeignete Abrechnungsmethode für Programminhalte. Andere Abrechnungsformen spielen nur eine nachgeordnete Rolle. In Bezug auf den Preis sind sich beide Gruppen einig, dass Programminhalte preiswerter sein sollten als in der Videothek.

4.2.4   Auswirkungen auf andere Medien

Bei einer weit gehenden Nutzung ist anzunehmen, dass Internet-TV Auswirkungen auf die Mediennutzung und den Vertrieb anderer Medien haben wird. Grundsätzlich kann davon ausgegangen werden, dass der Konsum von Internet-TV komplementär zum Konsum anderer Medien erfolgen wird. Generell wird während der Nutzung des Internets parallel weiteren Beschäftigungen nachgegangen, zu denen unter anderem auch das Radio hören sowie das Lesen von Zeitschriften gehört. Darüber hinaus ist festzustellen, dass die Internetnutzung zwar den Konsum klassischer Medien beeinflusst, der Anteil an der gesamten Mediennutzung jedoch noch relativ gering ist.

Jeder Erwachsene sah im Jahr 2002 täglich durchschnittlich 205 Minuten fern und nutz-te 35 Minuten das Internet (vgl. Tabelle 8). Zudem zeigt sich, dass attraktive Onlineauf-tritte klassischer Medien das Interesse an den originären Medien steigern. Für das Inter-net scheint sich somit das Gesetz der Medienkomplementarität zu bestätigen, d. h., dass das neue Medium die traditionellen Medien nicht verdrängt, sondern ergänzt. Dieser Zu-sammenhang wird wiederum in Tabelle 8 deutlich: Während die Internetnutzungsdauer zwischen 1997 und 2002 sehr stark von zwei auf 35 Minuten pro Tag angestiegen ist, ist die Fernsehnutzung nicht zurückgegangen, sondern im gleichen Zeitraum sogar leicht von 196 auf 205 Minuten angestiegen.

	1997	1998	1999	2000	2001	2002
Sehdauer Fernsehen	196	201	198	203	209	205
Internetnutzungsdauer	2	4	8	17	26	35

Tabelle 8:   Tägliche Nutzung von Fernsehen und Internet (in Minuten)[1]

---

[1]   Quelle: Eimeren/Gerhard/Frees (2002), S. 359.

Internet-TV als neue Vertriebsform für digitale Inhalte wird auch Auswirkungen auf nichtdigitale Formen des Medienvertriebs haben. Dies heißt aber nicht notwendigerweise, dass nichtdigitale Formen des Medienvertriebs einfach durch digitale Formen ersetzt werden. Die Studie „Deutschland Online" untersuchte die Auswirkungen von Internet-TV auf den physischen Vertrieb von Filmen in Form des DVD-/Videoverleihs sowie auf die illegale Weitergabe von Medieninhalten durch File-Sharing.

Sowohl Medienunternehmen als auch Bürger rechnen mit einem rückläufigen Verleih von DVDs und Videos aufgrund von Internet-TV, da aus Nutzersicht die On-Demand-Funktionalität einen komfortableren Weg der Distribution darstellt als der physische Zugriff in der Videothek. Der Rückgang wird von den Medienunternehmen stärker eingeschätzt als von den Bürgern. Fast die Hälfte der Konsumenten würde weniger DVDs bzw. Videos ausleihen. Über 60 % der befragten Medienunternehmen gehen davon aus, dass der Verleih von DVDs und Videos zurückgehen wird (vgl. Abbildung 69).

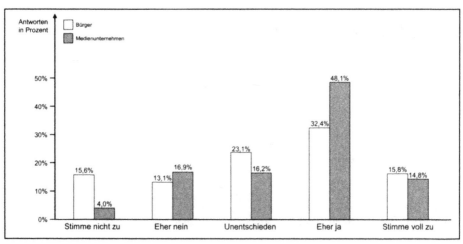

Abbildung 69:   Zustimmung zu hohem Einfluss des Internet-TV auf den DVD-/ Videoverleih

File-Sharing bezeichnet den (unentgeltlichen) Austausch von Dateien über Tauschbörsen im Internet. Die Tauschenden verfügen dabei in der Regel nicht über die Rechte an den ausgetauschten Dateien. Durch diese Art der Urheberrechtsverletzung entgehen Musik- und Softwareunternehmen Einnahmen in beträchtlicher Höhe. Die Filmindustrie war in der Vergangenheit zum einen aufgrund langsamer Internetverbindungen, zum anderen aufgrund der großen Datenvolumen qualitativ hochwertiger Videos davon wenig betroffen. Dieser Schutz wird durch die technologischen Entwicklungen bei den Verfahren zur Datenreduktion sowie durch die Verbreitung leistungsfähiger Breitbandinternetzugänge zunehmend erodiert.

Bei unzureichendem Kopierschutz könnte aufgrund von Internet-TV das Angebot an digital verfügbarem Videomaterial vergrößert werden. Insbesondere die Filmindustrie ist deshalb sehr zurückhaltend bei der Unterstützung von Internet-TV. Es existiert allerdings auch die Hypothese, dass viele Internetnutzer Tauschbörsen nur aufgrund fehlender legaler Alternativen in Anspruch nehmen und unter den Nutzern grundsätzliche Zahlungsbereitschaft besteht. Deshalb wurde untersucht, welche möglichen Auswirkungen Internet-TV auf das File-Sharing-Verhalten der Nutzer haben wird.

Mehr als ein Viertel der Bürger würde darauf verzichten, Filme über Internettauschbörsen herunterzuladen, sofern sich legale Angebote durchsetzten. Auch 37,3 % der Medienunternehmen glauben, dass Bürger in diesem Fall weniger Filme von Internettauschbörsen beziehen würden (vgl. Abbildung 70).

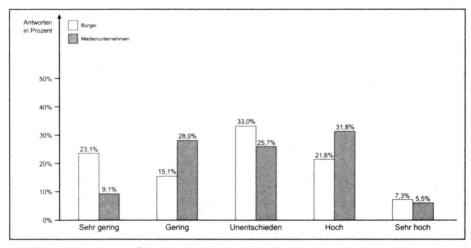

Abbildung 70:   Ausmaß des Rückgangs von File-Sharing durch legale Angebote

Generell scheint das Internet komplementär auf den Konsum von Medieninhalten zu wirken. Auf Seite der Vertriebswege ist durch Internet-TV vor allem mit der Kannibalisierung physischer Vertriebswege zu rechnen. Digitale Produkte wie z. B. Filme können dem Nutzer über Breitbandinternet komfortabler und preiswerter zur Verfügung gestellt werden. Auch für die Nutzer illegaler Tauschbörsen böte Internet-TV eine legale Alternative für den Erwerb von Filmen.

4.3 Zukünftige Perspektiven des Internet-TV

Mit der zunehmenden Verbreitung von Breitbandinternetanschlüssen entsteht eine große Rezipientenbasis für Internet-TV. Die Untersuchungsergebnisse deuten darauf hin, dass sich Internet-TV vor allem als erweiterte digitale Videothek etablieren wird. Die Nutzung wird durch On-Demand-Funktionalitäten erheblich komfortabler sein. Dem Konsumenten können zusätzliche Funktionen zur Verfügung gestellt werden, die den bisherigen Lean-backward-Charakter des Fernsehens um eine aktive Komponente bereichern. Falls die Bereitschaft der Medienunternehmen, ihre Inhalte zur Verfügung zu stellen, durch ein wirkungsvolles Digital-Rights-Management und die Festlegung einheitlicher Standards gesichert werden kann, hat Internet-TV das Potenzial, sich als Alternative zum klassischen Fernsehen zu etablieren.

Im Rahmen der Studie „Deutschland Online" konnten folgende Handlungsempfehlungen für Programminhalte, Funktionalitäten, Abrechnungsverfahren und Preisgestaltung sowie Erkenntnisse über die Konkurrenzbeziehungen zu anderen Medien gewonnen werden:

– Das Programmangebot sollte sich auf besondere Inhalte für bestimmte Zielgruppen beschränken. Medienunternehmen und Bürger halten Internet-TV besonders für Special-Interest-Angebote geeignet.

– Der Abruf von Inhalten sollte über Video-on-Demand möglich sein. Die Integration von Kommunikationsdiensten wie Chat oder E-Mail ist vor allem nach Ansicht der Medienunternehmen Erfolg versprechend.

– Als Abrechnungsverfahren bevorzugen alle Gruppen Pay-per-View. Bei Bürgern findet lediglich das Abonnement als alternative Form der Abrechnung Zustimmung. Pay-per-Channel oder Pay-per-Series haben eine eher geringe Bedeutung und sollten demnach in dem Spektrum der angebotenen Verfahren nur eine untergeordnete Rolle spielen.

– Bei der Preisgestaltung sind sich beide Gruppen einig, dass das Entgelt für ein Filmangebot geringer sein sollte als in einer Videothek. Daher gilt es, die preisliche Festlegung unter Berücksichtigung alternativer bzw. konkurrierender Vertriebskanäle vorzunehmen.

– Eine Plattform zur Distribution digitaler Inhalte, ein wirkungsvoller Kopierschutz, ein Abrechnungssystem für entgeltpflichtige Inhalte und hohe Kompetenz bei Hard- und Softwareauslieferung sind aus Sicht der Medienunternehmen wichtige Voraussetzungen für den Betrieb von Internet-TV.

4.4 Fallstudie RealOne SuperPass

Das Unternehmen RealNetworks (RN) wurde 1994 in den USA gegründet. Es bietet Produkte und Dienstleistungen an, die es Unternehmen ermöglichen, digitale Inhalte (Audio, Video, Multimedia) zu entwickeln, zu vertreiben und zu empfangen. RealNetworks gilt als eines der führenden Unternehmen in Sachen Audio- und Videosoftware für das Internet. RealNetworks hat sich in den letzten Jahren vom reinen Technologieanbieter zu einem Anbieter von digitalen Inhalten per Abonnement gewandelt. Das Unternehmen ist an der NASDAQ notiert.

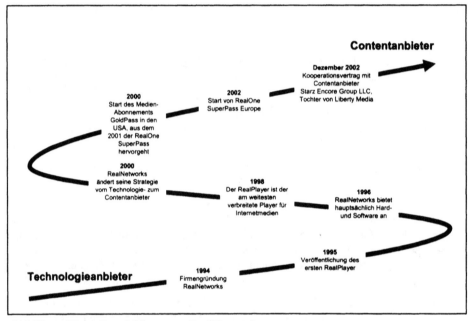

Abbildung 71:   Entwicklung von RealNetworks

Der 1995 von RealNetworks entwickelte kostenlose RealPlayer gehört zu den am weitesten verbreiteten Wiedergabeprogrammen für Medieninhalte. Die ab 1999 vermarktete RealJukebox konzentrierte sich auf die Wiedergabe auf den PC downgeloadeter Audio- und Videoinhalte. Der 2001 lancierte RealOne Player verbindet beide Technologien in einem Konzept. Die Basisversionen der Player sind kostenlos. Das Unternehmen erwirtschaftet Erlöse über die Software und Services zur Herstellung und zum Vertrieb der Inhalte. Darüber hinaus begann RealNetworks schon sehr früh, seine kostenlosen Player-Versionen mit zusätzlichen Features zu bündeln und als Premiumversionen zu verkaufen. Heute ist der RealOne Player mit über 300 Millionen registrierten Nutzern einer der am meisten genutzten Audio- und Video-Player. Neben dem Vertrieb der Software begann RealNetworks im August 2000 mit dem Vertrieb von Inhalten über seine Systeme, um die Kundenbasis besser zu nutzen. Das Angebot GoldPass war den Nutzern der Premiumversion des RealPlayer gegen eine monatliche Gebühr zugänglich. GoldPass ermöglichte den Abonnenten Zugang zu Premiumsoftware, -dienstleistungen und -inhalten, die regelmäßig aktualisiert wurden.

Aus diesem Angebot heraus entstand 2002 der RealOne SuperPass. Über diesen Dienst werden in den USA den Nutzern Videoinhalte von ABCNEWS.com, CNN, E! Networks, FOXSports.com, iFILM, MLB Advanced Media, MusicNet, NASCAR.com, NBA, ON24, WastVideo, The Wall Street Journal Online, The Weather Channel und anderen Content-Providern zugänglich gemacht. Daneben werden über 40 Radiosender mit Inhalten von Bertelsmann, Virgin Holding (EMI) und AOL Time Warner angeboten.

Darüber hinaus gibt es Übertragungen spezieller Events wie des Tennisturniers in Wimbledon oder der PGA Tour. Hier können z. B. Golffans Videohighlights der Tour, Starinterviews und Instructional-Videos ansehen. Im Dezember 2002 hat RealNetworks einen Kooperationsvertrag mit dem Pay-TV-Anbieter Starz Encore Group LLC, einer Tochter von Liberty Media, geschlossen. Zukünftig sollen mehr als 100 Blockbuster als Video-on-Demand angeboten werden. RealNetworks gibt etwa eine Million Nutzer an.

Das Unternehmen vermarktet zudem getrennt von SuperPass Inhalte. So wird zusammen mit der NBA das „NBA Inside Ticket" angeboten. Es handelt sich hier um einen Multimedia-Aboservice rund um das Thema Basketball. Geboten werden Audiomitschnitte aller Spiele, Videohighlights sowie Analysen und Hintergrundberichte. Wie das On-Demand-Angebot wird auch das „NBA Inside Ticket" aufgrund lizenzrechtlicher Bestimmungen nur in den USA angeboten. Technische Voraussetzung dieser Angebote ist ein Breitbandinternetanschluss.

In Europa wurde der Dienst SuperPass im Juni 2002 gestartet. Zurzeit gibt es nur ein englischsprachiges Angebot. Die Inhalte stammen dabei von der BBC sowie CNN, CricInfo, UEFA, VidZone, MTV, TopGear und einer Reihe anderer Anbieter. Die technische Umsetzung der Dienste erfolgt mittels der Softwarelösungen Helix Server und Helix DRM (vgl. Abbildung 72). Die digitalen Inhalte werden auf der Helix DRM-Plattform abgespeichert und über ein Servernetzwerk verteilt. Helix DRM ist eine Multiformat-Plattform, die verschiedene Standardformate (RealAudio, MP3, MPEG-4, AAC, Sonys ATRAC3, H.263 und AMR) über das Internet transportiert. Helix ermöglicht die Lieferung der Daten nicht nur an PCs, sondern auch an mobile Endgeräte wie Laptops, Handys, PDA oder MP3-Player.

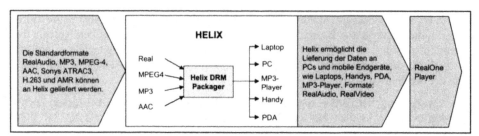

Abbildung 72:   Technische Realisierung des RealNetworks-Angebots

Den Konsumenten bietet RealNetworks mit dem „RealOne Player Plus" eine Software zum Betrachten und Anhören der Beiträge und Filme. Der RealOne Player ermöglicht keinen Download eines Films; die Daten werden per Streaming an den Nutzer übertragen. Der Kopierschutz ist über ein eigenes DRM gewährleistet, zudem kann der Nutzer die Daten nicht speichern. Der RealOne Player integriert verschiedene Funktionen. Mit ihm lassen sich digitale Inhalte suchen, abspielen und verwalten.

Für den Zugang zu RealOne SuperPass zahlt der Kunde in den USA pauschal US$ 9,95, für das europäische Angebot werden £ 9,99 oder € 14,99 pro Monat verlangt. Die Abrechnung erfolgt über Kreditkarte. Das Abonnement beinhaltet nur den Zugang zu den exklusiven Inhalten. Weitere Kosten entstehen für den Nutzer durch den Internetzugang, Telefongebühren oder Gebühren des Internet-Service-Providers. Es gibt keine Beschränkung der Nutzungsdauer oder Nutzungshäufigkeit.

5. Perspektiven des Onlinemarketings

Das Internet stellt inzwischen für das Direktmarketing und die Werbung vieler Unternehmen einen bedeutenden Faktor dar. Deshalb werden im Folgenden sowohl Onlinedirektmarketing als auch Onlinewerbung näher betrachtet. Dabei wird im Rahmen des Onlinedirektmarketings auf die Grundlagen, die Realisierungsformen und die zukünftigen Perspektiven eingegangen. Abschließend wird Onlinedirektmarketing an einem Fallbeispiel illustriert. Im darauf folgenden Abschnitt werden die gleichen Aspekte in Bezug auf Onlinewerbung untersucht, ebenfalls ergänzt um ein Fallbeispiel.

5.1 Onlinedirektmarketing

Mit der zunehmenden Verbreitung des Internets ist die Bedeutung von Online-Direktmarketingmaßnahmen innerhalb der Direktmarketingaktivitäten der Unternehmen gestiegen. Die Ausgaben für klassische Direktmarketinginstrumente waren in den letzten Jahren hingegen rückläufig. In Anbetracht dieser Entwicklung werden in diesem Abschnitt derzeitige Tendenzen im Bereich des Onlinedirektmarketings beschrieben. Nach Darstellung der Grundlagen des Onlinedirektmarketings werden zunächst wichtige Direktmarketinginstrumente vorgestellt.

Danach werden aktuelle Problemstellungen im Onlinedirektmarketing betrachtet, wobei detailliert auf Permission-based-Marketing und die Vor- und Nachteile des Onlinedirektmarketings eingegangen wird. Darauf aufbauend werden verschiedene Direktmarketinginstrumente hinsichtlich ihrer Nutzung und Werbewirksamkeit verglichen und Umsetzungsempfehlungen für Online-Direktmarketingkampagnen entwickelt. Abschließend werden ein Ausblick auf die zukünftigen Perspektiven des Onlinedirektmarketings sowie Handlungsempfehlungen für Unternehmen gegeben.

5.1.1 Grundlagen des Onlinedirektmarketings

Bevor auf einzelne Aspekte des Onlinemarketings eingegangen wird, soll zunächst geklärt werden, welche Aufgabenbereiche und Leistungsinhalte unter dem Begriff des Direktmarketings subsumiert werden und wie sich das Direktmarketing in den Mix der Kommunikationsmaßnahmen eines Unternehmens einordnen lässt. Unternehmen stehen im Wesentlichen sechs Kommunikationsinstrumente zur Verfügung. Neben der klassischen Werbung sind dies die Verkaufsförderung, Public-Relations, Sponsoring, Messen und Events sowie das Direktmarketing (vgl. Abbildung 73), wobei darauf hingewiesen werden muss, dass deren Abgrenzung nicht völlig trennscharf ist.[1]

Bei einem Vergleich des Begriffsverständnisses in der Literatur können unterschiedliche Definitionen festgestellt werden.[2] Direktmarketing – häufig auch als Dialogmarketing oder Direktkommunikation bezeichnet – soll im Folgenden alle Marketingaktivitäten umfassen, bei denen die verschiedenen Medien dazu eingesetzt werden, eine interaktive Beziehung mit ausgesuchten Kunden und potenziellen Kaufinteressenten herzustellen. Das Ziel ist die Erreichung einer individuellen, messbaren Reaktion (Response) des Kunden, welche bestenfalls zur Erteilung eines Auftrags führt.[3] Onlinedirektmarketing umfasst all jene Direktmarketingmaßnahmen, bei denen internetbasierte Dienste oder Anwendungen zum Einsatz gelangen.

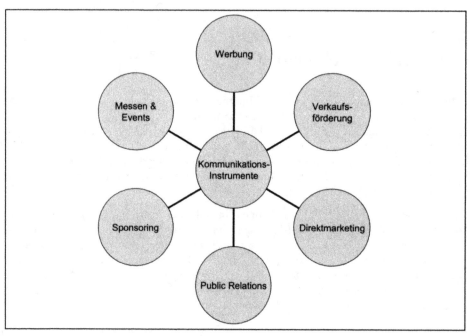

Abbildung 73:   Kommunikationsinstrumente im Überblick

---

[1]   Vgl. Homburg/Krohmer (2003), S. 649.

[2]   Vgl. u. a. die Einteilungen von Kotler/Bliemel (1995), S. 908 f.; Meffert (2000), S. 710; Homburg/Krohmer (2003), S. 649.

[3]   Vgl. DDV (2003a).

Direktmarketing entstand als Reaktion auf die abnehmende Erfolgswirkung der klassischen Werbung in den Massenmedien. Es stellt den direkten Kundenkontakt in den Mittelpunkt der Kommunikationsmaßnahmen.[1] In den anschließenden Ausführungen zum Onlinedirektmarketing wird insbesondere auf die Direktwerbung eingegangen. Als Ausgangspunkt für die nähere Betrachtung wird zunächst die derzeitige Bedeutung des Onlinedirektmarketings skizziert.

Die Ergebnisse der Studie „Deutschland Online" zeigen, dass Online-Direktmarketinginstrumente erst bei vergleichsweise wenigen Unternehmen einen bedeutenden Stellenwert im Vertrieb ihrer Produkte und Dienstleistungen einnehmen (vgl. Abbildung 74). Als hoch bzw. sehr hoch wurde die derzeitige Bedeutung der Online-Direktmarketinginstrumente von weniger als 20 % der Unternehmen bezeichnet. Hingegen wird von über 50 % der Unternehmen die heutige Relevanz als gering oder sehr gering eingeschätzt. Branchenspezifische Unterschiede für Medienunternehmen oder Unternehmen der Werbewirtschaft konnten nicht identifiziert werden.

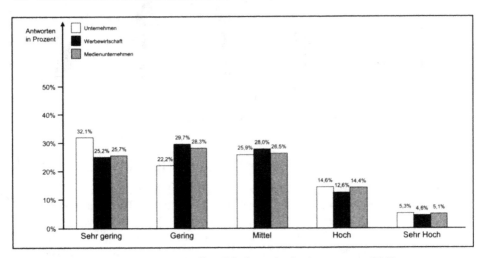

Abbildung 74:   Bedeutung der Online-Direktmarketinginstrumente 2002

Für das Jahr 2005 wird die Bedeutung nach der Einschätzung der Unternehmen jedoch stark ansteigen. So gaben in der Studie 41,7 % der Unternehmen an, dass in der Zukunft die Bedeutung von Online-Direktmarketinginstrumenten für den Vertrieb ihrer Produkte hoch bzw. sehr hoch sein wird. Dies entspricht annähernd einer Verdopplung gegenüber dem Jahr 2002. Medienunternehmen und Unternehmen der Werbewirtschaft teilen diese

---

[1]   Vgl. Dallmer (1995).

Auffassung; 45,3 % bzw. 43,6 % von ihnen erwarten eine hohe bzw. sehr hohe Bedeutung für das Jahr 2005. Somit kann zusammenfassend für die kommenden Jahre ein
stark ansteigendes Interesse festgestellt werden, welches zu erhöhten Ausgaben im Bereich des Onlinedirektmarketings führen wird. Abbildung 74 und Abbildung 75 zeigen
die aktuelle und die zukünftige Bedeutung der Online-Direktmarketinginstrumente.

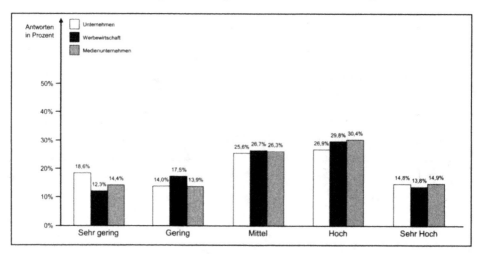

Abbildung 75:   Bedeutung der Online-Direktmarketinginstrumente 2005

5.1.1.1 Darstellung der wichtigsten Direktmarketinginstrumente

Um das Onlinedirektmarketing in die Gesamtheit der Direktmarketingaktivitäten einordnen zu können, werden im folgenden Abschnitt die wichtigsten Direktmarketinginstrumente erläutert. Es existieren unterschiedliche Formen des Direktmarketings. Grundsätzlich kann zwischen klassischer Direktwerbung in direkten Medien und Direktmarketing
in klassischen Massenmedien mit Rückantwortmöglichkeit (Direct-Response-Werbung)
unterschieden werden.[1] Die direkten Medien erlauben eine gezielte Individualkommunikation, wohingegen die breit streuenden Massenmedien eine Massenkommunikation ermöglichen.[2]

Die Werbesendung ist das typische Instrument der klassischen Direktwerbung. Werbesendungen können klassifiziert werden in adressierte, teiladressierte sowie unadressierte
Werbesendungen. Zusätzlich bedient sich das Direktmarketing elektronischer Medien.

---

[1]   Vgl. Meffert (2000), S. 744.
[2]   Vgl. Mayer (1975).

Teilweise erfolgt die Werbeansprache über Telefon oder Telefax. Seit einigen Jahren wird die internetgestützte Werbeansprache immer bedeutsamer für das Direktmarketing. Das Direktmarketing hat auch die klassischen Massenmedien durch die Möglichkeit der Rückantwort (Response) für Direktmarketingzwecke nutzbar gemacht. Direct-Response-Werbung ist in den klassischen Werbeträgern Zeitung, Zeitschrift, Radio, Fernsehen, Kino und über Plakatwände möglich. Tabelle 9 gibt einen Überblick über typische Instrumente des Direktmarketings.

Klassische Direktwerbung	Direct-Response-Werbung
– Adressierte Werbesendung	– Anzeigen und Beilagen mit Responseelement
– Teiladressierte Werbesendung	
– Unadressierte Werbesendung (Haushaltsdirektwerbung)	– Funk- und Fernsehwerbung mit Responseelement
	– Kinowerbung mit Responseelement
– Telefonische Werbeansprache	
– Faxgestützte Werbeansprache	– Internetwerbung mit Response-element
– Internetgestützte Werbeansprache	
– Textnachrichtengestützte Werbeansprache (Mobile-Direct-Marketing per SMS und MMS)	– Plakat- und Außenwerbung mit Responseelement

Tabelle 9:   Instrumente des Direktmarketings im Überblick[1]

Im Mittelpunkt des Direktmarketings steht der Response des Adressaten einer Direktmarketingaktion. Hierunter wird die direkte Antwort des Rezipienten auf eine Werbebotschaft verstanden. Ein Responseelement kann beispielsweise die einer Anzeige beiliegende Postkarte darstellen, die ausgefüllt und zurückgesendet werden kann. Neben Postkarten können auch Telefonnummern, Faxnummern und E-Mail-Adressen auf Plakaten und in Fernseh- und Radiospots eingesetzt werden. Darüber hinaus können Call-Me- oder Call-Back-Buttons auf Internetseiten positioniert oder Coupons als Bestandteil der Werbung platziert werden.

Wie die Übersicht in Tabelle 9 zeigt, existieren viele Instrumente des Direktmarketings. Im Folgenden werden zunächst bedeutende Formen der adressierten, teiladressierten und unadressierten Werbesendung dargestellt. Im Anschluss daran wird eine Auswahl von

---

[1]   In Anlehnung an DDV (2003a).

wichtigen und innovativen Formen näher erläutert. Dabei wird insbesondere auf die Werbeansprache per Telefon, die Fernsehwerbung mit Responseelement und die internetgestützte Werbeansprache eingegangen.

■ Adressierte, teiladressierte und unadressierte Werbesendungen (Direct-Mail)

Die wohl gebräuchlichste Form des Direktmarketings stellt der Werbebrief dar. Dieser ist unter anderem durch die folgenden typischen Grundelemente gekennzeichnet:[1]

– ein persönlicher Werbe- bzw. Angebotsbrief,

– ein konkretes Produktangebot,

– ein Responseelement.

Das Produktangebot erfolgt in der Regel mittels eines Prospekts oder Katalogs. Als Responseelement bei einem Direct-Mailing werden in der Regel Antwort- und Bestellkarten eingesetzt. Ergänzend werden heute teilweise auch Telefon- und Faxnummern sowie E-Mail-Adressen und Internetseiten für eine Rückantwort angegeben. Oftmals werden den Briefen weitere Elemente beigelegt, die die Aufmerksamkeit des Verbrauchers wecken sollen. Beispiele sind der Beilagenzettel mit wichtigen Hinweisen (Stuffer), kleine Werbegeschenke (Gadgets) oder Warenproben. Neben dem klassischen Anschreiben werden heute immer mehr moderne Medien wie CDs, DVDs, Disketten oder Videobänder eingesetzt.

Grenzfälle stellen teiladressierte Werbesendungen (an die Bewohner der Stadt XY, der Strasse XY) und unadressierte Werbesendungen (so genannte Haushaltsdirektwerbung) dar. Sie sind zwar nicht persönlich an den Empfänger adressiert, werden ihm aber gezielt und direkt zugeführt.[2]

■ Telefonische Werbeansprache (Telefonmarketing)

In den letzten Jahren konnten erhebliche Wachstumsraten im Telefonmarketing beobachtet werden. Prinzipiell lassen sich zwei Varianten des Telefonmarketings unterscheiden. Während bei der aktiven Variante die Initiative von den Direktmarketingtreibenden ausgeht, erfolgt die Kontaktaufnahme beim passiven Telefonmarketing auf Initiative des Verbrauchers.[3] Neben dem Telefonmarketing besteht auch die Möglichkeit, automatisierte Telefonmarketingsysteme, so genannte Automatic-Dialing-and-Recorded-Message-Players (ADRMPs), einzusetzen. In diesem Fall werden die Nummern einer Telefonliste sukzessive automatisch angerufen, wobei dem Angerufenen ein Band mit einer Ansage vorgespielt wird. Interessierte Kunden haben die Möglichkeit, eine Nachricht zu hinterlassen oder sich mit einem Telefonisten verbinden zu lassen.

---

[1]   Vgl. Dallmer (1995), Sp. 486 f.
[2]   Vgl. Fritz/Oelsnitz (2001), S. 190 f.
[3]   Vgl. Kotler/Bliemel (1995), S. 1092.

Beide Varianten des Telefonmarketings sind in Deutschland nur sehr eingeschränkt möglich. Seit den 70er Jahren sind „kalte" Werbeanrufe, d. h. unverlangte Telefonwerbung, verboten. Der Bundesgerichtshof (BGH) sieht in unverlangten Telefonanrufen zu Werbezwecken eine besonders schwerwiegende Beeinträchtigung der Privatsphäre der angerufenen Person und eine „Attacke auf die Persönlichkeit".[1] Sie verstoßen nach Ansicht des Bundesgerichtshofs gegen die guten Sitten und sind somit gemäß § 1 des Gesetzes gegen den unlauteren Wettbewerb (UWG) verboten.

Dabei ist es unerheblich, ob es sich bei dem Angerufenen um einen Verbraucher oder einen Gewerbetreibenden handelt.[2] Zulässig sind werbliche Anrufe, wenn der Angerufene dem Anrufer zuvor seine Einwilligung gegeben hat. Bestehende geschäftliche Beziehungen zum privaten Endverbraucher rechtfertigen grundsätzlich keine werblichen Anrufe.[3] Auch die schriftliche Bitte einer Privatperson um Übersendung von Informationsmaterial wird in der Regel nicht als Einverständnis gewertet.[4]

▣ Fernsehwerbung mit Responseelement (TV-Direktmarketing)

Dem klassischen Fernsehen als Massenkommunikationsmittel kann eine immer größere Bedeutung für das Direktmarketing zugesprochen werden. Zum einen kann die Fernsehwerbung mit Responseelementen in Form von Direktreaktionswerbespots, zum anderen in Form von Teleshopping durchgeführt werden.[5] Direktreaktionswerbespots sind Werbespots mit Responseelementen und haben in der Regel eine Länge von 60 bis 120 Sekunden. Sie werden üblicherweise früh morgens oder im Nachtprogramm geschaltet.

Die in den Spots beworbenen Produkte kann der Verbraucher über eine eingeblendete Telefonnummer direkt bestellen. In letzter Zeit sind neben der eingeblendeten Telefon- oder Faxnummer weitere Responsemöglichkeiten hinzugekommen. Viele Anbieter betreiben ihr Shoppingangebot auch im Internet und geben ihre URL sowie eine E-Mail-Adresse an. Die Alternative hierzu stellt das Teleshopping dar. Es existieren sogar einige TV-Kanäle, deren Programme nur aus Verkaufsshows bestehen.

Nach dem § 7 Abs. 5 des Rundfunkstaatsvertrags gelten Dauerwerbesendungen als zulässig, wenn in ihnen der Werbecharakter erkennbar im Vordergrund steht und die Werbung einen wesentlichen Bestandteil der Sendung ausmacht. Sie müssen zu Beginn als Dauerwerbesendung angekündigt und im Verlauf der Sendung durch Einblendung eines

---

1   BGH-Urteil vom 19.06.1970, AZ: I ZR 115/68, „Telefonwerbung I".

2   BGH-Urteil vom 24.01.1991, AZ: I ZR 133/89, „BMW-Urteil", „Telefonwerbung IV".

3   BGH-Urteil vom 08.06.1989, AZ: I ZR 178/87, „Weinhändler-Urteil", „Telefonwerbung II".

4   BGH-Urteil vom 08.11.1989, AZ: I ZR 55/88, „Telefonwerbung III".

5   Vgl. Kotler/Bliemel (1995), S. 1093.

deutlichen Hinweises („Werbesendung", „Dauerwerbesendung") als solche ausgewiesen werden. An Kinder gerichtete Dauerwerbesendungen sind verboten. Tabelle 10 zeigt eine Übersicht von Teleshoppinganbietern auf dem deutschen Markt.

Anbieter	Angebotsspektrum	Sendestart
TELESHOP	Haushalt, Fitness, Gesundheit u. a.	Mai 1988
TV-Shop	Musik, Fitness, Gesundheit, Hobby, Haushaltswaren u. a.	Februar/März 1993
HSE (Home Shopping Europe)	Do-it-Yourself-Geräte, Multimedia-Angebote, Beauty- und Wellness-Produkte	Oktober 1995
QVC	Schmuck, Fitness, Mode, Kosmetik, Freizeit, Haushalt, Sport, Elektronik, Autozubehör sowie Heimwerker- und Gartenbedarf	Dezember 1996
Sonnenklar TV	Reisen	Januar 2001
liberty tv.com	Reisen	Februar 2001
RTL Shop	Fitness-Ausstattungen, Kosmetika, Küchenartikel, Schmuck, elektronische Geräte sowie Dienstleistungen	März 2001
TV Travel Shop	Reisen	Juni 2001
lastminute.de	Reisen	März 2003

Tabelle 10:   Ausgewählte Teleshoppinganbieter in Deutschland

▪ Internetgestützte Werbeansprache (Onlinedirektmarketing)

Internetgestützte Werbeansprache grenzt sich von der Internetwerbung mit Responseelement dahingehend ab, dass sie eine reine Werbebotschaft des Werbetreibenden darstellt, die nicht im Content-Umfeld eines dritten Anbieters eingebunden ist. Es handelt sich also nicht um Werbung auf Internetseiten. Typische Instrumente des Onlinedirektmarketings bzw. der internetgestützten Werbeansprache sind insbesondere E-Mailings,

Newsgroups, Chats und Messenger-Dienste. Das wichtigste Instrument des Onlinedirektmarketings stellt die E-Mail dar. Auf E-Mail basierendes Onlinedirektmarketing erfolgt mittels Mailinglisten, Newslettern, E-Mailings sowie per E-Mail-Abruf.[1]

Mailinglisten sind über E-Mail-Verteiler meist unregelmäßig versendete Nachrichten zu einem spezifischen Thema. Die Teilnehmer erhalten fortlaufend Beiträge der anderen Abonnenten per E-Mail. Darüber hinaus haben sie die Möglichkeit, eigene Nachrichten zu versenden. Viele Mailinglisten haben einen Moderator, der vorab entscheidet, welche Nachrichten über die Mailingliste veröffentlicht werden dürfen. Im Gegensatz zum Newsletter sind Mailinglisten dialogorientiert, d. h. sie erlauben Kommunikation unter den Teilnehmern. Empfänger können also nicht nur Nachrichten lesen, sondern auch auf diese antworten. Die Verwaltung der Nutzer (insbesondere das Ein- und Austragen von Teilnehmern) erfolgt über so genannte Mailinglisten-Server.

Newsletter sind per E-Mail periodisch versendete Nachrichten, die zielgruppenorientierte Informationen enthalten. Der Newsletter wird üblicherweise über einen E-Mail-Verteiler versendet. Dabei ist nur die einseitige Kommunikation vom Betreiber des Newsletter-Diensts an die Nutzer möglich. Newsletter-Systeme können zur Unterstützung bei der Pflege der Adressdatenbanken für die elektronischen Rundschreiben eingesetzt werden.

E-Mailings können als elektronische Alternative zum klassischen Werbebrief betrachtet werden. Im Unterschied zu Newslettern werden E-Mailings nicht periodisch, sondern aktionsbezogen versendet. Beim E-Mail-Abruf geht die Initiative vom Empfänger aus. Dieser bittet darum, dass ihm Werbung oder Informationen zugesendet werden. Nach dem Versand einer E-Mail an eine bestimmte Adresse wird dem Verbraucher eine dort hinterlegte Nachricht zumeist automatisch per E-Mail zurückgeschickt. Der E-Mail-Abruf ist somit eine kostengünstige Alternative zum Faxabruf.

Unter einer Newsgroup wird eine Sammlung von Diskussionsgruppen zu unterschiedlichen Themengebieten verstanden. In gebündelter Form werden diese Themen den interessierten Nutzern zugänglich gemacht. Beiträge in Newsgroups heißen Artikel. Chats sind Internetdienste, die mehreren Teilnehmern ermöglichen, sich über das Internet auszutauschen. Dabei unterscheidet man die beiden Formen Internet Relay Chats (IRC) und webbasierte Chats.

Messenger-Dienste sind so genannte Sofortnachrichtendienste und stellen Mini-Chat-Programme dar. Ähnlich wie bei einer E-Mail werden Texte zwischen zwei oder mehreren Teilnehmern versendet – hier allerdings in „Echtzeit". Der andere Teilnehmer hat die Möglichkeit, sofort zu antworten. Seine Antwort wird sofort im Nachrichtenfenster des Messenger-Diensts angezeigt. Für die Verwendung von Messenger-Diensten ist es notwendig, dass beide Teilnehmer simultan online sind.

---

[1]   Vgl. DDV (2002a), S. 6 ff.

5.1.1.2 Probleme des Onlinedirektmarketings

Das zentrale Problem für die Rezipienten von Onlinedirektmarketing stellt der massenhafte Eingang ungewollter Werbung per E-Mail dar. Dieses Problem ist vor allem unter dem Begriff „Spamming" bekannt. Eine Spam-Nachricht ist eine unverlangt versendete E-Mail. Durch den Zugang von vielen, zumeist ungekennzeichneten Werbe-E-Mails wird dem Empfänger nicht unerheblich geschadet. Aufgrund von Problemen wie Spamming ist die Zulässigkeit von Online-Direktmarketinginstrumenten rechtlich umstritten. Nach einer Darstellung der Entwicklung von Spamming über das Internet wird auf die derzeitige Rechtspraxis in Deutschland eingegangen. Daran anschließend werden Lösungsmöglichkeiten im Rahmen des Permission-based-Marketings aufgezeigt.

▣ Geschichtliche Entwicklung des Begriffs „Spam"

Der Begriff „Spam" ist ein Akronym für „Shoulder Pork And Ham"/„Spiced Ham"/„Spiced Pork And Meat", einer Art Pressfleisch, welches in den USA seit 1937 von der Firma Hormel Foods, einem Hersteller von Frühstücksfleisch, produziert wird.[1] Erst durch einen TV-Sketch der britischen Komikertruppe Monty Python erhielt der Begriff seine inhaltliche Prägung. In diesem Sketch sieht man ein Restaurant, in dem nur Gerichte angeboten werden, denen Spam beigemischt wurde. Hier verkörpert Spam eine störende Zutat.

In Zusammenhang mit dem Internet wurde der Begriff „Spam" im April 1994 erstmals erwähnt. Zwei Anwälte aus den USA hatten einen Programmierer beauftragt, ihnen ein Skript zu schreiben, mit dessen Hilfe sie ihre Dienste für die Green-Card-Lottery in allen Newsgroups des Usenet bewerben konnten. Internetnutzer begannen daraufhin, unerwünschte Werbesendungen im Netz als „Spam" zu bezeichnen. Später wurde spezielle E-Mail-Software für den massenhaften Versand von Werbe-E-Mails entwickelt.

Das Internetfachlexikon webopedia.com definiert Spam als „an endless repetition of worthless text"[2]. Neben dem Begriff Spam gibt es noch weitere Bezeichnungen. So wird auch von Junk-Mails, Bulk-Mails, UCE (Unsolicited-Commercial-Electronic-Mail) und UBE (Unsolicited-Bulk-E-Mail) gesprochen. Während UBE als Oberbegriff auch unerwünschte, nicht werbende Zusendungen umfassen kann, ist UCE der Begriff für massenhaft versendete Werbe-E-Mails.

---

[1]   Vgl. Templeton (2003).
[2]   Webopedia (2003).

▓ Rechtliche Aspekte des Onlinedirektmarketings

Spam hat in den letzten Jahren zunehmend zu einer wirtschaftlichen Beeinträchtigung von Konsumenten und Unternehmen geführt. Von den derzeit täglich etwa 31 Milliarden versendeten E-Mails[1] sind heute bereits über 48 % unerwünschte Werbe-E-Mails.[2] Dabei ist der Spam-Anteil am E-Mail-Verkehr stark steigend. E-Mail-Providern entstehen Kosten, da die unerwünschten E-Mails Speicherplatz auf den Mailservern belegen.

Beim User fallen beim Abruf der E-Mails für die zusätzliche Online-Zeit Telekommunikationskosten an. Ferner kann es dazu kommen, dass wichtige E-Mails den Empfänger aufgrund fälschlicherweise gefilterter Nachrichten oder eines überlasteten Accounts nicht erreichen. Darüber hinaus kostet es Zeit und Mühe, die ungewollte Werbung auszusortieren. Der Arbeitgeber ist durch Produktivitätsverluste geschädigt, wenn Spam seine Arbeitnehmer am Arbeitsplatz erreicht. Allein in den USA wird der wirtschaftliche Schaden, der den Unternehmen jährlich aufgrund von Spam-Nachrichten entsteht, auf bis zu US$ 10 Milliarden geschätzt.[3]

Derzeit gibt es in Deutschland kein Gesetz, welches die Zulässigkeit elektronischer Werbung regelt. In der Rechtsprechung wird die unerbetene E-Mail-Werbung bislang nur über die Anwendung bestehender Gesetze auf diesen Sachverhalt geregelt und ist nicht unmittelbar verboten. Der BGH hat in vergleichbaren Fällen von FAX- und BTX-Werbung[4] entschieden, dass dem Nutzer gegen die Zusendung unerwünschter Werbung ein Unterlassungsanspruch zustehen kann.[5] Auf unerwünschte E-Mails können diese Sachverhalte übertragen werden.[6]

Nach herrschender Meinung liegt die Rechtsgrundlage für die Unzulässigkeit von Spam für Gewerbetreibende im Recht am eingerichteten und ausgeübten Gewerbebetrieb und für Privatpersonen im allgemeinen Persönlichkeitsrecht nach den §§ 823 I, 1004 BGB. Eine eindeutige Rechtslage wurde bisher in Deutschland noch nicht geschaffen. Diese

---

[1] Vgl. IDC (2002).

[2] Vgl. Brightmail (2003).

[3] Vgl. Ferris Research (2003).

[4] Der Dienst Bildschirmtext (BTX) wurde Anfang der 80er Jahre von der damaligen Deutschen Bundespost in der Bundesrepublik Deutschland eingeführt. Nach der Erweiterung der Leistungsmerkmale erfolgte die Umbennennung in Datex-J. 1993 wurde das gesamte Netz auf ISDN-Zugänge umgestellt. 1995 wurde der BTX-Dienst der Deutschen Telekom zusammen mit einem neuen Mail-Dienst und einem Internet-Zugangsangebot zur neuen Marke „T-Online" zusammengefasst.

[5] Vgl. BGHZ 102, S. 203, 208.

[6] Nach einem Urteil des Landgerichts Berlin können unaufgefordert zugesendete Werbe-E-Mails eine nicht hinnehmbare Beeinträchtigung des Empfängers darstellen (LG Berlin, 16 O 320/98 vom 13.10.1998). Dieses Urteil gilt als ein Grundlagenurteil für die Behandlung von Spam.

steht aber aufgrund des Umsetzungszwangs der EU-Datenschutzrichtlinie für elektronische Kommunikation vom 12.07.2002 an. Nach der EU-Richtlinie ist es „bei solchen
Formen unerbetener Nachrichten (u. a. E-Mail) zum Zweck der Direktwerbung … ge-
rechtfertigt, zu verlangen, die Einwilligung der Empfänger einzuholen, bevor ihnen solche Nachrichten gesendet werden"[1] (Opt-in-Regelung).

Im Zuge der Modernisierung des Gesetzes gegen den unlauteren Wettbewerb wird diese
Richtlinie in das deutsche Recht übernommen. Dabei wird es zu folgender Regelung
kommen: „Unlauter im Sinne von § 3 handelt, wer einen Marktteilnehmer in unzumut-
barer Weise belästigt." Dabei ist gemäß Abs. 2 Nr. 3 eine unzumutbare Belästigung insbesondere „bei einer Werbung unter Verwendung von … elektronischer Post [anzuneh-
men], ohne dass eine Einwilligung des Adressaten vorliegt".

Eine Besonderheit besteht bei existierenden Kundenbeziehungen. Dort heißt es: „Hat ein
Unternehmer die elektronische Adresse eines Kunden im Zusammenhang mit dem Verkauf einer Ware oder Dienstleistung erhalten, kann er diese Adresse zu Direktwerbung
für eigene ähnliche Waren oder Dienstleistungen nutzen, es sei denn, der Kunde hat diese Nutzung untersagt. Die Nutzung ist außerdem nur zulässig, wenn der Kunde bei Er-
hebung der Adresse und bei jeder Nutzung klar und deutlich darauf hingewiesen wird,
dass er diese Nutzung jederzeit untersagen kann, ohne dass hierfür andere als die Über-
mittlungskosten nach den Basistarifen entstehen." Durch diese Regelung kommt es zu
einer Aufweichung der Opt-in-Regelung.

■ Permission-based-Marketing

Die werbetreibende Wirtschaft hat auf die Probleme im Zusammenhang mit unerwünschten Werbe-E-Mails bereits reagiert. Die Lösungsansätze werden in Praxis und
Literatur unter dem Stichwort des Permission-based-Marketings diskutiert. Permission-
based-Marketing ist eine Direktmarketingstrategie, die auf dem Einverständnis des Empfängers beruht. Permission-based-Marketing hat das Ziel, eine vertrauensvolle und
gleichberechtigte Kundenbeziehung aufzubauen.[2] Unaufgefordertes Online-Direktmarketing kann auch negative Auswirkungen auf das Image des Unternehmens und den
Kundenstamm haben. Potenzielle und tatsächliche Kunden können durch solches Vorgehen verärgert werden und den Geschäftskontakt abbrechen.[3]

Vor diesem Hintergrund hat die Studie „Deutschland Online" untersucht, wie wichtig
die Einholung der Erlaubnis (Permission) vor einer Kontaktaufnahme im Rahmen einer
Marketingaktion ist. Die überwiegende Mehrheit der Verbraucher (85,7 %) erwartet die

---

[1]   Richtlinie 2002/58/EG veröffentlicht im Abl. L 201/37.
[2]   Vgl. eco (2002), S. 6.
[3]   Vgl. Absolit (2002), S 78.

Einholung der Erlaubnis. Ein ähnliches Bild lässt sich bei Unternehmen erkennen. Für
alle Gruppen kann eine Zustimmung von durchgängig über 60 % festgestellt werden
(vgl. Abbildung 76).

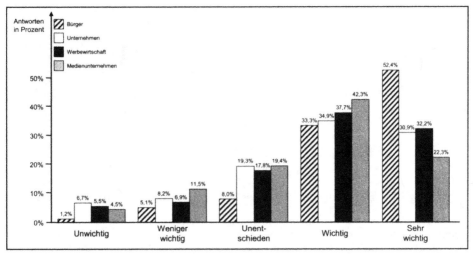

Abbildung 76:   Vorlage eines Einverständnisses zur Kontaktaufnahme

Ohne Einwilligung seitens des Verbrauchers kann das werbetreibende Unternehmen
schnell Vertrauen beim Verbraucher verspielen und so seine Direktmarketingbemühun-
gen konterkarieren. Im Rahmen der Studie „Deutschland Online" stellte sich heraus,
dass das Vertrauen gegenüber dem werbetreibenden Unternehmen eine Grundvoraussetzung für die Akzeptanz von Online-Direktmarketingangeboten ist.

So ist es für 67,9 % der befragten Verbraucher sehr wichtig, dass Onlinedirektmarketing
durch einen vertrauenswürdigen Anbieter erfolgt. Auch für die Unternehmen aller befragten Gruppen ist eine vertrauensvolle Beziehung zum Kunden von erheblicher Bedeutung. Für 46,3 % der deutschen Unternehmen, 45,5 % der Unternehmen der Werbewirtschaft und 43,4 % der Medienunternehmen sind Reputation und vertrauensvolles
Image des Absenders wichtige bzw. sehr wichtige Erfolgsfaktoren (vgl. Abbildung 77).

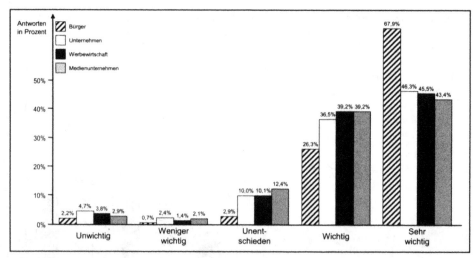

Abbildung 77:   Bedeutung der Reputation des Absenders von Onlinedirektmarketing

Über verschiedene Anmeldeverfahren kann das Einverständnis des Empfängers einge-
holt werden. Hierbei kann man zwischen einfachem Opt-in, Opt-in mit Bestätigung sowie dem Double-Opt-in unterscheiden.

Beim einfachen Opt-in (Single-Opt-in) trägt sich der Interessent in ein Webformular ein.
Danach wird in der Regel eine neue Website geöffnet, die die erfolgreiche Registrierung
bestätigt.[1] Alternativ hierzu kann der Interessent per E-Mail den Bezug einer Mailingliste oder eines Newsletters ohne Rückfragen anfordern. Beim einfachen Opt-in ist
nicht sichergestellt, dass der Eintragende und der Inhaber der eingetragenen E-Mail-
Adresse identisch sind. Somit ist einfaches Opt-in nur dann ausreichend, wenn nach-
weislich eine Kundenbeziehung besteht und somit die Voraussetzung für eine Kontaktaufnahme per E-Mail gegeben ist.[2]

Bei einem bestätigten Opt-in (Confirmed-Opt-in) wird während der Registrierung der
Userdaten automatisch ein Bestätigungsvermerk an die angegebene Adresse gesendet. In
dieser Bestätigungs-E-Mail wird in der Regel auch erläutert, wie der Dienst wieder ab-
bestellt werden kann. Gemäß der „Richtlinie für erwünschtes Onlinedirektmarketing des
Arbeitskreises Online Marketing" sollte die Bestätigung ferner Informationen über die
Art der angeforderten Information, den Zeitpunkt der Registrierung sowie eventuell die

---

[1]   Vgl. Robben (2002).
[2]   Vgl. Büttner (2002a), S. 2.

E-Mail- oder die IP-Adresse des Absenders enthalten.[1] Der Empfänger hat die Möglichkeit, sich durch einen Link in der E-Mail wieder aus der Liste austragen zu lassen, falls die Adresseingabe durch eine nicht autorisierte dritte Person erfolgte. Liegt keine Reaktion vor, gilt die Anmeldung durch den Nutzer als akzeptiert und seine Adresse wird in den Verteiler übernommen.

Bei einem Double-Opt-in handelt es sich um ein bestätigtes Opt-in, bei dem die Registrierung erst dann wirksam wird, wenn sie ein zweites Mal bestätigt wurde. Dazu wird dem Interessenten eine E-Mail-Bestätigung zugesendet, die er mit einer Rückantwort seinerseits verifizieren muss. Es besteht somit kein Zweifel mehr daran, dass der Absender der Bestätigungs-E-Mail wirklich Interesse an Direktmarketingmaßnahmen hat. Das Double-Opt-in-Verfahren stellt somit das sicherste der dargestellten Anmeldeverfahren dar. Jedoch wird durch die doppelte Registrierung eine Responsehürde aufgebaut. Viele Interessenten sind sich nicht bewusst, dass die eigentliche Registrierung erst dann erfolgt, wenn sie die Bestätigungs-E-Mail zurücksenden. Deshalb sollte das Verfahren mehrfach explizit und klar verständlich im Rahmen des Registrierungsprozesses erläutert werden.[2]

Beim Opt-out-Verfahren muss der Interessent selbst aktiv werden und seine E-Mail-Adresse aus einem Verteiler streichen lassen. Nach Entzug der Einwilligung darf die E-Mail durch den Versender nicht mehr verwendet werden. Das Opt-out-Verfahren wird in der Regel eingesetzt, wenn der Versender der Information ein Interesse beim Empfänger vermutet. Es ähnelt dem klassischen Direct-Mailing.[3] In der Praxis ist dieses Verfahren jedoch sehr problematisch, da unseriöse Unternehmen das Austragen nur nutzen, um sich bestätigen zu lassen, dass die betreffende E-Mail-Adresse noch aktiv ist und weiter „beliefert" werden kann.[4]

Nach Ansicht der EU wird das Opt-out-Verfahren nicht als Spamming betrachtet.[5] Im Rahmen des Permission-based-Marketings ist dieser Ansatz jedoch abzulehnen, da er nicht geeignet ist, eine dauerhafte, profitable Kundenbeziehung aufzubauen. Seriöse Anbieter sollten deshalb auf dieses Verfahren verzichten. In Anbetracht der derzeitigen Rechtslage in Deutschland sind das Confirmed-Opt-in- und das Double-Opt-in-Verfahren zu empfehlen.

---

[1] Vgl. eco (2002), S. 11.
[2] Vgl. eco (2002), S. 11.
[3] Vgl. Büttner (2002a), S. 2.
[4] Vgl. Robben (2002).
[5] Vgl. Art. 13 Abs. 2 der Datenschutzrichtlinie für elektronische Kommunikation (2002/58/EG).

Weiterhin sollten beim Permission-based-Marketing Sperrlisten (so genannte Robinson-Listen) beachtet werden. Robinson-Listen ermöglichen dem Verbraucher den
Schutz vor unerwünschter Direktwerbung, indem er durch Eintragung seiner Adresse
oder E-Mail in diese Listen erklärt, dass er von keinem Unternehmen Direktwerbung
erhalten möchte. Es existieren unterschiedliche Robinson-Listen für unerwünschte
E-Mails, SMS, Telefonwerbung, Faxe, Briefe und Prospekte.

Die Website robinsonlist.de, die vom Interessenverband Deutsches Internet e. V.
(I. D. I. e. V.) in Zusammenarbeit mit der Gesellschaft zum Schutz privater Daten in
elektronischen Informations- und Kommunikationsdiensten e. V. (GSDI e. V.) betrieben
wird, stellt ein Beispiel für eine solche Liste dar. Die Nutzung dieser Listen durch die
Werbewirtschaft basiert allerdings auf freiwilliger Basis.

Durch den korrekten Einsatz von Permission-based-Marketing können sich Unternehmen gegenüber ihren Wettbewerbern positiv abgrenzen. Die Chancen für eine langfristige Kunden- und Interessentenbeziehung werden verbessert. Um seriös zu wirken, sollten
Unternehmen vermeiden, rechtliche Grauzonen auszunutzen und im Zweifelsfall auf die
weniger aggressiven Verfahren zurückgreifen.

5.1.1.3   Vor- und Nachteile des Onlinedirektmarketings

Das Onlinedirektmarketing bietet eine Reihe von Möglichkeiten, die im Offlinedirektmarketing nicht bestehen. In diesem Abschnitt werden zunächst die Vorteile des Direktmarketings gegenüber der klassischen Werbung dargestellt. Darauf aufbauend werden
die besonderen Merkmale des Onlinedirektmarketings herausgearbeitet.

Das Direktmarketing besitzt gegenüber den anderen Marketinginstrumenten eine Reihe
von Vorteilen, wobei die Erreichung eines persönlichen Kontakts mit dem Kunden im
Mittelpunkt steht. So ermöglicht Direktmarketing, den Verbraucher persönlich und indi-
vidualisiert sowie zeitlich besser terminiert anzusprechen. Über die Zeit ist es dadurch
möglich, eine dauerhafte Beziehung mit dem Kunden zu etablieren. Neben dem Aufbau
eines nachhaltigen Kundenkontakts sind darüber hinaus die gute Messbarkeit des Erfolgs sowie die Möglichkeit einer effizienten Prozesskontrolle als relevante Vorteile zu
nennen.

Zusätzlich zu den bereits dargestellten Vorteilen des Direktmarketings bietet Onlinedirektmarketing Chancen zur Reduktion der Betriebskosten. So fallen im Vergleich zu
postalischen Werbesendungen die Kosten für Druck und Papier vollständig weg und
auch die Versandkosten können reduziert werden.[1] Darüber hinaus sind E-Mail-Direkt-
marketingaktionen schneller und flexibler zu erstellen als aufwändig gedruckte Werbesendungen. Beide Faktoren ermöglichen es, kleinere Zielgruppen preiswerter und diffe-
renzierter anzusprechen als über klassische Direktmarketinginstrumente.

---

[1]   Vgl. Absolit (2003).

Ein weiterer wichtiger Vorteil von Onlinedirektmarketing beruht auf der Möglichkeit zur multimedialen und interaktiven Gestaltung der Direktwerbung. So können beispielsweise Hyperlinks zu Detail- oder weiterführenden Informationen gesetzt und neben Bildern auch Audio- oder Videoelemente in die Werbung integriert werden. Nachteile treten insbesondere durch die stark steigende Anzahl von Direktmarketingaktivitäten und die damit verbundene Zunahme der Reaktanz der Konsumenten auf. So kann die Akzeptanz der Konsumenten gegenüber den Instrumenten des Direktmarketings sinken, wenn sie sich in ihrer Privatsphäre gestört fühlen.[1] Ein weiterer Nachteil besteht darin, dass über Onlinedirektmarketing prinzipiell nur Internetnutzer angesprochen werden können.

5.1.2   Realisierungsformen des Onlinedirektmarketings

Im folgenden Abschnitt werden einzelne Realisierungsformen des Onlinedirektmarketings beschrieben. Nach deren Darstellung wird auf die aktuelle Nutzungsintensität verschiedener Direktmarketinginstrumente eingegangen. Hierzu werden die Werbewirksamkeit und die Wirtschaftlichkeit näher erläutert. Abschließend wird die effektive Gestaltung von Online-Direktmarketinginstrumenten thematisiert und ausgeführt.

5.1.2.1 Nutzung verschiedener Direktmarketinginstrumente

Onlinedirektmarketing ist das Direktmarketinginstrument mit den höchsten Zuwachsraten. So ergab die Jahresumfrage des Deutschen Direktmarketing Verbands (DDV) unter 300 Marketingleitern von direktmarketingaktiven Unternehmen im April 2002,[2] dass E-Mail-Marketing noch vor Telefonmarketing und Werbebriefen jener Bereich des Direktmarketings ist, der in den nächsten drei Jahren am stärksten an Bedeutung gewinnen wird.

Deshalb wurde zunächst im Rahmen der Studie „Deutschland Online" untersucht, inwieweit die Etablierung von Online-Direktmarketinginstrumenten zu Budgetverschiebungen bei den Unternehmen führt. Hierzu wurden zunächst die aktuelle Bedeutung und Nutzung von Online-Direktmarketinginstrumenten und daran anschließend diesbezügliche Erwartungen für das Jahr 2005 untersucht. Unternehmen, Werbewirtschaft und Medienunternehmen wendeten im Jahr 2002 zwischen 15,3 % (Werbewirtschaft) und 18,4 % (Medienunternehmen) ihrer Direktmarketingbudgets für E-Mail-Marketing auf. Somit war das E-Mail-Marketing hinter Telefonmarketing und postalischem Direct-Mailing das Direktmarketinginstrument mit dem dritthöchsten Budgetanteil (vgl. Abbil-

---

[1]   Vgl. Sheehan/Hoy (1999).

[2]   Vgl. DDV (2002b).

dung 78). Hinsichtlich des Budgetanteils bei den verschiedenen Werbeformen unterscheiden sich die einzelnen Unternehmensgruppen kaum. Die Werbewirtschaft prognostizierte lediglich etwas geringere Anteile für E-Mail-Marketing und einen leicht höheren für postalische Direct-Mailings als die beiden anderen Untersuchungsgruppen.

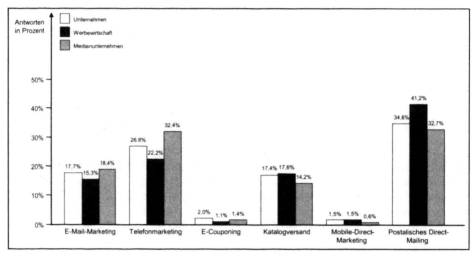

Abbildung 78:   Budgetanteile von Direktmarketinginstrumenten im Jahr 2002

Die Wirtschaft erwartet, dass der Anteil für E-Mail-Marketing an den Direktmarketingbudgets bis zum Jahr 2005 stark steigen wird. So gehen die Unternehmen der Werbewirtschaft von einem Budgetanteil für E-Mail-Marketing in Höhe von 26,2 % (zuvor 15,3 %) und die deutschen Unternehmen von einem 27,5-prozentigen Anteil (zuvor 17,7 %) aus. Die befragten Medienunternehmen erwarten sogar, dass E-Mail-Marketing zukünftig einen Anteil von 29,1 % ihres Budgets (vorher 18,4 %) ausmachen wird (vgl. Abbildung 79).

Dagegen erwarten die befragten Unternehmensgruppen eine Reduktion der Budgetanteile der klassischen Direktmarketinginstrumente. Insbesondere wird mit einer Reduktion des Budgetanteils des postalischen Direct-Mailings gerechnet. So glauben die befragten Unternehmen, dass der aktuelle Budgetanteil von 34,6 % auf 28,2 % sinken wird. Medienunternehmen prognostizieren eine Verringerung von 32,7 % auf 25,9 %. Den größten Rückgang des Budgetanteils erwarten die Unternehmen der Werbewirtschaft. Nach ihrer Einschätzung wird der Budgetanteil des postalischen Direct-Mailings im Jahr 2005 nur noch 31,4 % des Direktmarketingbudgets ausmachen. Dies stellt eine Einbuße von 9,8 % gegenüber einem Budgetanteil von 41,2 % im Jahr 2002 dar.

Die befragten Gruppen gehen davon aus, dass neue und innovative Online-Direktmarketinginstrumente wie E-Couponing und Mobile-Direct-Marketing im Jahr 2005 eine relativ geringe Bedeutung haben werden. So rechnen Medienunternehmen mit einem Budgetanteil von Mobile-Direct-Marketing von nur 1,7 % im Jahr 2005. Entsprechend der Einschätzung aller deutschen Unternehmen wird dieser Anteil 3,4 % ausmachen. Auch die prognostizierte Nutzungsintensität von E-Couponing liegt mit 2,6 % bei Medienunternehmen und 3,7 % bei Unternehmen nur marginal höher als die von Mobile-Direct-Marketing.

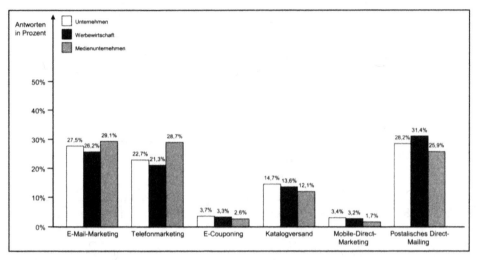

Abbildung 79:   Budgetanteile von Direktmarketinginstrumenten im Jahr 2005

Zusammenfassend ist von einer Verschiebung der Budgetanteile von postalischen Direct-Mailings hin zu E-Mail-Marketing auszugehen. Um weiterführende Informationen bezüglich der Verbreitung der einzelnen Direktmarketinginstrumente zu erhalten, untersuchte die Studie „Deutschland Online", inwieweit die Verbraucher mit den verschiedenen Online-Direktmarketinginstrumenten in Berührung gekommen sind. Dabei zeigte sich, dass über 47 % der Verbraucher bereits mit E-Mail-Marketing in Kontakt gekommen sind (vgl. Abbildung 80).

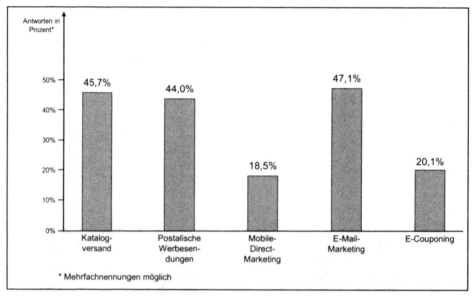

Abbildung 80:   Bekanntheit von Direktmarketinginstrumenten bei den Verbrauchern

Darüber hinaus wurde analysiert, wie hoch das Interesse der Verbraucher an den verschiedenen Direktmarketinginstrumenten ist. Die Antworten wurden über eine fünfstufige Skala mit Antwortmöglichkeit zwischen sehr gering und sehr hoch vorgegeben, wobei Mehrfachantworten möglich waren. Abbildung 81 zeigt in einer Zusammenfassung die Mittelwerte der Antworten für verschiedene Direktmarketinginstrumente.

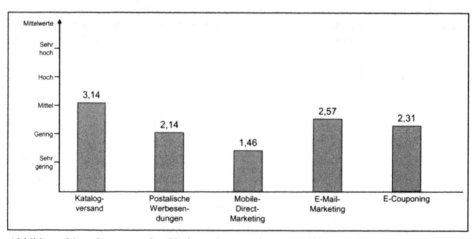

Abbildung 81:   Interesse der Verbraucher an den verschiedenen Direktmarketinginstrumenten

Die Ergebnisse zeigen, dass das Interesse für Direktmarketing in Form des Katalogversands am höchsten ist. An zweiter Stelle folgt E-Mail-Marketing vor E-Couponing, postalischen Werbesendungen und mobilem Direktmarketing. Dieses Resultat spiegelt die schnelle Akzeptanz des Internets als Massenmedium in der Bevölkerung wider.

5.1.2.2 Wirksamkeit verschiedener Direktmarketinginstrumente

Für den Einsatz von Onlinedirektmarketing sprechen sowohl die immer weiter zunehmende Popularität des Internets als auch die steigende Akzeptanz der E-Mail als Werbemedium. Täglich prüfen ca. 85 % der Nutzer ihren E-Mail-Account.[1] Durch die zunehmende Verbreitung des Internets nimmt die technische Reichweite von Onlinedirektmarketing weiter zu. Die technische Reichweite gibt an, wie viele Haushalte oder Personen die Möglichkeit haben, bestimmte Internetdienste zu nutzen.

Onlinedirektmarketing bietet zusätzlich den Vorteil, dass es bei der Reaktion seitens des Verbrauchers zu keinem Medienbruch kommt, d. h. der Verbraucher kann über das Internet gleichzeitig eine Nachricht lesen und unmittelbar darauf – z. B. durch eine Bestellung – reagieren. Bei postalischen Direct-Mailings hingegen muss der Verbraucher telefonieren oder eine Antwortkarte ausfüllen und zurücksenden. Der Erfolg bzw. die Wirksamkeit einer Direktmarketingmaßnahme lässt sich auf unterschiedliche Art und Weise messen. Die Wirksamkeit kann über die Responsequote (Anteil der User, die auf die Direktmarketingmaßnahme reagiert haben), die Gesamtkosten pro erfolgter Bestellung (Cost-per-Order) oder über den Kundenbindungserfolg gemessen werden.[2]

▨ Responseraten

Vor dem Hintergrund der gestiegenen Reichweite und der zunehmenden Akzeptanz des Internets wurde im Rahmen der Studie „Deutschland Online" untersucht, ob Online-Direktmarketinginstrumente günstigere Responseraten erzielen als klassische Direktmarketinginstrumente. Dabei wurden verschiedene On- und Offline-Direktmarketinginstrumente verglichen. In Bezug auf die Werbewirksamkeit hat Onlinedirektmarketing bereits mit dem klassischen Offlinedirektmarketing gleichgezogen. Alle Gruppen aus der Wirtschaft schätzen die Werbewirksamkeit von E-Mail-Marketing ähnlich hoch ein wie die Werbewirksamkeit des Katalogversands.

Unternehmen und insbesondere Medienunternehmen halten E-Mail-Marketing sogar für wirkungsvoller als postalische Direct-Mailings. Lediglich die Unternehmen der Werbewirtschaft schätzen die Responsewirkung von postalischen Direct-Mailings höher ein als die von E-Mail-Marketing (vgl. Abbildung 82). Hinsichtlich der Responsewirkung ran-

---

1   Vgl. Georgy (2001).
2   Vgl. DDV (2003b).

giert Telefonmarketing in allen drei befragten Gruppen an erster Stelle. Die Einschätzung der Responsewirkung der beiden Instrumente E-Couponing und Mobile-Direct-
Marketing ist bei allen Gruppen sehr viel niedriger als bei den zuvor genannten.

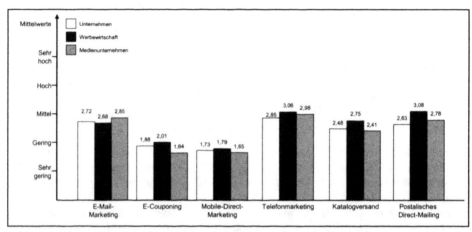

Abbildung 82:   Werbewirksamkeit von Online-Direktmarketinginstrumenten

■ Kundenzufriedenheit

Eine weitere wichtige Erfolgsgröße ist der Einfluss der Direktmarketingaktionen auf die
Kundenzufriedenheit, welche wiederum eine wesentliche Determinante der Kundenbindung darstellt. Um die Auswirkungen des Onlinedirektmarketings auf die Kundenbeziehung zu erkunden, wurden im Rahmen der Studie „Deutschland Online" Unternehmen
und insbesondere Medienunternehmen gefragt, inwieweit die Zufriedenheit ihrer Kunden durch den Einsatz von Online-Direktmarketinginstrumenten gesteigert werden
konnte.

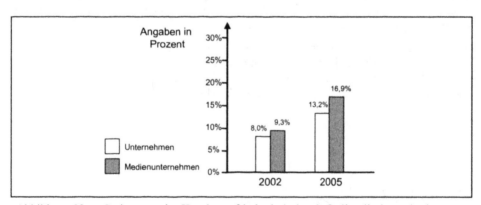

Abbildung 83:   Steigerung der Kundenzufriedenheit durch Onlinedirektmarketing

Wie aus Abbildung 83 hervorgeht, gelang es beiden Gruppen, die Zufriedenheit ihrer Kunden zu steigern. So konnten Unternehmen 2002 die Kundenzufriedenheit um 8,0 % und die Medienunternehmen um 9,3 % erhöhen. Für die kommenden Jahre wird auch weiterhin mit einem stetigen Anstieg gerechnet. So gehen die Unternehmen von einer Zunahme der Kundenzufriedenheit um 13,2 % für 2005 aus. Die Medienunternehmen erwarten eine Steigerung um 16,9 %.

▧ Umsatz pro Kunde

Der Umsatz pro Kunde stieg bei Medienunternehmen durch den Einsatz von Online-Direktmarketingmaßnahmen im Jahr 2002 um durchschnittlich 5,3 %. Für 2005 wird ein Umsatzanstieg pro Kunde von 12,8 % erwartet (vgl. Abbildung 84). Branchenübergreifend verbesserten Unternehmen den Umsatz je Kunde durch Onlinedirektmarketing bis 2002 hingegen um durchschnittlich 4,9 %. Für 2005 wird mit einer Steigerung um 11,5 % gerechnet.

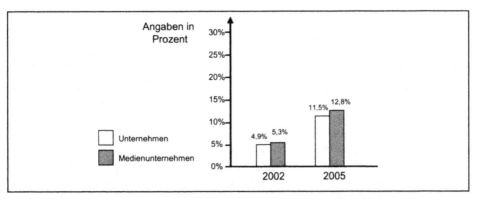

Abbildung 84:   Steigerung des Umsatzes pro Kunde durch Onlinedirektmarketing

▧ Senkung der Marketingkosten

Wie bereits in Abschnitt 5.1.1.3 erläutert, können durch den Einsatz von Online-Direktmarketinginstrumenten große Kostensenkungspotenziale im Vergleich zu klassischen Direktmarketinginstrumenten erzielt werden. So wurden durch den Einsatz von Onlinedirektmarketing die Marketingkosten in Unternehmen und Medienunternehmen im Jahr 2002 um 7,7 % verringert. Für 2005 erwarten Unternehmen weitere Kostensenkungen von 10,6 % und Medienunternehmen sogar Kostensenkungen von 14,3 % (vgl. Abbildung 85).

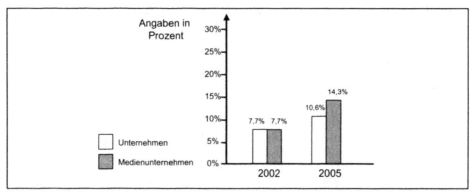

Abbildung 85:   Senkung der Marketingkosten durch Onlinedirektmarketing

▨ Kundeninformationen

Kundeninformationen werden für eine effektive Gestaltung des Kundenbeziehungsmarketings, für die Produktentwicklung, die Preispolitik sowie für die Distributionspolitik
benötigt. Kundeninformationen sind eine wichtige Voraussetzung für die Durchführung
und Gestaltung von Online-Direktmarketingmaßnahmen.

Daneben ist Onlinedirektmarketing auch dazu geeignet, Informationen über die Kunden
zu sammeln. Bisher konnten die Unternehmen die Anzahl ihrer Kundendaten durch den
Einsatz von Online-Direktmarketingmaßnahmen um 11,3 % steigern. In Zukunft wird
dem Onlinedirektmarketing eine noch bedeutendere Rolle bei der Sammlung von Kundendaten zugesprochen. Medienunternehmen konnten die Qualität und die Quantität der
Profildaten stärker steigern (um 14,2 %) als der Durchschnitt aller deutschen Unternehmen (vgl. Abbildung 86).

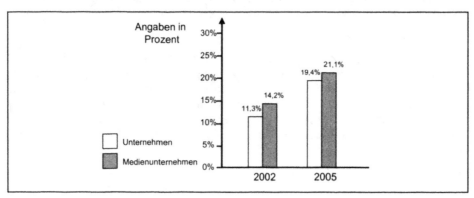

Abbildung 86:   Steigerung der Kundeninformationen durch Online-Direktmarketingmaßnahmen

Um die zuvor genannten Erfolgswirkungen zu erreichen, bedarf es eines effektiven Kampagnenmanagements. Dieses muss zum einen einer stringenten strategischen Ausrichtung folgen und zum anderen effizient umgesetzt werden. Im folgenden Abschnitt wird auf wichtige Aspekte eingegangen, die im Rahmen der Umsetzung von Online-Direktmarketingmaßnahmen beachtet werden sollten.

5.1.2.3 Umsetzung des Onlinedirektmarketings

Die operative Umsetzung hat einen wesentlichen Einfluss auf den Erfolg von Online-Direktmarketingmaßnahmen. So ist der Grat zwischen guten Responseraten und einer negativen Publicity für das werbende Unternehmen nur sehr schmal. Im Folgenden wird der Prozess der Umsetzung des Onlinedirektmarketings zunächst kurz beschrieben. Anschließend werden die einzelnen Phasen detaillierter dargestellt.

Ausgangspunkt für eine erfolgreiche Online-Direktmarketingkampagne ist die Definition ihrer Zielsetzung. Aus der Zielsetzung leiten sich die Zielgruppen ab, die mit der Kampagne erreicht werden sollen. Anschließend erfolgt die Wahl des geeigneten Online-Direktmarketinginstruments. Für eine zielgruppenspezifische Ansprache der Verbraucher ist ein effizientes Adressmanagement notwendig. Neben der Adressgenerierung und -pflege ist vor allem ein funktionierendes Database-Marketing von hoher Bedeutung.

Im Rahmen des Database-Marketing werden die Adressen mit weiteren Informationen angereichert, damit die Ansprache und das Angebot individuell auf den Verbraucher zugeschnitten werden kann. Von zentraler Bedeutung ist die Formulierung der Werbeansprache, worunter insbesondere die Inhalte, die Gestaltung sowie der Grad der Personalisierung verstanden werden. Abschließend erfolgt eine Kontrolle des Erfolgs der Online-Direktmarketingkampagne. Die einzelnen Schritte im Rahmen einer Online-Direktmarketingkampagne und die dazugehörigen Aufgaben sind in Abbildung 87 dargestellt.

Abbildung 87:   Umsetzung von Onlinedirektmarketing

Aufgrund der vergleichsweise hohen Bedeutung des Onlinedirektmarketings auf E-Mail-Basis wird im Folgenden insbesondere auf diese Form des Onlinedirektmarketings eingegangen. Die Ausführungen lassen sich aber auch auf die anderen technischen Umsetzungsformen von Onlinedirektmarketing übertragen bzw. adaptieren.

▓ Zielsetzung von Online-Direktmarketingkampagnen

Der Prozess einer Online-Direktmarketingkampagne beginnt mit der Zielformulierung. Grundsätzlich ist es möglich, die folgenden Ziele einer Online-Direktmarketingkampagne zu unterscheiden:[1]

- Neukundengewinnung,

- Kundenrückgewinnung,

- Kundenbindung,

- Markenmanagement,

- Produktverkauf,

- Marktforschung und -test,

- Service und

- Vertriebsunterstützung.

Nach der Zieldefinition wird im nächsten Schritt die anzusprechende Zielgruppe bestimmt. Im Rahmen der Zielgruppendefinition sollten explizite Segmentierungsvariablen festgelegt werden, anhand derer die anvisierten Kunden und Interessenten selektiert werden. Da die Kosten von Onlinedirektmarketing aufgrund der nicht anfallenden Druck- und der geringeren Versandkosten üblicherweise wesentlich niedriger sind als die von klassischen Direktmarketingmaßnahmen, ist es möglich, auch kleine Zielgruppen spezifischer anzusprechen, die früher aufgrund hoher Kosten nicht gezielt oder gar nicht kontaktiert wurden. Je homogener eine Zielgruppe hinsichtlich ihrer Bedürfnisse und Erwartungen ist, desto besser kann das Direktmarketing auf die jeweilige Zielgruppe abgestimmt werden und desto höher ist auch der zu erwartende Erfolg.[2]

▓ Wahl der Online-Direktmarketinginstrumente

Wie eingangs beschrieben stehen Unternehmen verschiedene Online-Direktmarketinginstrumente zur Verfügung. Zu den bedeutendsten gehören Mailinglisten, Newsletter, E-Mailings sowie der E-Mail-Abruf. Abhängig von der jeweiligen Situation und dem zur Verfügung stehenden Budget kann die Kombination verschiedener Instrumente eine interessante Alternative darstellen. Ein aufeinander abgestimmter Einsatz der verschie-

---

[1]   Vgl. DDV (2002a), S. 4 ff.
[2]   Vgl. DDV (2002a), S. 6.

denen Instrumente und Maßnahmen ermöglicht eine höhere Reichweite und eine bessere Zielgruppenansprache. So kann beispielsweise mittels eines Hinweises in einer Newsgroup auf einen Newsletter verwiesen werden, um die Abonnentenzahl zu steigern.

▓ Adressmanagement

Für die Individualkommunikation im Onlinedirektmarketing sind analog zum Offlinedirektmarketing persönliche Daten des Empfängers, wie Vor- und Nachname und Adresse, Voraussetzung für die Durchführung der Kampagne. Den Unternehmen stehen verschiedene Möglichkeiten offen, entsprechende Kundendaten zu gewinnen. Informationen zu Bestandskunden können z. B. über die Website eines Unternehmens generiert werden. Zusätzliche Informationen können beispielsweise über Gewinnspiele oder Werbeaktionen mit Gratisangeboten auf der Unternehmenswebsite gesammelt werden.

Die Gewinnung von Kundeninformationen war auch Gegenstand der Studie „Deutschland Online". Die Untersuchungen ergaben, dass die Wirtschaft das Internet bisher kaum zu diesem Zweck nutzt. So gaben nur 18,9 % der Unternehmen an, Kundendaten in hohem oder sehr hohem Ausmaß über das Internet zu generieren. Auch bei den Medienunternehmen wird das Internet zur Kundendatengenerierung nicht stärker eingesetzt. Lediglich 16,2 % der Befragten gaben an, Kundendaten in hohem bzw. sehr hohem Ausmaß online zu generieren. Ähnliches ergab auch die Befragung der Unternehmen der Werbewirtschaft. Nur 18,6 % der Auftraggeber der Werbewirtschaft verwenden das Internet in hohem bzw. sehr hohem Ausmaß zur Sammlung von Informationen über ihre Kunden (vgl. Abbildung 88).

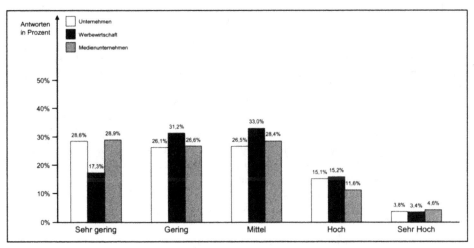

Abbildung 88:   Gewinnung von Kundendaten über das Internet 2002

Viele Unternehmen schenken der Pflege der Kundendatenbanken nur unzureichende Aufmerksamkeit. Häufig kommt es vor, dass interessierte Kunden doppelt, zu spät oder gar nicht angeschrieben werden, weil bei der Datenerhebung Fehler auftreten, kein Dublettenabgleich stattfindet oder die Datenbestände nicht aktualisiert werden. So kann es dazu kommen, dass der Adressat umgezogen oder bereits verstorben ist oder gar kein Interesse an den offerierten Produkten oder Dienstleistungen hat (falls eine Person in die Datenbank aufgenommen wurde, die gar nicht zur Zielgruppe gehört).[1]

Im Rahmen des Permission-based-Marketings können potenzielle Fehlerquellen ausgeschaltet werden. Einerseits kann der Adressat bei Interesse an den Direktmarketingmaßnahmen die Aktualisierung seiner Benutzerdaten bei Umzug oder Änderung seiner E-Mail-Adresse in den meisten Fällen selbst vornehmen. Andererseits kann er durch Eintragung selber entscheiden, wie oft er über welche Themen informiert werden möchte und sich wieder aus der Datenbank austragen, wenn er kein Interesse an den Direktmarketingmaßnahmen mehr hat.

Neben der Verwendung eigener Adressen besteht grundsätzlich die Möglichkeit, Adressen extern zu erwerben. Adressen können über frei zugängliche Quellen wie das Telefonbuch, Branchenverzeichnisse oder aber das Handelsregister gewonnen werden. Daneben bieten auch Adressverlage, Listbroker und andere Unternehmen Adressen gegen Nutzungsgebühren an. Zumeist wird angeboten, die Adressen zur ein- oder mehrmaligen Nutzung zu mieten oder sie zur uneingeschränkten eigenen Nutzung zu kaufen. Eine andere Möglichkeit stellt das Abonnement von Adressen dar. Dieses Verfahren hat den Vorteil, dass der Anbieter regelmäßig aktualisierte Adressen bereitstellt. Bei einer mehrfachen Ansprache der gleichen Zielgruppe innerhalb eines kurzen Zeitraums bietet es sich zudem häufig an, Adressen von einem Anbieter zu leasen.[2]

Der Detaillierungsgrad der Datensätze, die durch die Adressverlage zur Verfügung gestellt werden dürfen, wird durch das Bundesdatenschutzgesetz (BDSG)[3] beschränkt. Neben dem Namen, dem Titel und der Anschrift dürfen die Datensätze nur Merkmale wie Berufs-, Branchen- oder Geschäftsbezeichnungen, das Geburtsjahr sowie Gruppenmerkmale enthalten. Die Weitergabe sensibler Daten, wie religiöse und politische Zugehörigkeit, ist nicht gestattet.[4] Damit die Daten für Direktmarketing verwendet werden dürfen, muss gesichert sein, dass sich die in den Datenbanken enthaltenen potenziellen Adressaten damit einverstanden erklärt haben, von Dritten Onlinedirektwerbung zu erhalten. Aus diesem Grund stellt die Seriosität des Adressanbieters einen wichtigen Faktor bei der Auswahl des Datenlieferanten dar.

---

[1] Vgl. Absolit (2002), S. 78.

[2] Vgl. DDV (2003c).

[3] Das Bundesdatenschutzgesetz, in der Fassung vom 23. Mai 2001, setzt die Europäische Datenschutzrichtlinie (95/46/EG) vom 24. Oktober 1995 um.

[4] Siehe § 28 Abs. 3 Nr. 3 BDSG.

Unternehmen verwalten die Ihnen zur Verfügung stehenden Adressen in Kunden- oder Marketingdatenbanken. Durch das Management dieser Datenbanken (List-Management) soll sichergestellt werden, dass neue Daten korrekt eingelesen, keine syntaktisch falschen Adressen verwendet und Dubletten vermieden werden. Ungültige Adressen müssen aus der Datenbank eliminiert werden (Bounce-Management). Als „Bounce" wird eine Protokolldatei bezeichnet, die automatisch generiert und zur Absenderadresse des Online-Direktwerbetreibenden zurückgesendet wird, wenn die eingehende E-Mail nicht zustellbar ist.

Diese Protokolldatei wird automatisiert vom zur E-Mail-Adresse des Adressaten gehörenden Posteingangsserver erstellt, wenn der korrespondierende E-Mail-Account nicht mehr besteht (Hard-Bounce) oder der Account temporär nicht erreichbar ist (Soft-Bounce). Im Fall einer vorübergehenden Störung erfolgt die Zustellung zumeist nach einem vorgegebenen Zeitintervall erneut. Anhand der zurückkommenden Bounces (also der Rückläufer) kann die Aktualität der Datensätze geprüft werden. Bei einem Hard-Bounce kann der korrespondierende Kunde nicht mehr online angesprochen werden.

Für den Fall, dass keine Offlinekontaktdaten bestehen, kann der Kunde nicht mehr erreicht werden. In diesem Fall sollte der jeweilige Datensatz eliminiert werden. Da häufig eine Vielzahl von potenziellen Kunden in Online-Direktmarketingkampagnen angesprochen wird, bietet sich eine automatische Bearbeitung der Rückläufer zur Adressdatenpflege an. Bei Kampagnen, in denen mehrere hunderttausend Adressaten angesprochen werden, nimmt die manuelle Bearbeitung der Bounces andernfalls sehr viel Zeit in Anspruch. Sie ist zudem fehleranfälliger als moderne, automatisierte Abgleichverfahren.

Durch Bounce-Management können somit unzustellbare Adressen automatisch aus den Verteilern entfernt und die Datenbasis aktuell gehalten werden.[1] Die automatische Adressdatenpflege sollte aber schon früher einsetzen. So ist es bei der Eingabe der Informationen durch die Interessenten möglich, über Kontrollfunktionen Syntaxfehler automatisch zu erkennen, zu unterbinden (z. B. Unzulässigkeit von Buchstaben bei der Postleitzahl und dem Wohnort) oder zu korrigieren (beispielsweise durch Abgleich von Postleitzahl und Wohnort).

Im Laufe der Zeit kann es sein, dass der Kunde sein Interesse an einem Dienst verliert und seine Einwilligung zum Onlinedirektmarketing widerrufen möchte. Deshalb sollte dem Kunden in allen E-Mails verdeutlicht werden, dass die Werbung mit seinem Einverständnis bzw. auf seinen Wunsch hin erfolgt und dass er sie bei Nichtgefallen jederzeit wieder abbestellen kann. Durch diesen Hinweis wird nicht nur eine gesetzliche Anforderung im Rahmen des Permission-based-Marketings erfüllt. Auch die Qualität der Adressdaten wird erhöht, und es werden bessere Responsequoten erreicht.

---

[1]   Vgl. Adjoli (2002), S. 81.

Zur erfolgreichen Anwendung des Direktmarketings und zum effizienten Betreiben des Database-Marketings bedarf es eines funktionierenden Informations- und Marktbearbeitungssystems.[1] So müssen anhand von Filterkriterien die Adressen selektierbar sein, um die identifizierte Zielgruppe einer Kampagne zu erreichen. Database-Marketing ermöglicht, auf Basis vorher festgelegter Kriterien Daten zu filtern, um den entsprechenden Kunden per Anruf oder Mailing gezielte Angebote zu unterbreiten. Dazu ist es notwendig, die in der Kundendatenbank erfassten Informationen über spezielle Analysemethoden (Data-Mining) für Online-Direktmarketingzwecke vorzubereiten und zur Verfügung zu stellen.

Damit eine möglichst individuelle Ansprache gewährleistet werden kann, sollten möglichst viele Daten über den Kunden gesammelt und kontinuierlich aktualisiert werden. Zudem kann es sinnvoll sein, Profile mit zusätzlichen internen und externen Datenquellen anzureichern. Oftmals verfügt das Unternehmen nur über die im Rahmen des Permission-based-Marketings erhobene E-Mail-Adresse sowie wenige Profilangaben des Kunden wie Name, Geschlecht und Alter. Diese Minimalangaben reichen zwar für eine persönliche Ansprache des Interessenten aus, nicht jedoch für eine weit gehende Personalisierung des Angebots.

Durch Verknüpfung mit internen und externen Datenbanken können die Adressinformationen um demografische und lifestylebezogene Daten ergänzt werden. So können eventuell weitere Informationen zum Freizeitverhalten, den Interessen und Hobbys, vor allem aber zum Kaufverhalten des Kunden gewonnen werden.[2] Auf Grundlage einer breiten Datenbasis kann das Onlinedirektmarketing besser auf die Interessen des Adressanten ausgerichtet und die Effizienz der Kampagne gesteigert werden. Ein effektives Database-Marketing ist also die Voraussetzung für die Personalisierung des Onlinedirektmarketings sowie für eine weit gehende Ausrichtung der Angebotsgestaltung auf die Präferenzen des Kunden.

Im Rahmen der Studie „Deutschland Online" wurde untersucht, inwieweit deutsche Unternehmen zurzeit Kundendaten einsetzen, um ihre Angebote an die Präferenzen ihrer Kunden anzupassen, oder beabsichtigen, dies in Zukunft zu tun. Im Jahr 2002 verwendeten mehr als die Hälfte aller befragten Unternehmen Kundendaten nur in geringem bis sehr geringem Ausmaß zu diesem Zweck (vgl. Abbildung 89). Jedoch erwarten etwa 40 % der Unternehmen und der Medienunternehmen im Jahr 2005 Kundendaten in hohem oder sehr hohem Umfang zur Individualisierung ihrer Angebote zu nutzen (vgl. Abbildung 90).

---

[1]   Vgl. Homburg/Krohmer (2003), S. 665 f.
[2]   Vgl. Meffert (2000), S. 744 ff.

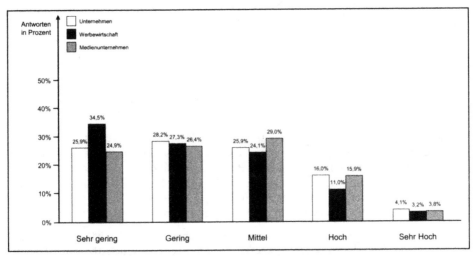

Abbildung 89:   Nutzung von Kundendaten zur Angebotsgestaltung 2002

Die Unternehmen in Deutschland haben die Vorteile des Einsatzes von Kundendaten im Rahmen der Angebotsgestaltung inzwischen erkannt. Dennoch werden zurzeit Kundendaten nur in geringem Umfang genutzt, um personalisiertes Onlinedirektmarketing zu betreiben. Da die Personalisierung ein wichtiger Faktor für den Erfolg von Onlinedirektmarketing ist, sollten Unternehmen die systematische Erschließung und Nutzung von Kundendaten intensivieren.

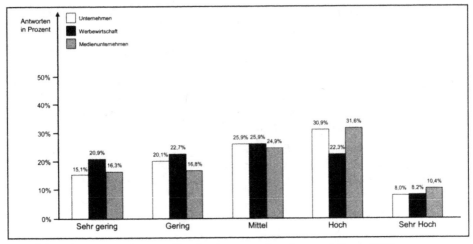

Abbildung 90:   Nutzung von Kundendaten zur Angebotsgestaltung 2005

■ Realisierung von Online-Direktmarketingkampagnen

Für die erfolgreiche Durchführung von Online-Direktmarketingkampagnen ist neben den zuvor behandelten Punkten die Ausgestaltung der Instrumente besonders wichtig. Dabei geht es vor allem um die Frage, wie beispielsweise ein Newsletter oder ein E-Mailing gestaltet sein sollte, um den größtmöglichen Erfolg zu gewährleisten. Neben den passenden Inhalten und Angeboten sind vor allem die Präsentation, die Personalisierung und der Versand entscheidend.

Zunächst sollte Onlinedirektmarketing die richtigen Informationen vermitteln. Mögliche Inhalte sind dabei Einladungen zu Veranstaltungen, Spezialangebote für treue Kunden und Abonnenten, Unternehmens- und Produktinformationen, Marktanalysen oder Trendberichte. Neben internen Bezugsquellen, wie der Marketingabteilung des Unternehmens, kommen auch externe Informationsquellen in Betracht. Hier kommt vor allem Content in Frage, der exklusiv für ein Unternehmen recherchiert und erstellt wurde.[1]

So bietet beispielsweise der Axel Springer Verlag über seinen Geschäftsbereich Infopool Fotos, Fakten und Presseartikel als Bausteine für redaktionelle Arbeiten an. Durch Mitarbeiter mit langjähriger Recherche- und Branchenerfahrung werden aufbereitete Informationen und Bilder zu Ereignissen, Personen und Fakten bereitgestellt. Externen Interessenten stehen nach Registrierung eine Artikeldatenbank, eine biografische Datenbank, eine Filmdatenbank sowie verschiedene Bilddatenbanken zur Verfügung.[2]

Ein weiterer Gestaltungsparameter von Online-Direktmarketingmaßnahmen ist die Einsatzfrequenz, insbesondere die von Newslettern. So sind tägliche, wöchentliche, monatliche oder noch längere Intervalle möglich. Neben regelmäßigen Intervallen sind auch eventgesteuerte Online-Direktmarketingmaßnahmen denkbar. Auch der Zeitpunkt der Zustellung ist für den Erfolg einer Online-Direktmarketingmaßnahme wichtig. So muss ein Zeitpunkt gefunden werden, zu dem der Adressat daran interessiert ist, sich mit dem Onlinedirektinstrument auseinander zu setzen.

Wichtig ist auch die Form der Präsentation. So sollten die E-Mails kurz und übersichtlich sein und über eine aussagekräftige Betreffzeile verfügen. Die Betreffzeile muss sorgsam gewählt werden, da sie wie die Absenderinformation sichtbar ist, bevor der Adressat die E-Mail öffnet. In der Regel ist es sinnvoll, nur eine Nachricht pro Online-Direktmarketingaktion zu versenden, insbesondere wenn man E-Mailings durchführt oder Chat- und Messenger-Dienste verwendet werden.

Die Positionierung der einzelnen Elemente, die Länge der Texte sowie die Einbindung von Bildern spielen eine wichtige Rolle für die Werbewirkung von Newslettern. Weiterhin sollten die versendeten Dateien nicht zu groß sein und über komplette Absenderan-

---

[1]   Vgl. Emarsys (2002), S. 83.
[2]   Vgl. Axel Springer Verlag (2003).

gaben (Signaturdatei) verfügen. Die Absenderangaben sind gesetzlich vorgeschrieben, da gemäß dem Teledienstgesetz (TDG) für den Empfänger jederzeit erkennbar sein muss, wer der Anbieter der Information ist (§ 7 Nr. 2 TDG). Bei der Gestaltung der Texte sind Schreibstil und Tonalität (positiv, humorvoll, technisch) sorgsam zu wählen. Darüber hinaus ist die Ausgestaltung der formalen Elemente zu berücksichtigen. Fehler in der Rechtschreibung, der Zeichensetzung, der Groß- und Kleinschreibung, der Grammatik oder im Wortgebrauch sind unter allen Umständen zu vermeiden. Alle Elemente sind dabei auf das Corporate-Design des Unternehmens abzustimmen, um einen Wiedererkennungseffekt zu erzielen.

Für E-Mail-basiertes Onlinedirektmarketing sind verschiedene technische Formate möglich. Die wichtigsten sind Plain-Text und HTML. Bei der Umsetzung ist darauf zu achten, dass verschiedene E-Mail-Programme in der Lage sind, die Dateien ordnungsgemäß darzustellen. Um Probleme bei der Darstellung zu vermeiden, ist eine Kodierung einer HTML-basierten E-Mail im Multipart-Format sinnvoll. HTML erlaubt eine aufwändigere Gestaltung der E-Mail, um die Aufmerksamkeit des Verbrauchers zu steigern. So ist es möglich, Hyperlinks in den Text aufzunehmen, die auf weiterführende Internetseiten verweisen. Die Verlinkung erhöht auch die Responsemöglichkeit durch den Adressaten. Dabei ist die Gestaltung der Landing-Page, also der Seite, auf die der User gelenkt wird (wo der User „landet") entscheidend. Darüber hinaus sind auch multimediale Anreicherungen um Audio, Video oder 3D-Produktdarstellungen möglich.

Bei der Einbindung der multimedialen Elemente in eine E-Mail unterscheidet man zwei Verfahren. Bei Attachments handelt es sich um Anlagen, die einer E-Mail beigefügt werden. So kann eine Grafikdatei angehängt werden, damit das Bild innerhalb der E-Mail auch im Offlinemodus darstellbar ist. Ein Nachteil ist allerdings die große Datenmenge, die beim Abruf durch den Interessenten übertragen werden muss. Als Alternative bieten sich deshalb so genannte Pull-Files an. Als Pull-Files werden Dateien bezeichnet, die auf einem Webserver abgelegt sind und beim Öffnen der E-Mail auf den Rechner des Adressaten ausgespielt werden (dieser Vorgang wird über Befehle im HTML-Quelltext beim Öffnen der E-Mail ausgelöst). Die Pull-Files sind also nicht Bestandteil der E-Mail selber. Dies hat den Vorteil, dass der Datenumfang der zu versendenden E-Mail geringer bleibt. Jedoch funktioniert das Verfahren nur, wenn der User beim Lesen der E-Mail online ist.

In der Studie „Deutschland Online" wurde untersucht, welche Gestaltungselemente positiv auf die Akzeptanz und den Erfolg von Online-Direktmarketinginstrumenten wirken. Sowohl die Unternehmensgruppen als auch die Bürger wurden dazu befragt. Folgende Gestaltungselemente waren Bestandteil der Untersuchung: Interaktive Elemente, multimediale Elemente, die persönliche Ansprache und die Individualisierung anhand der Kundendaten und der Kaufhistorie. Zuerst werden die Ergebnisse aus den Unternehmensbefragungen dargelegt. Den Einsatz interaktiver Elemente, wie z. B. Hyperlinks, halten die Befragten für sehr bedeutend. 51,4 % der Unternehmen, 56,3 % der Unternehmen der Werbewirtschaft sowie 49,3 % der Medienunternehmen gaben an, dass interaktive Gestaltungselemente für den Erfolg und die Akzeptanz von Online-Direktmarketinginstrumenten wichtig oder sehr wichtig seien (vgl. Abbildung 91).

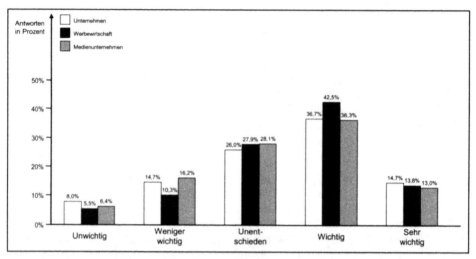

Abbildung 91:   Einsatz von interaktiven Elementen im Onlinedirektmarketing

In der Gruppe der Unternehmen wurden neben interaktiven auch multimediale Gestaltungselemente auf ihre Bedeutung untersucht. Zu den multimedialen Gestaltungselementen zählen Features wie 3D-Produktdarstellungen oder die Einbettung von Videosequenzen. Im Vergleich zu interaktiven Elementen sind multimediale Elemente aus Sicht der Unternehmen von geringerer Bedeutung für die Akzeptanz von Onlinedirektmarketing; nur 26,8 % der Befragten halten sie für wichtig oder sehr wichtig (vgl. Abbildung 92).

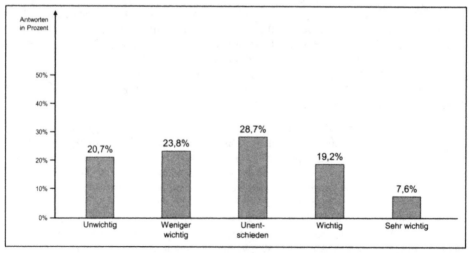

Abbildung 92:   Einsatz von multimedialen Elementen im Onlinedirektmarketing (Unternehmen)

Neben interaktiven Gestaltungselementen wird auch der Personalisierung hohe Bedeutung für den Erfolg von Onlinedirektmarketing zugesprochen. Der Begriff Personalisierung bezeichnet die auf jeden einzelnen Kunden abgestimmte Gestaltung von Online-Direktmarketinginstrumenten. Bestandteil der Personalisierung sind die persönliche Ansprache des Kunden durch das Online-Direktmarketinginstrument und die vorhergehende Auswertung der individuellen Kundendaten. Bei den Kundendaten handelt es sich zum einen um die persönlichen Daten, z. B. Name oder Alter, zum anderen auch um Informationen, die aus seinem Kaufverhalten gewonnen werden können.

Der Erfolgsbeitrag der Personalisierung wird von allen Befragten sehr hoch eingeschätzt. Fast 80 % der Unternehmen halten die persönliche Ansprache für wichtig oder sehr wichtig, um die Akzeptanz und den Erfolg von Online-Direktmarketingmaßnahmen sicherzustellen. Ähnlich sind die Einschätzungen der befragten Unternehmen aus der Werbewirtschaft (84,8 %) sowie der Medienunternehmen (80,8 %). Abbildung 93 zeigt die Einschätzung der Unternehmensgruppen im Überblick.

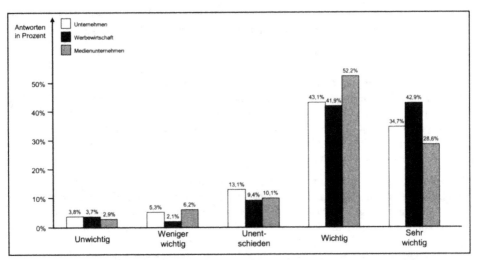

Abbildung 93:   Bedeutung der persönlichen Ansprache im Onlinedirektmarketing

Um die individuelle Ansprache der Kunden zu ermöglichen, sollten die vorliegenden Kundendaten nach persönlichen Merkmalen wie Name, Alter oder Präferenzen (z. B. Freizeitaktivitäten) ausgewertet werden. So kann die Tonalität einer E-Mail auf den Lebensstil des Empfängers abgestimmt werden. Darüber hinaus ist es möglich, die Angebote selbst an die vermuteten Vorlieben des Empfängers anzupassen und auf diese Weise die Kaufwahrscheinlichkeit zu erhöhen.

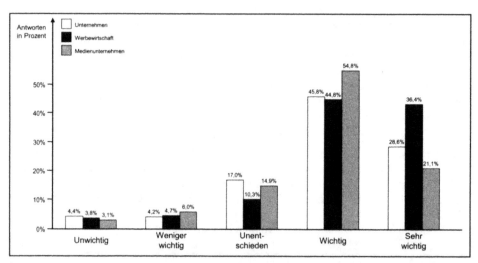

Abbildung 94:   Bedeutung der systematischen Nutzung der Kundendaten zur Ansprache und Angebotsgestaltung

Alle befragten Gruppen räumen der systematischen Nutzung der Kundendaten hohe Bedeutung für den Erfolg von Online-Direktmarketingmaßnahmen ein. Besonders groß ist
die Zustimmung unter den Unternehmen der Werbewirtschaft; 81,2 % der Befragten halten die systematische Nutzung von Kundendaten für wichtig oder sehr wichtig. Auch
Unternehmen (74,4 %) und Medienunternehmen (75,9 %) stimmen dieser Auffassung in
hohem Maß zu (vgl. Abbildung 94).

Eine weitere Möglichkeit, Informationen zur Personalisierung von Online-Direktmarketingmaßnahmen zu erhalten, ist die Analyse des Kaufverhaltens der Adressaten. Eine
Analyse ist allerdings nur möglich, wenn es sich nicht um Neukunden, sondern um Bestandskunden handelt, von denen bereits Kaufinformationen vorliegen. So können z. B.
Kundengruppen mit ähnlichen Vorlieben gebildet werden. Jeder Kunde wird in eine dieser Gruppen eingeordnet, Angebote werden dann auf Basis des Kaufverhaltens der anderen Gruppenmitglieder ausgesprochen. Grundlage dieser Analysen ist die Kaufhistorie
der einzelnen Kunden.

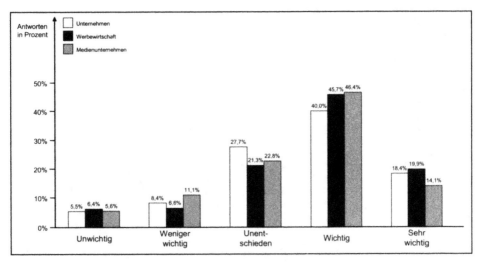

Abbildung 95:   Bedeutung der Nutzung der Kaufhistorie zur Ansprache und Ange-
                 botsgestaltung

Der Analyse der Kaufhistorie misst die Mehrheit der Befragten hohe Bedeutung für den
Erfolg von Online-Direktmarketingmaßnahmen bei. Im Vergleich mit der Nutzung der
Kundendaten fällt die Zustimmung jedoch niedriger aus. Von den Unternehmen der
Werbewirtschaft halten 65,6 % die Analyse der Kaufhistorie für wichtig oder sehr wich-
tig. Bei den Unternehmen sind es 58,4 %, Medienunternehmen stimmen dieser Auffas-
sung zu 60,5 % zu (vgl. Abbildung 95).

Aus Sicht der Unternehmen, der Werbewirtschaft und der Medienunternehmen sind interaktive Gestaltungselemente und die systematische Nutzung der Kundendaten für den
Erfolg von Online-Direktmarketingmaßnahmen am wichtigsten. Zwar stimmt die Mehrheit der Befragten ebenfalls der Ansicht zu, dass die Analyse der Kaufhistorie einen hohen Einfluss auf den Erfolg hat, allerdings ist die Zustimmung nicht so hoch wie bei den
ersten beiden Gestaltungsparametern. Der Einsatz multimedialer Elemente ist nur aus
Sicht einer kleinen Gruppe ausschlaggebend für den Erfolg.

Die Ergebnisse der Befragung der Bürger im Rahmen der Studie „Deutschland Online"
zeichnen bezüglich der Erfolgsfaktoren von Online-Direktmarketingmaßnahmen ein an-
deres Bild. Für die Bürger ist die Bedeutung der persönlichen Ansprache bei Online-
Direktmarketingmaßnahmen wesentlich geringer als für Unternehmen. Nur für 32,9 %
der Befragten ist die persönliche Ansprache für die Akzeptanz von Online-Direktmarketingmaßnahmen wichtig oder sehr wichtig (vgl. Abbildung 96).

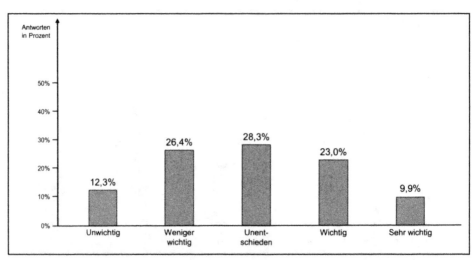

Abbildung 96:   Bedeutung der persönlichen Ansprache für die Akzeptanz von Online-
                 Direktmarketingmaßnahmen (Bürger)

Aus Sicht der Bürger scheint die Orientierung der Angebotsgestaltung an ihren Vorlieben wichtiger zu sein als die persönliche Ansprache. Für 44,2 % der befragten Kunden
ist dies ein wichtiger Aspekt bei der Akzeptanz von Online-Direktmarketingmaßnahmen
(vgl. Abbildung 97).

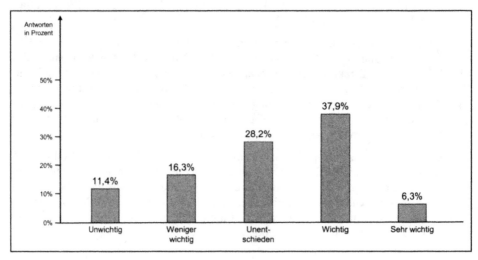

Abbildung 97:   Bedeutung der Orientierung der Angebotsgestaltung an den Präferen-
                 zen und der Kaufhistorie bei Online-Direktmarketingmaßnahmen

Personalisierung ist ein wichtiger Faktor für den Erfolg von Online-Direktmarketing-maßnahmen. Sowohl für Bürger als auch für Unternehmen, die Werbewirtschaft und die Medienunternehmen ist die Abstimmung des Angebots auf die Präferenzen der Kunden besonders wichtig. Zu diesem Zweck scheint der Auswertung der Kundendaten höhere Bedeutung beigemessen zu werden als einer Analyse des bisherigen Kaufverhaltens. Darüber hinaus sollten Online-Direktmarketinginstrumente mit interaktiven Elementen versehen werden, um den Empfängern einen direkten Zugriff auf die Internetpräsenz des Absenders zu ermöglichen.

▓ Kontrolle von Online-Direktmarketingmaßnahmen

Schlusspunkt einer Online-Direktmarketingmaßnahme ist die Erfolgskontrolle. Zur Messung des Erfolgs können z. B. Öffnungsraten von E-Mails, erfolgreiche Zustellungen (wenige Bounces), Abmeldungen durch den User oder Klicks auf in der Onlinedirektwerbung integrierte Hyperlinks herangezogen werden.[1] Die erfolgreiche Zustellung wird mittels der Bounces gemessen. Treten nur wenige Bounces auf, sind die Adressdaten von hoher Qualität. Die Öffnungsrate gibt Auskunft darüber, ob eine Werbe-E-Mail durch den Adressaten geöffnet oder direkt gelöscht wurde.

Eine Messung der Öffnungsrate ist nur bei E-Mails im HTML-Format möglich, bei denen zur Darstellung der Inhalte Elemente, wie z. B. Bilder, vom Ad-Server auf den Rechner des Adressaten ausgespielt werden (diese werden über Befehle im HTML-Quelltext beim Öffnen der E-Mail angefordert) oder bei E-Mails, die Hyperlinks enthalten. Allerdings funktioniert die Messung nur, wenn der Adressat beim Lesen der E-Mail online ist. Im ersten Fall kann die Anzahl der Anforderungen der Bilder vom Ad-Server mit der Anzahl der User, die die E-Mail (online) gelesen haben, gleichgesetzt werden. Werden die Verknüpfungen im Quelltext mit Parametern versehen, anhand derer der Adressat individuell identifiziert werden kann, ist es sogar möglich, festzustellen, welche Adressaten die E-Mail aufgerufen haben.

Im zweiten Fall kann anhand der Aufrufe der Websites, die mit den in der E-Mail enthaltenden Hyperlinks korrespondieren, die Anzahl der Klicks von Adressaten auf Hyperlinks in den E-Mails bestimmt werden. Werden die Hyperlinks mit entsprechenden Parametern versehen, kann wiederum exakt festgestellt werden, welche Adressaten die E-Mail geöffnet und auf darin enthaltene Hyperlinks geklickt haben. Über eine Log-File-Analyse kann das werbetreibende Unternehmen feststellen, welche Informationen für welche Adressaten relevant sind bzw. wie interessiert die Adressaten insgesamt am jeweiligen Thema sind. Eine weitere wichtige Kennzahl ist die Anzahl der Abmeldungen vom angebotenen Instrument (beispielsweise die Abmeldung von einem Newsletter).[2]

---

[1]   Vgl. Büttner (2002b), S. 8.
[2]   Vgl. Sheehan/Hoy (1999), S. 37 f.

Anders als bei klassischen Direktmarketinginstrumenten kann ein präzises Marketing-
controlling in weiten Teilen vollautomatisch erfolgen. Daten zum Verhalten des Adressaten können auf den Servern automatisiert erfasst werden. Das Unternehmen kann jederzeit aktuelle Reports von laufenden Kampagnen generieren und sie zur weiteren
Steuerung der laufenden oder zur Planung zukünftiger Aktivitäten benutzen. Beispielsweise können Logfiles von Ad-Servern automatisiert nach vordefinierten Merkmalen
untersucht werden. Auf Basis der gewonnenen Daten können die Direktmarketingmaßnahmen besser auf die verschiedenen Adressaten abgestimmt werden. Jede Interaktion
mit dem Kunden kann ohne zusätzlichen Aufwand festgehalten und anschließend hinsichtlich wichtiger Indikatoren für die individuelle Angebotsgestaltung analysiert werden.

▒ Nutzung externer Dienstleister

Wie die Ergebnisse der Studie „Deutschland Online" zeigen, ist die Nutzung von Kundendaten aus der Perspektive der Wirtschaft ein wichtiger Erfolgsfaktor für das Onlinedirektmarketing (vgl. Abbildung 94 und Abbildung 95). Allerdings setzt die Wirtschaft
bisher nur in einem sehr geringen Umfang Kundendaten zur Anpassung der Angebote
an die Präferenzen der Kunden ein (vgl. Abbildung 89). Auch wenn die Nutzungsintensität künftig zunehmen wird (vgl. Abbildung 90), muss hinterfragt werden, worin der
Grund für diese Diskrepanz liegt. Mögliche Ursachen für die derzeit noch geringe Nutzung von Kundendaten im Rahmen der Angebotsgestaltung könnten fehlende technische
Voraussetzungen sowie mangelndes Know-how zur Durchführung von individuellen
Direktmarketingkampagnen sein.

In der Studie „Deutschland Online" wurde deshalb untersucht, inwieweit in den Unternehmen die notwendige technologische Basis für die Umsetzung von Online-Direktmarketingkampagnen vorhanden ist. Die Studie ergab, dass den meisten Unternehmen
die technologischen Grundlagen fehlen. So verfügen nur 26,3 % der Unternehmen,
26,9 % der Unternehmen aus der Werbewirtschaft sowie 25,4 % der Medienunternehmen über die notwendige technologische Basis in hohem bzw. sehr hohem Maße (vgl.
Abbildung 98).

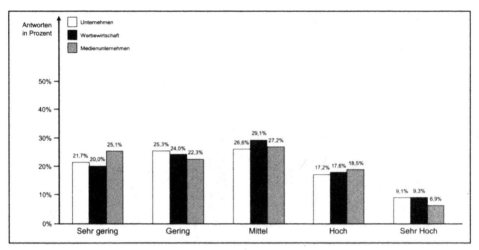

Abbildung 98: Technologische Basis für Online-Direktmarketingmaßnahmen

Darüber hinaus wurde untersucht, inwieweit die Mitarbeiter der Unternehmen das notwendige Know-how für die Durchführung von Online-Direktmarketingkampagnen besitzen. Spezifisches Know-how wird nicht nur für die Bedienung und Wartung der Systeme, sondern auch zur kundenspezifischen Gestaltung der Online-Direktmarketingkampagnen benötigt. Weiterhin ist umfangreiches (insbesondere juristisches) Wissen im Bereich des Permission-based-Marketings erforderlich.

Die Ergebnisse der Studie zeigen, dass die Voraussetzungen bei den Befragten aus der Wirtschaft nur eingeschränkt gegeben sind. So gaben lediglich 26,0 % der Untenehmen, 29,8 % der Unternehmen der Werbewirtschaft und 24,9 % der Medienunternehmen an, dass ihre Mitarbeiter in hohem oder sehr hohem Maß über das notwendige Know-how zur Durchführung von Online-Direktmarketingkampagnen verfügen (vgl. Abbildung 99).

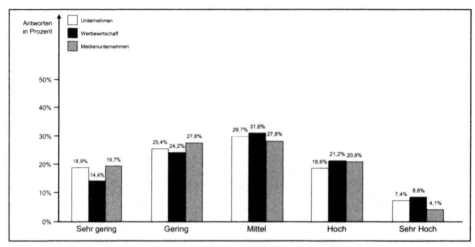

Abbildung 99:   Know-how der Mitarbeiter zur Durchführung von Online-Direktmarketingmaßnahmen

Um Onlinedirektmarketing eigenständig durchführen zu können, müssen Investitionen
in Hard- und Software getätigt werden. Unternehmen, die nur unregelmäßig Online-
Direktmarketingkampagnen durchführen möchten und nicht über das notwendige
Know-how für die Durchführung verfügen, sollten daher ihre Online-Direktmarketingmaßnahmen an spezialisierte Dienstleister outsourcen, um sich besser auf die eigenen
Kernkompetenzen konzentrieren zu können. Am Markt gibt es für alle Phasen der Umsetzung spezialisierte Dienstleister, angefangen von Beratungsdienstleistern über Ad-
ressanbieter bis hin zu Anbietern für die Technologie- bzw. Kampagnen-Umsetzung.

Die Studie „Deutschland Online" hat vor diesem Hintergrund überprüft, inwieweit die
Unternehmen Interesse haben, ihre Online-Direktmarketingkampagnen über Partner und
technische Dienstleister abzuwickeln oder sich bei der Durchführung von externen Ser-
viceanbietern unterstützen zu lassen. Wie Abbildung 100 zeigt, ist das Interesse der
Wirtschaft am Outsourcing einzelner Teilsegmente im Bereich des Onlinedirektmarketings nur sehr schwach ausgeprägt. So haben 61,4 % der Unternehmen nur ein geringes
bis sehr geringes Interesse an der Abwicklung über Partner oder technische Dienstleister. Ähnlich stellt sich das Bild bei den Unternehmen der Werbewirtschaft und den
Medienunternehmen dar. Hier zeigen 57,1 % bzw. 64,4 % der Befragten nur ein geringes bis sehr geringes Interesse.

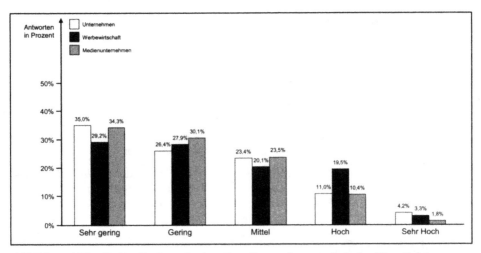

Abbildung 100:   Onlinedirektmarketing über Partner bzw. technische Dienstleister

Viele Unternehmen erfüllen noch nicht die technologischen Voraussetzungen, um On-line-Direktmarketingkampagnen eigenständig durchzuführen. Vor diesem Hintergrund erscheint es erstaunlich, dass nur ein geringer Teil der Unternehmen Online-Direkt-marketingkampagnen von externen Dienstleistern durchführen lassen möchte. Eine Ur-sache für dieses Ergebnis könnte sein, dass sich viele Unternehmen noch nicht der Po-tenziale des Onlinedirektmarketings bewusst sind.

Eine andere mögliche Ursache könnte darin bestehen, dass Entscheidungsträger in eini-gen Unternehmen keine Kenntnis darüber besitzen, dass entsprechende Leistungen überhaupt am Markt angeboten werden. Ein dritter Aspekt, der als Begründung für das mangelnde Interesse am Outsourcing von Onlinedirektmarketing-Dienstleistungen ange-führt werden kann, ist, dass Unternehmen nur ungern ihre Kundendaten an externe Un-ternehmen weitergeben. Da Kundendaten von erheblichem Wert für das Unternehmen sind, kann es sein, dass einige Unternehmen, die intern nicht über die erforderlichen Ressourcen verfügen, ganz darauf verzichten, individuelle Online-Direktmarketing-maßnahmen durchzuführen.

5.1.3   Zukünftige Perspektiven des Onlinedirektmarketings

Die positive Entwicklung des Onlinedirektmarketings wird sich in den nächsten Jahren aller Wahrscheinlichkeit nach weiter fortsetzen. Einen großen Anteil daran dürfte die steigende Anzahl der Haushalte mit Breitbandzugängen haben. Aufwändig gestaltete Werbebotschaften mit einer Vielzahl von multimedialen Inhalten und Funktionen dürften eine höhere Aufmerksamkeit des Verbrauchers auf sich ziehen und den Wirkungs-grad der Werbebotschaften steigern. Darüber hinaus entstehen neue Anwendungspoten-ziale im Bereich des mobilen Direktmarketings.

Auch die Bedeutung des E-Couponing, d. h. des Einsatzes von digitalen Coupons, dürfte in Zukunft weiter zunehmen. So wird nach dem Wegfall des Rabattgesetzes der Coupon nicht nur im Offlinedirektmarketing wieder belebt; er hat auch in der Online-Welt seinen Platz als innovatives Online-Direktmarketinginstrument erobert. Dabei wird die Initiati-ve viel stärker vom Verbraucher ausgehen, da er es sein wird, der die Coupons anfor-dern wird und damit signalisiert, dass er sie auch prinzipiell nutzen will.[1]

Ein wichtiges Problem im Zusammenhang mit der Ausdehnung der Direktmarketingak-tivitäten stellt die Reaktanz der Adressaten dar. Viele Internetnutzer werden regelrecht von Werbe-E-Mails überflutet. Unternehmen sollten deshalb konsequent auf Permis-sion-based-Marketing setzen und versuchen, den Kunden einen Mehrwert durch die Zu-schneidung der Online-Direktmarketingmaßnahmen auf ihre Interessen und Kaufge-wohnheiten zu verschaffen.

Unternehmen sollten folgende Handlungsempfehlungen beachten, um die Erfolgsaus-sichten ihrer Online-Direktmarketingmaßnahmen zu erhöhen:

– Die gesetzlichen Regelungen hinsichtlich des Versands von unaufgeforderten Wer-be-E-Mails sollten durch die Unternehmen beachtet werden. Es empfiehlt sich, bei Onlinedirektmarketing konsequent auf Permission-based-Marketing zu setzen. Diese Strategie erfüllt die gesetzlichen Anforderungen und ist geeignet, eine positive Ein-stellung der Verbraucher gegenüber den verschiedenen Online-Direktmarketing-instrumenten aufzubauen.

– Die Internetpräsenz der Unternehmen sollte stärker genutzt werden, um Adressen von Verbrauchern zu generieren. Sie sollte im verstärkten Maße auch zur Sammlung weiter gehender Informationen genutzt werden.

– Die Nutzung aller zur Verfügung stehenden Informationen über den Kunden sollten die Unternehmen durch den Aufbau entsprechender Datenbanken vorantreiben. Nur durch Verknüpfung aller intern verfügbaren Daten und deren Anreicherung mithilfe externer Datenquellen wird ein effektives Onlinedirektmarketing möglich. Dabei sollte insbesondere der Pflege der Datensätze Aufmerksamkeit geschenkt werden.

– Unternehmen sollten die verschiedenen Direktmarketinginstrumente kombiniert ein-setzen und das Onlinedirektmarketing in den Mix ihrer verschiedenen On- und Off-line-Kommunikationsinstrumente integrieren.

---

[1] Vgl. go4emarketing (2003).

– Unternehmen stehen vor der Entscheidung, eigene Kompetenzen für die Durchführung von Onlinedirektmarketing aufzubauen oder die Prozesse outzusourcen, d. h. auf externe Dienstleister zurückzugreifen. Im Rahmen der Entscheidungsfindung sollten insbesondere die erwartete Frequenz der Online-Direktmarketingmaßnahmen und die Sensitivität der Kundendaten beachtet werden.

5.1.4   Fallstudie Quelle AG[1]

Die KarstadtQuelle AG ist Europas größter kombinierter Warenhaus- und Versandhandelskonzern. Der Konzern umfasst vier Geschäftsfelder: Versandhandel, stationärer Einzelhandel, Dienstleistungen und Immobilien. Der Versandhandel der KarstadtQuelle-Gruppe bildet das umsatzstärkste Geschäftsfeld. Er machte im Jahr 2002 52,0 % des Konzernumsatzes aus. Dabei ist das Unternehmen sowohl im Universalversand (Quelle, Neckermann sowie Landesgesellschaften in 15 Ländern Europas) als auch im Spezialversand (22 Spezialversender mit Gesellschaften in 19 Ländern) aktiv.

Der stationäre Einzelhandel machte im Jahr 2002 46,4 % des Gesamtumsatzes aus. Dabei ist die KarstadtQuelle AG zum einen mit Warenhäusern (Karstadt, KarstadtSport, KaDeWe, Wertheim, Hertie, Alsterhaus) und zum anderen mit Fachgeschäften (Wehmeyer, Runners Point, Schaulandt, WOM, SinnLeffers, Golf House) am Markt präsent. Die Bereiche Dienstleistung und Immobilien machen zusammen weniger als 2 % des Umsatzes aus.

---

[1]   Die Informationen für die folgende Fallstudie basieren auf Unternehmensangaben im Internet, allgemeinen Publikationen sowie auf Expertengesprächen.

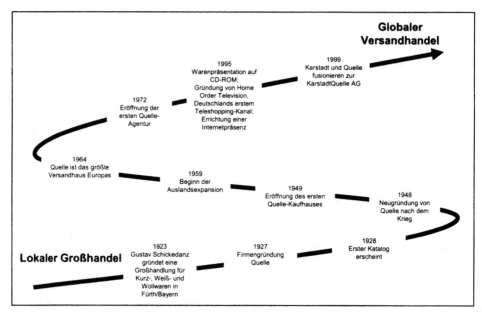

Abbildung 101:   Entwicklung der Quelle AG

Im Bereich des Versandhandels ist die Quelle AG der wichtigste Teilkonzern. Die Quelle AG selbst besteht aus über 100 Tochter- und Beteiligungsgesellschaften. Das Unternehmen unterhält 15 Landesgesellschaften und Exportrepräsentanzen in weiteren 10 Ländern.

In Deutschland beträgt der Marktanteil der Quelle AG rund 20 %. Die Quelle AG setzte von Anfang an auf neue Medien. So greifen monatlich bis zu 6 Millionen Besucher auf die Website quelle.de zu. Damit gehört Quelle zu den Marktführern im Electronic-Commerce in Deutschland. E-Mail-Marketing ist eine von mehreren Varianten des Onlinemarketings, welche die Quelle AG verfolgt. Zentral im Bereich des Onlinemarketings ist das Onlineshoppingportal quelle.de. Daneben bestehen Internetvertriebskooperationen, Onlinefreundschaftswerbung sowie ein umfangreiches Affiliate-Marketing.

Der Schwerpunkt des E-Mail-Marketing liegt auf gesteuerten Werbe- und Informationsaktionen. Dabei kommen neben Newslettern auch E-Mailings und der E-Mail-Dialog zum Einsatz. Der E-Mail-Dialog wird durch den Kunden initiiert und hat in der Regel Bestellungen, Reklamationen, Stornierungen und Lieferanfragen zum Inhalt. Dabei werden ca. 1.400 bis 1.600 E-Mails pro Tag bearbeitet.

Die mit diesen Maßnahmen verfolgten Ziele sind vor allem Neukundengewinnung, Kundenbindung, Marktforschung, Stärkung des Images und Erhöhung der Bekanntheit. Weiterhin sollen durch E-Mail-Marketing eine flexible Abverkaufsplattform aufgebaut sowie ein Mehrwert durch die Online-Offline-Integration geschaffen werden. Ausgangspunkt des E-Mail-Marketing der Quelle AG bildet die Registrierung des Interessenten bei „Meine Quelle". Diese Registrierung ist Grundlage für die Nutzung aller Quelle-Dienste im Internet einschließlich der Nutzung des Onlineshops.

Bei der Registrierung können die Interessenten neben den obligatorischen Daten weitere Angaben für eine weiter gehende Personalisierung und Individualisierung machen (vgl. Abbildung 102). Während des Anmeldeprozesses kann der Interessent sofort die Daten-schutzbestimmungen der Quelle AG einsehen und erfahren, was mit seinen Angaben passiert und wie sie genutzt werden. Sollten sich die hinterlegten Profildaten ändern, hat der Verbraucher die Möglichkeit, diese im Nachgang über „Mein Profil" zu aktualisieren.

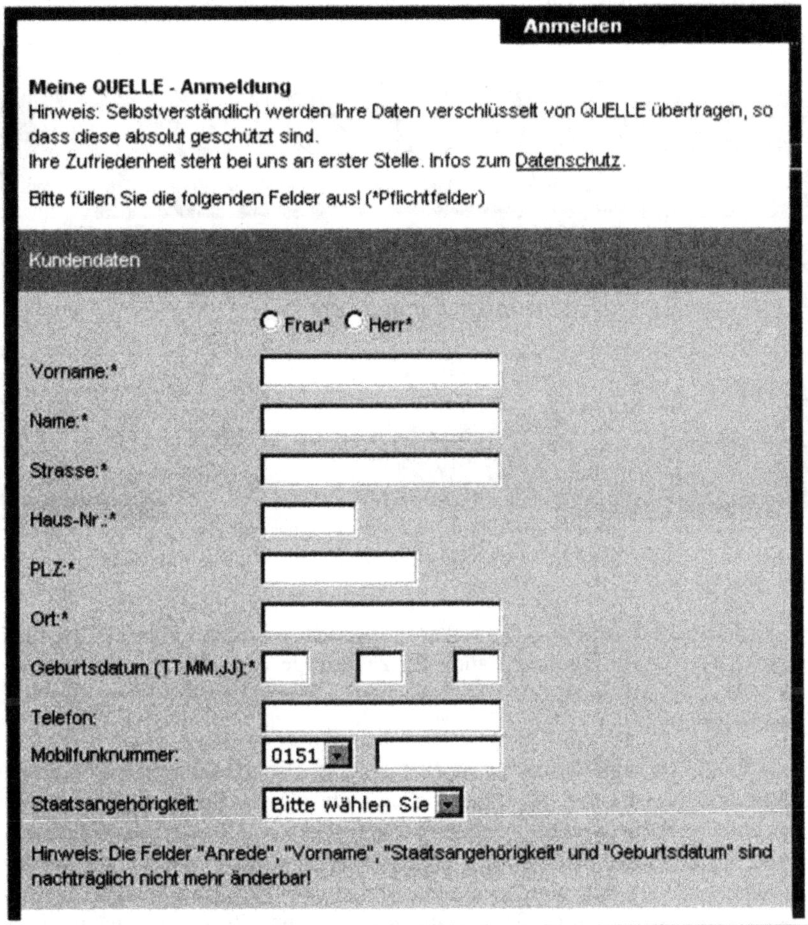

Abbildung 102: Anmeldeformular bei „Meine Quelle"

Im Zuge der Anmeldung werden die Verbraucher auch nach ihrer E-Mail-Adresse befragt. Um einen Anreiz zu geben, diese zu nennen, wird auf nützliche Dienste verwiesen (Bestätigung der Bestellung im Shop, Benachrichtigungsservice „Denk-Dran-Service"), die nur bei Angabe der Daten nutzbar sind. Weiterhin werden die Verbraucher um ihr Einverständnis zur regelmäßigen Information über Neuigkeiten der Quelle AG gebeten (vgl. Abbildung 103).

Das Unternehmen betreibt somit Permission-based-Marketing mittels einer einfachen Opt-in-Regelung. Eine andere Regelung hat die Quelle AG für das klassische Direktmarketing in der Offline-Welt gewählt. Hier behält sich die Quelle AG das Recht vor, die Adressdaten zu Werbezwecken ihrer Konzernunternehmen zu nutzen. Dabei werden keine Daten an die werbenden Unternehmen übermittelt. Alleinige speichernde Stelle bleibt die Quelle AG. Die Nutzung der Daten für Werbezwecke kann der Kunde jederzeit untersagen (Opt-out-Regelung).

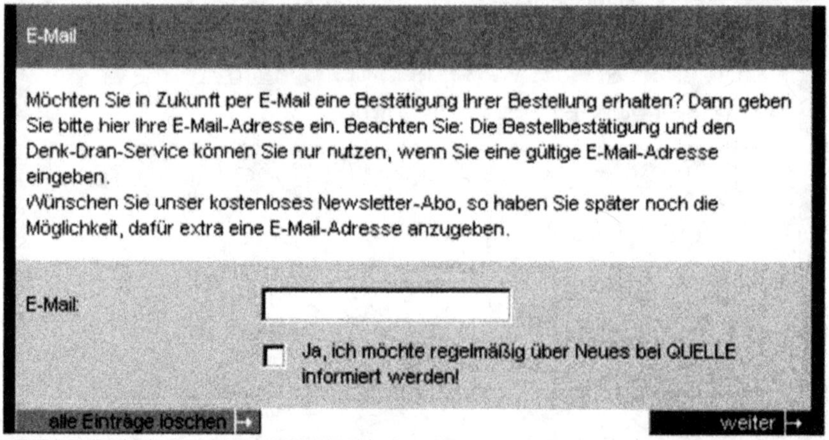

Abbildung 103:   Einwilligungserklärung (Permission) für einen Newsletter

Zudem generiert die Quelle AG zusätzliche Adressen vor allem über Online- und Offlinegewinnspiele. Damit die Daten auch für zukünftige Aktionen genutzt werden können, wird stets eine entsprechende Erlaubnisabfrage in den Registrierungsprozess für die Spiele integriert.

Die Basis für die kundenorientierten Marketing- und Vertriebsaktivitäten bildet das Database-Marketing der Quelle AG. Hier fließen nicht nur die Daten ein, die im Rahmen der Anmeldung erhoben wurden, sondern auch die Daten aus bisherigen Kundentransaktionen und Angaben aus den Wunschzetteln der Verbraucher, die sie auf der Website anlegen können. Weiterhin werden externe Daten wie Marktforschungsergebnisse mit einbezogen. Dazu wurden in der Datenbank entsprechende Voraussetzungen geschaffen, um beispielsweise den Familienstand zu erfassen. Das Wissen über den einzelnen Kunden wird so erhöht.

Auf Basis dieser Datengrundlage werden Prognosen über das künftige Bestell- und
Kundenverhalten erstellt. Mittels dieser Einschätzung erfolgt eine Einteilung der Kunden in verschiedene Kundengruppen. Diese bilden nicht nur die Grundlage für die Offli-
newerbeaktivitäten (Hauptkatalog, Spezial- und Sonderkataloge oder auch klassische
Werbesendungen), sondern auch für die Marketinginstrumente in der Online-Welt (Internetangebot, E-Mailings und Newsletter). Die zuvor beschriebenen Zusammenhänge
werden in Abbildung 104 verdeutlicht.

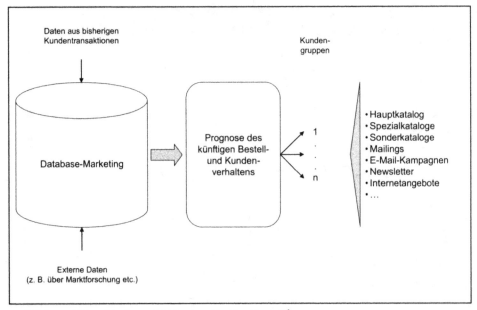

Abbildung 104:   Database-Marketing der Quelle AG[1]

Zentrales Instrument ist der Newsletter. Er dient als informationsorientiertes Kunden-
bindungsinstrument. Das mit den Newslettern verfolgte Ziel ist eine Umsatz- und Traf-
fic-Generierung auf quelle.de. Anders als bei E-Mailings, bei denen die Quelle AG auch
auf Fremdadressen zurückgreift, wird hier nur das eigene Adresspotenzial genutzt. Der
Verbraucher hat bei der Bestellung der Newsletter die Wahl zwischen verschiedenen
Interessengebieten wie beispielsweise Fashion, Kids oder Freizeit (vgl. Abbildung 105).
Bei der Gestaltung stehen Informationen und redaktionelle Inhalte im Vordergrund. Da-

---

[1]   In Anlehnung an Kirchner (2002), S. 4.

bei werden aktuelle Themen aus Rubriken wie Gesundheit oder Familie behandelt. Entsprechend den gewählten Themenschwerpunkten werden gezielt Angebote unterbreitet. Der Versand der Newsletter erfolgt regelmäßig in einem wöchentlichen Intervall.

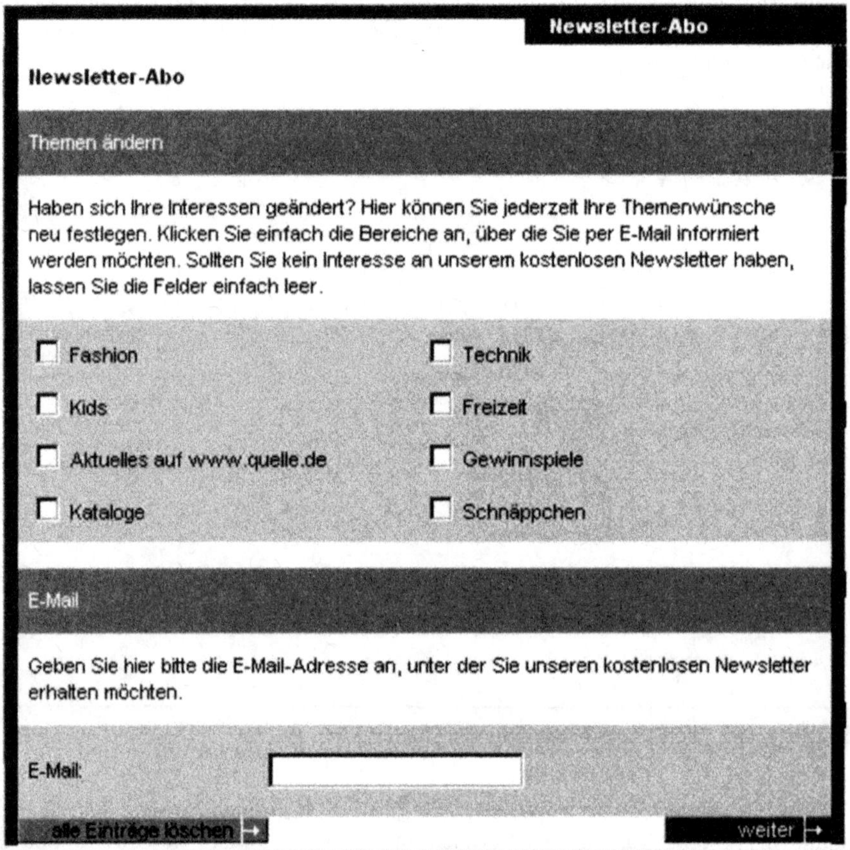

Abbildung 105: Themenspezifische Newsletter-Abonnements

Im Rahmen des Onlinedirektmarketings mittels Newsletter arbeitet die Quelle AG mit dem bestätigten Opt-in-Anmeldeverfahren. Dies bedeutet, dass Interessenten zunächst eine E-Mail mit der Bestätigung über den Eintrag in den Newsletter-Service zugesendet bekommen (vgl. Abbildung 106). Teil der Bestätigungsnachricht ist ein Link, nach dessen Anklicken sich die Interessenten wieder von dem Newsletter austragen können bzw. sie die Gelegenheit haben, ihre Präferenzen hinsichtlich der Themenschwerpunkte zu ändern.

```
***************www.quelle.de***************


Guten Tag, Herr

Sie haben soeben unseren kostenlosen Newsletter abonniert. Herzlichen Dank!

Von nun an gehören Sie zu den Ersten, die die aktuellsten QUELLE-News erfahren:
Denn ab jetzt werden wir sie immer per E-Mail informieren, wenn es Neuigkeiten in Ihrem gewählten
Themengebiet gibt - gratis, völlig unverbindlich und solange Sie wollen.

Das Newletter-Abo verlängert sich automatisch. Wenn Sie eines Tages keinen Newsletter mehr erhalten
möchten, können Sie ihn jederzeit wieder abbestellen. In der Fußleiste jedes Newsletters finden Sie einen Link,
mit dem Sie den Abo-Service beenden oder die Themen bequem neu definieren können.

Übrigens: Sollen auch Ihre Bekannten in Sachen Schnäppchen, Gewinnspiele und Aktuelles auf http://www.quelle.de
auf dem Laufenden sein? Empfehlen Sie unseren kostenlosen Newsletter doch einfach weiter...

Und nun viel Spaß mit dem QUELLE Newsletter!
Ihr Quelle Online-Team

--------------------------------------------------------------

Wenn Sie den Newsletter abmelden oder die Themen neu definieren möchten, dann klicken Sie hier:
http://www.quelle.de/extern.cgi?id=100000000228

Hinweis: Sollte Ihr E-Mail-Dienst die angegebenen Links nicht weiterleiten, dann kopieren Sie bitte die
entsprechende URL und fügen Sie diese in die Adress-Leiste ein.
```

Abbildung 106: Bestätigungs-E-Mail über den Bezug des Newsletters[1]

Die Erfolgskontrolle von E-Mail-Marketing erfolgt bei der Quelle AG über eine Reihe von Kennzahlen. Insbesondere sind dies die Anzahl der Bounces, die Öffnungs- und Klickraten sowie Conversion- und Churn-Rate. Die Conversion-Rate drückt den Prozentanteil der Verbraucher aus, die nach einem Klick auf einen Hyperlink, der zu einem bestimmten Produktangebot führt, auch etwas gekauft haben. Dagegen bezeichnet die Churn-Rate die Quote der abgewanderten Abonnenten eines Newsletters in einem bestimmten Zeitraum im Verhältnis zur Anzahl bestehender Abonnenten. Sie ist eine direkte Methode um festzustellen, wie gut das Unternehmen seine Abonnenten an den Newsletter binden kann.

Daneben werden bei der Auswertung auch die im Versandhandel typischen Erfolgsmaße eingesetzt. Beispielsweise werden Bestellwerte, Retouren und Stornierungen ausgewertet. Um die einzelnen Kommunikations- und Werbeformen vergleichbar zu machen, werden auch Deckungsbeiträge (auf Grundlage eines durchschnittlichen Kunden) nach Abzug von Werbekosten bestimmt. Die Quelle AG erstellt und verschickt ihren Newsletter ohne die Unterstützung externer Dienstleister. Lediglich vereinzelte E-Mailings einzelner Vertriebswege werden über externe Dienstleister abgewickelt.

Das E-Mail-Marketing hat gegenüber anderen Werbe- und Kommunikationswegen für die Quelle AG eine Reihe von Vorteilen. Einerseits können neue Zielgruppen erreicht, andererseits können die Streuverluste verringert und somit relative Kostenvorteile im

---

[1]   In Anlehnung an Kirchner (2002), S. 24.

Vergleich zu anderen Direktmarketinginstrumenten erzielt werden. Die Bedeutung des E-Mail-Marketing (E-Mailings und zielgruppenspezifische Newsletter) nimmt bei der Quelle AG rasant und kontinuierlich zu. Es wird integriert eingesetzt und begleitet alle übergreifenden Marketingaktionen und Hauptwerbeträger. Das Unternehmen erwartet deshalb, dass die Umsatzanteile des Onlinedirektmarketings weiter zunehmen und zu denen der Printkampagnen aufschließen werden.

5.2   Onlinewerbung

Onlinewerbung stellt die derzeit am schnellsten wachsende Form der Werbung dar.[1] Vor diesem Hintergrund wird in diesem Abschnitt der derzeitige Stand der Onlinewerbung erläutert. Nach einer Darstellung der Grundlagen werden Gestaltungsformen internetbasierter Werbung kategorisiert und ausgewählte Werbeformen vorgestellt. Darauf aufbauend erfolgt eine Beschreibung der derzeitigen Nutzungsintensität der unterschiedlichen Onlinewerbeformen. Danach wird dargestellt, wie die Effizienz der geschalteten Werbung kontrolliert werden kann; dabei wird auf verschiedene Kennzahlen zur Messung der Werbewirkung eingegangen. Darüber hinaus wird erörtert, wie Onlinewerbung platziert und gestaltet werden sollte, um eine möglichst hohe Werbewirkung zu erreichen. Abschließend werden ein Ausblick auf die zukünftigen Perspektiven der Onlinewerbung sowie Handlungsempfehlungen gegeben.

5.2.1   Grundlagen der Onlinewerbung

Im Folgenden soll unter dem Begriff der Onlinewerbung die zielgerichtete Information und Beeinflussung von Personen mithilfe des Internets als Massenmedium verstanden werden.[2] Onlinewerbung richtet sich im Gegensatz zum Direktmarketing nicht direkt an die jeweilige Zielperson. Prinzipiell können Pull- und Push-Werbeformen unterschieden werden. Von Pull-Werbung wird gesprochen, wenn der Konsument selbst Werbung auswählt, die er betrachten möchte.[3] Der Großteil der Onlinewerbung wird vom Konsumenten nicht aktiv angefordert und folgt somit dem Push-Prinzip.

---

[1]   Vgl. ZAW (2003), S. 1 ff.
[2]   Vgl. Nieschlag/Dichtl/Hörschgen (1997), S. 531.
[3]   Vgl. Bruhn (1997a), S. 9.

▓ Charakteristika der Onlinewerbung

Das Internet unterscheidet sich als Werbeträger erheblich von den etablierten Massenmedien. So ermöglicht dieses Medium ein hohes Maß an Interaktion zwischen dem Werbetreibenden und dem User und fordert vom User Initiative bzw. Proaktivität (Lean-
forward-Charakter). Dagegen werden Medien wie TV oder Radio tendenziell passiv re-
zipiert (Lean-backward-Charakter). Darüber hinaus ist das Internet den klassischen
Massenmedien hinsichtlich der medialen Reichhaltigkeit, der Reichweite sowie der Flexibilität in der Gestaltung von Werbekampagnen überlegen. In Anlehnung an Fritz können die Stärken und Schwächen der Massenmedien als Werbeträger in Tabelle 11 zusammengefasst werden.

	TV	Radio	Zeitschrift	Zeitung	Internet
Involvement	Passiv	Passiv	Aktiv	Aktiv	Interaktiv
Media-Reich-haltigkeit	Audio/Video	Audio	Text/Bild	Text/Bild	Multimedia
Preis je 1.000 Kontakte	Mittel	Niedrig	Hoch	Mittel	Mittel
Reichweite	Regional/ Na-tional (International)	Lokal/ Regional	National (International)	Lokal (National/ In-ternational)	(Lokal) National/ International
Flexibilität	Gering	Gut	Gering	Gut	Exzellent

Tabelle 11:   Vor- und Nachteile der Massenmedien als Werbeträger[1]

Onlinewerbung unterscheidet sich somit in wesentlichen Merkmalen von traditioneller
Offlinewerbung. Die multimediale Gestaltung von Werbung, die Interaktivität, die ziel-
gruppengenaue Adressierung sowie die durchgängige Erreichbarkeit bilden die Basis für
eine neue Qualität der Kundenbeziehung, die durch einen ausschließlichen Einsatz von
klassischen Offlinemedien in dieser Form nicht realisiert werden kann. Insbesondere die
zunehmende Diffusion des Breitbandinternets ermöglicht Unternehmen den Einsatz
neuartiger Werbeformen, die ein hohes Maß an Interaktivität und multimedialen Effekten mit sich bringen.

So setzen sich auf den Websites von Produktherstellern verstärkt animierte 3D-Visuali-
sierungen durch, über die Produkteigenschaften besser kommuniziert werden können.
Diese Form der grafischen Darstellung wird auch in virtuellen Produktkatalogen und
-konfiguratoren verwendet, die es dem Kunden erlauben, seine individuelle Produktvari-
ante virtuell zusammenzustellen und zu betrachten. Auch die Studie „Deutschland On-

---

[1]   In Anlehnung an Fritz (2001), S. 150.

line" kommt zu dem Ergebnis, dass derartige grafische und multimediale Animationen eine große Bedeutung in der Onlinewerbung haben. Nach Auffassung von mehr als 60 % aller Unternehmen, Medienunternehmen und insbesondere der Unternehmen aus der Werbewirtschaft können Produkteigenschaften mithilfe der dreidimensionalen Darstellung über das Internet besser kommuniziert werden als über andere Plattformen (vgl. Abbildung 107).

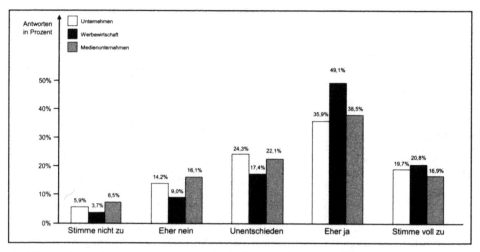

Abbildung 107: Verbesserte Kommunikation durch 3D-Animationen im Internet

Wird darüber hinaus die Werbung im Internet direkt mit einem Produktangebot verknüpft, kann der gesamte Prozess vom Wecken der Aufmerksamkeit bis hin zur Abwicklung der Transaktion ohne Medienbruch durchgeführt werden. Nur interaktives TV ermöglicht einen ähnlich stringenten Prozess, während andere Medien, wie das klassische TV oder Printmedien, zur Durchführung von Transaktionen einen Medienwechsel erforderlich machen.

Vor diesem Hintergrund wurden im Rahmen der Studie „Deutschland Online" die Unternehmen und Bürger befragt, inwieweit die Möglichkeit, bei Onlinewerbung per Mausklick direkt an weiterführende Informationen zu gelangen, als Vorteil empfunden wird (vgl. Abbildung 108). Etwa 80 % der Unternehmen und der Werbewirtschaft halten dies für einen wichtigen Unterschied gegenüber der TV-Werbung. Hingegen teilen nur 27 % der Konsumenten diese Ansicht.

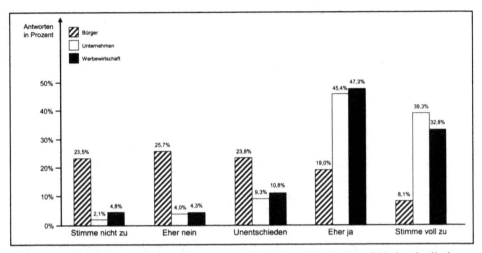

Abbildung 108: Vorteil des Internets gegenüber dem klassischen TV durch direkten
Zugang zu weiterführenden Informationen

Für diese stark divergierende Sichtweise der Untersuchungsgruppen Unternehmen und
Bürger können vor allem zwei Ursachen in Betracht gezogen werden. Einerseits besteht
die Möglichkeit, dass viele Bürger die Option, per Mausklick direkt an weiterführende
Informationen zu gelangen, nur selten nutzen. Zum anderen können die Ergebnisse der
Studie für eine mangelnde Qualität der Information auf den weiterführenden Websites
sprechen.

▨ Ausgewählte Onlinewerbekonzepte

Beim Einsatz von Onlinewerbung können Unternehmen unterschiedliche Konzepte verfolgen. In diesem Abschnitt werden das Suchmaschinenmarketing, das Sponsoring sowie das umfassende Cross-Media-Werbekonzept skizziert. Suchmaschinendienste stellen einen zentralen Service für Internetnutzer dar. Da die Datenmenge im World Wide
Web stetig steigt, bieten Suchmaschinen und Verzeichnisdienste den Anwendern eine
Navigationshilfe, die eine Such- und Filterungsfunktion übernimmt. Über 80 % der User
verwenden Suchdienste, um im Internet Informationen zu Produkten oder Dienstleistungen zu erhalten.[1]

Vor diesem Hintergrund haben die Betreiber dieser Suchdienste neuartige Geschäftsmodelle entwickelt. Sie bieten werbetreibenden Unternehmen an, ihre Anzeigen in Abhängigkeit vom Suchbegriff zu schalten. So kann das Unternehmen einzelne Suchbegrif-
fe reservieren, bei deren Abfrage seine Werbung neben der Ergebnisliste erscheint.

---

[1]   Vgl. DMMV (2003a), S. 1.

Dadurch, dass die Internetuser aktiv auf der Suche nach Informationen zu dem jeweiligen Interessengebiet rund um den Suchbegriff sind, können Streuverluste reduziert und die Werbewirkung erhöht werden (vgl. hierzu Abschnitt 5.2.2.3). Eine neue Form der Vergabe von begriffsabhängigen Werbepositionierungen ist die Versteigerung. An der prominentesten Stelle neben den Suchergebnissen wird die Werbung desjenigen Werbetreibenden platziert, der für den Begriff den höchsten Betrag pro Aufruf bietet.

Onlinesponsoring ist ebenso wie klassisches Sponsoring durch eine Beziehung zwischen Sponsoringnehmer und Sponsor gekennzeichnet. Textliche, grafische oder multimediale Inhalte werden in die Website des Sponsoringnehmers eingebunden. Im Gegenzug erhält dieser Gegenleistungen von Seiten des Sponsors.[1] Während das traditionelle Sponsoring die vier Kategorien Sport, Kultur, Soziales und Programm unterscheidet, fokussiert die Onlinevariante meist auf das letztere, contentnahe Segment.[2] Hierbei sind zwei unterschiedliche Formen dieses Werbekonzepts möglich.[3]

Zum einen können die Werbeformen im Rahmen des so genannten Presenting auf der Werbeträgerwebsite positioniert werden. Eine weitere Vertiefung der Kooperation findet in diesem Fall nicht statt. Zum anderen kann bei der Content-Integration die Marke des Sponsors in Verbindung mit spezifischen Inhalten eingesetzt werden. Der Sponsor erhält die Möglichkeit, sein Image zu verbessern und zielgruppenspezifisch mit den Usern zu interagieren.

Cross-mediale Werbekonzepte verfolgen das Ziel, durch eine abgestimmte Durchführung aller Werbeaktivitäten Synergieeffekte zwischen den Werbemaßnahmen in den klassischen Medien und jenen im Onlinebereich auszunutzen. Die Zielgruppe wird über mehrere Kanäle angesprochen, wodurch eine intensivere, engere und interaktivere Beziehung zu dem Kunden entstehen kann.[4] Die zuvor bereits erwähnten Synergieeffekte drücken sich im so genannten Multiplying-Effekt aus, welcher in mehreren Studien nachgewiesen wurde.[5] So können durch cross-mediale Kommunikationsmaßnahmen eine Steigerung der Werbeerinnerung, eine Verbesserung des Lerneffekts sowie ein besseres Preis-Leistungs-Verhältnis der Werbung erreicht werden.[6]

---

[1]   Vgl. DMMV (2003b), S. 1.

[2]   Vgl. Homburg/Krohmer (2003), S. 664.

[3]   Vgl. eResult (2003a), S. 1.

[4]   Vgl. VDZ (2002), S. 34.

[5]   Vgl. VDZ (2002), S. 34.

[6]   Vgl. Bauer Media (2001), S. 1 ff.

■ Technische Basis der Onlinewerbung

Der Ad-Server bildet die technische Grundlage für die Einbindung der Werbeinhalte in eine Website. Auf dem Ad-Server werden die Dateien abgelegt, die die Werbeinhalte und -formen enthalten. Im Quellcode der Werbeträgerwebsite wird lediglich definiert, in welcher Größe die Werbung dargestellt und von welchem Ad-Server die betreffende Werbeform bei Aufruf der Seite durch den User geladen werden soll. Je nach Ausgestaltung der speziellen Ad-Server-Software können einzelne Werbebanner zielgruppen- oder userspezifisch in die Website eingebunden werden. Somit kann für jeden Werbekunden einer Website individuell definiert werden, in welcher Intensität, zu welcher Uhrzeit und in welcher Rotation die Werbeinhalte dargestellt werden sollen.

Um das Targeting, also die zielgenaue Ansprache von Werbekunden, zu optimieren, werden je nach Anfrage Profilinformationen über den User berücksichtigt und die Darstellung der Werbeinhalte entsprechend abgestimmt. Im Wesentlichen werden zwei Kategorien von technischen Analyseverfahren unterschieden, die die Auswertung der Profildaten des Users ermöglichen: HTTP-Requests und Personalisierungssoftware. Einfache Auswertungsverfahren ermöglichen die Analyse der HTTP-Requests.

Diese enthalten Informationen zum verwendeten Browser, zu seinem Herkunftsland und gegebenenfalls auch zu jener Top-Level-Domain, von der aus der User die Seite aufgerufen hat. Zum anderen können diese Informationen durch den Einsatz einer Personalisierungssoftware mit personenspezifischen Informationen angereichert werden. Nach einem ähnlichen Verfahren kann die Werbung mit dem vom User präferierten Content der Website (z.B. nur Sportinformationen) abgestimmt, d. h. kontextspezifisch geschaltet werden.

Je präziser die Informationen über die Zielgruppe bzw. den einzelnen User sind, desto besser kann die Onlinewerbung auf die Interessen des Users zugeschnitten werden. Neben der Ausspielung der Werbung kann der Ad-Server auch zur Werbewirkungsmessung eingesetzt werden. Die Profildaten der Nutzer können auf dem Ad-Server gespeichert und konsolidiert abgerufen und ausgewertet werden, um die Effektivität der durchgeführten Werbeaktivitäten mithilfe von ökonomischen und kommunikativen Messgrößen festzustellen. Einzelne Messgrößen der Werbewirkung werden im Abschnitt 5.2.2.3 erläutert.

5.2.2   Realisierungsformen der Onlinewerbung

Nach den Grundlagen der Onlinewerbung werden im Folgenden konkrete Realisierungsformen behandelt. Vor dem Hintergrund der steigenden Relevanz der Onlinewerbung sind in diesem Zusammenhang nicht nur die derzeit am weitesten verbreiteten Werbeformen von Interesse, sondern auch jene, deren Verwendung mit der weiteren Diffusion des Breitbandinternets zunehmen dürfte. Im Anschluss daran werden die einzelnen Dimensionen der Werbewirkung erläutert. Darauf aufbauend wird dargestellt, anhand welcher Messgrößen die Werbewirkung von Onlinewerbung kontrolliert werden kann. Im Abschnitt Platzierung wird darauf eingegangen, auf Basis welcher Kriterien die Werbeträger für Onlinewerbung ausgewählt und wie die Werbung auf den entsprechenden Websites positioniert werden. Abschließend werden Handlungsempfehlungen bezüglich der Gestaltung der Onlinewerbung gegeben.

5.2.2.1 Onlinewerbeformen

Onlinewerbeformen können danach klassifiziert werden, ob sie direkt in die Content-Website eingebunden sind (direkt in die Content-Website integrierte Werbeformen), in einem neuen Browserfenster erscheinen (New-Window-Ads) oder in einer Ebene über der eigentlichen Content-Website liegen, aber nicht in einem neuen Fenster geöffnet werden (Layer-Ads). Aufgrund der Vielzahl unterschiedlicher Werbeformen haben Unternehmen die Möglichkeit, situationsabhängig diejenige Werbeform einzusetzen, die ihnen zur Erreichung der jeweiligen Ziele am geeignetsten erscheint. Im Folgenden wird ein Überblick über eine Auswahl von wichtigen Onlinewerbeformen gegeben.

▓ Direkt in die Content-Website integrierte Werbeformen

Zu den direkt in die Content-Website integrierten Werbeformen zählen sowohl klassische Textlinks als auch vielfältige Typen von Banner-Ads. Als Textlinks werden Textstellen auf einer Website bezeichnet, die mit einem Hyperlink hinterlegt sind. Damit der User die Textlinks vom übrigen Text abgrenzen kann, werden sie häufig unterstrichen und in einer anderen Farbe als der übrige Text dargestellt. Eine weitere Möglichkeit zur Unterscheidung bietet die Wahl eines anderen Schriftschnitts (z. B. fett oder kursiv) oder die Veränderung der entsprechenden Textstelle, wenn der Mauszeiger über die Textstelle bewegt wird (Mouse-over). Bei Anwahl des Textlinks gelangt der User auf die korrespondierende Website des Werbetreibenden.[1]

Als Banner werden rechteckige Werbeformen bezeichnet, die auf einer Werbeträgerwebsite geschaltet und per Hyperlink mit dem Internetangebot des Werbetreibenden verknüpft sind. Im Laufe der Zeit ist eine Reihe unterschiedlicher Bannerformen entstanden. Typische Standardformate sind für das Fullsize-Banner 468 x 60 Pixel (vgl. Abbildung 109) und für Halfsize-Banner 234 x 60 Pixel. Daneben existieren auch Banner in Übergröße wie beispielsweise Skyscraper und Cadillacs.[2]

Ein kleines Bannerformat wird als Button bezeichnet. Aufgrund ihrer geringen Größe werden Buttons häufig nur zur Präsentation von Unternehmenslogos oder Markenzeichen eingesetzt.[3] Skyscraper-Banner, die gelegentlich auch als Billboard-Banner be-

---

[1]   Vgl. T-Online (2003a).

[2]   Vgl. ACCOMM (2003a).

[3]   Vgl. Fritz (2001), S. 143 f.; Krause (1999), S. 291.

zeichnet werden, sind überdimensionale, vertikal ausgerichtete Werbeformen, die zumeist auf der rechten Seite einer Website eingebunden werden (vgl. Abbildung 110). Ihren Namen haben diese Banner aufgrund der wolkenkratzerähnlichen Form erhalten.[1]

Abbildung 109:   Banner in Standardgröße 468 x 60 Pixel[2]

Das Cadillac-Banner ist ebenso wie der Skyscraper eine überdimensionale Werbeform, nutzt jedoch die gesamte Seitenbreite aus. Es unterscheidet sich vom Skyscraper nur durch seine Größe. Cadillac-Banner, Buttons und Skyscraper werden sowohl als statische als auch als animierte, Transactive- oder Rich-Media-Werbeform eingesetzt.[3]

Banner werden nicht nur anhand ihres Formats, sondern auch hinsichtlich ihres Interaktionspotenzials, ihrer Funktionalitäten sowie des Einsatzes multimedialer Elemente in statische, animierte, Transactive- und Rich-Media-Banner unterschieden:

Statische Banner bestehen grundsätzlich nur aus einer Grafik. Die einzige Interaktionsmöglichkeit stellt der Hyperlink dar, über den der User auf die verlinkte Website des Werbetreibenden gelangt. Klassische statische Banner werden aufgrund ihres horizontalen Formats häufig am oberen oder unteren Ende der Content-Website platziert.

1   Vgl. IP NEWMEDIA (2003a).
2   Vgl. Computerbild online (2003).
3   Vgl. IP NEWMEDIA (2003a).

Abbildung 110:   Skyscraper[1]

Im Gegensatz zu statischen Bannern bestehen animierte Banner aus einer Sequenz von mehreren Einzelbildern. Durch die Auswechslung des Bildmotivs nach einem vorgegebenen Zeitintervall entsteht eine Animation. Die Interaktionsmöglichkeiten eines animierten Banners sind gegenüber dem statischen Banner nicht erweitert. Mit der Anzahl der Bilder in der Sequenz steigt die Dateigröße und damit auch die Ladezeit des animierten Banners. Gleichzeitig nimmt auch die Menge der kommunizierbaren Inhalte zu. Zudem wird durch die zeitliche Dimension der künstlerische Spielraum bei der Bannergestaltung erweitert.[2]

Transactive-Banner sind dadurch gekennzeichnet, dass sie über besonders weit gehende Funktionalitäten verfügen. In Transactive-Banner können vollständige Formulare oder kleine Spiele integriert werden, die der User nutzen kann, ohne bei der Interaktion die Website zu verlassen. Der User kann über Transactive-Banner mit dem Absender der Onlinewerbung interagieren, ohne die ursprünglich aufgerufene Website zu verlassen. Die Funktionalitäten von Transactive-Bannern erlauben, einen Kaufabschluss direkt über das Banner durchzuführen.[3]

---

[1]   Vgl. T-Online (2003b).
[2]   Vgl. ACCOMM (2003b).
[3]   Vgl. DMMV (2003c).

Eine Form von Transactive-Bannern sind HTML-Banner. Bei diesen werden HTML-Befehle verwendet, um neben einem Hyperlink noch weitere interaktive Elemente, wie Drop-down-Menüs (vgl. Abbildung 111), Suchfunktionen oder Formularfelder, in das Banner zu integrieren. Der Vorteil von HTML-Bannern gegenüber statischen oder animierten Bannern besteht darin, dass der User direkt im Banner Selektions- und Suchfunktionalitäten nutzen kann. Ihm bleibt der Zwischenschritt erspart, die entsprechende Interaktionsseite des Werbetreibenden anzuwählen. Der User kann innerhalb des Banners eine Vorauswahl vornehmen oder einen Suchbegriff eingeben und anschließend per Klick auf die zu seiner Anfrage korrespondierende Zieladresse gelangen.[1]

Abbildung 111:   HTML-Banner mit integriertem Drop-down-Menü[2]

Zur Gruppe der Transactive-Banner gehören neben dem HTML-Banner noch Java-, Shockwave- und Flash-Banner, die allesamt auch als Rich-Media-Banner gestaltet werden können. Als Rich-Media-Banner werden Banner bezeichnet, in denen Videos, komplexe Animationen oder Audioinhalte miteinander kombiniert werden. Werden zusätzlich zum einfachen Hyperlink auf die Website des Werbetreibenden noch weiter-

---

[1]   Vgl. ACCOMM (2003c).
[2]   Vgl. T-Online (2003c).

gehende Interaktionsfunktionalitäten in das Rich-Media-Banner eingebunden, erfüllt es die Kriterien eines Transactive-Banners. Wie bereits dargestellt, können Rich-Media-Banner also gleichzeitig auch Transactive-Banner sein.

Zur Darstellung der Banner bzw. der in das Rich-Media-Banner integrierten Dateiformate und Inhalte werden teilweise Plug-ins und andere Browsererweiterungen benötigt. Die Dateigröße von Rich-Media-Bannern beträgt üblicherweise ein Vielfaches im Vergleich zu der von statischen Bannern. Daher können Rich-Media-Banner vor allem dann eingesetzt werden, wenn die Zielgruppe über Anschlüsse mit hoher Bandbreite verfügt. Mit der zunehmenden Verbreitung des Breitbandinternets können daher Rich-Media-Banner zukünftig verstärkt eingesetzt werden.[1]

Rich-Media-Banner unterscheiden sich vornehmlich anhand der zugrunde liegenden Skriptsprachen bzw. Technologien. Zur Gruppe der Rich-Media-Banner gehören Java-, Shockwave- und Flash-Banner sowie Streaming-Video-Ads. Ein Java-Banner besteht aus mehreren Grafikelementen, deren Größe und Ablaufreihenfolge in einem Java-Applet vorgegeben sind. Dieses ist wiederum per HTML-Referenz in den Quellcode der Werbeträgerwebsite eingefügt. Im Java-Applet werden darüber hinaus die Interaktionsmöglichkeiten definiert.

Beim Aufruf der Website werden die einzelnen Grafikelemente des Banners durch die Java-Engine des Internetbrowsers zusammengesetzt. Wie beim HTML-Banner kann der User auch beim Java-Banner interaktive Elemente nutzen und muss seine aufgerufene Website nicht verlassen. Vorteilhaft an Java-Bannern ist, dass sie von allen gängigen Browsern ohne vorangegangene Plug-in-Installation dargestellt werden können. Nachteilig wirkt sich aus, dass die Java-Applets zumeist eine hohe Datenkapazität erfordern und deshalb das Format sowie die grafischen Gestaltungsmöglichkeiten des Banners beschränken, sofern dem User keine langen Ladezeiten zugemutet werden sollen.[2]

Shockwave-Banner sind Banner in einem speziellen Dateiformat, die mithilfe der Software Macromedia Director erstellt werden. Diese Software ermöglicht die Entwicklung von Bannern mit Audio, Video und statischen sowie animierten Textelementen. Verglichen mit dem Java-Banner verfügen Shockwave-Banner über die gleichen Gestaltungsmöglichkeiten hinsichtlich ihrer Interaktivität, übertreffen diese jedoch hinsichtlich der grafischen Optionen. Damit der User Shockwave-Banner betrachten kann, muss das kostenlose Macromedia-Shockwave-Player-Plug-in installiert sein.[3]

Ebenso wie Shockwave-Banner basieren Flash-Banner auf Software der Firma Macromedia. Banner im Flash-Dateiformat weisen vergleichbare Funktionen wie Shockwave-Banner auf. Flash-Banner erlauben fließende Animationen sowie die Integration von

---

[1]   Vgl. Plan.Net media (2003a).
[2]   Vgl. ACCOMM (2003d).
[3]   Vgl. ACCOMM (2003e).

Soundeffekten und Interaktionsmöglichkeiten, erreichen jedoch nicht die Qualität von Shockwave-Bannern. Von Vorteil gegenüber Shockwave-Bannern ist jedoch die vergleichsweise geringe Dateigröße. Wie Shockwave-Banner erfordern Flash-Banner zur problemlosen Darstellung ein Plug-in, den ebenfalls kostenlos erhältlichen Macromedia Flash Player.[1]

Wie bereits in Kapitel 4.1. dargestellt, erlauben moderne Streaming-Technologien eine sofortige Wiedergabe von Inhalten über das Internet, ohne dass die gesamte Datenmenge zuvor vollständig geladen werden muss. Aufgrund der Streaming-Technologie können im Internet Werbefilme in der gleichen Qualität wie im klassischen TV geschaltet werden. Internetwerbefilme werden anhand der Größe, die sie auf dem Bildschirm einnehmen, voneinander unterschieden. Als Streaming-Video-Ads werden Rich-Media-Werbefilme bezeichnet, die in eine Website integriert sind. Streaming-Video-Ads können prinzipiell in unterschiedlichen Formaten geschaltet und auch interaktiv gestaltet werden.[2]

■ New-Window-Ads

Als New-Window-Ads werden Werbeformen bezeichnet, die in einem neuen Browserfenster erscheinen. Bekanntester Vertreter dieser Klasse ist das klassische Pop-up. Weitere Vertreter sind das Pop-under und das Shaped-Pop-up, beides kreative Abwandlungen des herkömmlichen Pop-up. Abhängig von ihrer Größe, der Anzahl der verwendeten multimedialen Elemente sowie der Anzahl der im neuen Browserfenster enthaltenen Internetseiten werden New-Window-Ads in Interstitials, Superstitials, Streaming-Spots und Microsites unterschieden.

---

[1] Vgl. ACCOMM (2003f).
[2] Vgl. IP NEWMEDIA (2003c).

Abbildung 112: Pop-up[1]

Als Pop-up wird Werbung bezeichnet, die automatisch in einem neuen Browserfenster erscheint, welches über dem in der Regel größeren, aktiven Content-Browserfenster positioniert ist (vgl. Abbildung 112). Dadurch, dass das zuvor genutzte Fenster weiterhin aktiv bleibt, wird der User nicht direkt in seiner Navigation unterbrochen. Darüber hinaus hat der User jederzeit die Möglichkeit, das Pop-up zu schließen.[2]

Wie beim Pop-up erscheint die Werbebotschaft auch beim Pop-under in einem zusätzlichen Fenster. Im Unterschied zum Pop-up erscheint das Pop-under-Fenster nicht über der Content-Website, sondern im Hintergrund und wird daher vom User nicht wahrgenommen, bevor er alle übrigen Browserfenster geschlossen hat.[3] Das Shaped-Pop-up entspricht hinsichtlich seiner Funktionalität einem herkömmlichen Pop-up. Shaped-Pop-ups haben den Vorteil, dass die Form des Werbefensters nicht mehr rechteckig sein

---

[1]   Vgl. Wissen.de (2003a).
[2]   Vgl. Plan.Net media (2003b).
[3]   Vgl. Bild.T-Online.de (2003b).

muss, sondern frei definiert werden kann. Die eigentlich vom User aufgerufene Content-Website bleibt inaktiv, bis das Pop-up vom User geschlossen wird oder er das Content-Fenster per Mausklick wieder aktiviert.[1]

Pop-ups werden Interstitials genannt, wenn sie unabhängig vom Nutzungsverhalten des Users und unerwartet eingeblendet werden. Da der Rezeptionsfluss des Users durch den zwischengeschalteten werblichen Inhalt gestört wird, werden Interstitials auch als Unterbrecherwerbung bezeichnet. Interstitials sind somit mit einer Werbeunterbrechung im klassischen TV vergleichbar und bestehen aus einfachen Grafiken oder liegen in animierter oder in Rich-Media-Form vor. Im Extremfall können sie den gesamten Bildschirm ausfüllen. Üblicherweise wird das Interstitial nach einem vorgegebenen Zeitraum bzw. nach Ablauf der Werbeeinschaltung wieder ausgeblendet und der Nutzer gelangt automatisch auf die Seite zurück, die er vor der Werbeeinschaltung genutzt hat. Im Normalfall hat der User zudem die Option, das Interstitial per Mausklick zu schließen.[2]

Das Superstitial ist eine Unterbrecherwerbung in Form eines großformatigen Pop-ups mit Werbung im Rich-Media-Format und besitzt in der Regel einen relativ großen Dateiumfang. Damit der User durch die notwendige Ladezeit nicht in der Nutzung der von ihm angewählten Website gestört wird, werden die animierten Multimedia-Elemente des Superstitials vollständig im Hintergrund in den Browserspeicher geladen. Dadurch wird vermieden, dass der User mit langen Wartezeiten konfrontiert wird. Der Ladeprozess erfolgt, während der User sich mit dem Content auseinander setzt und nicht die gesamte Bandbreite seines Internetzugangs beansprucht.

Aufgrund des für den User nicht wahrzunehmenden Ladeprozesses können Superstitials somit große Multimediaelemente wie Flash-Animationen mit Sound enthalten. Sobald das Superstitial vollständig geladen wurde und der User eine andere Site oder Rubrik aufruft, wird es in Form eines Pop-ups über dem aktiven Browserfenster eingeblendet und startet automatisch. Das Superstitial ermöglicht somit auch die Schaltung von Werbung mit multimedialen Inhalten bei einer Internetverbindung mit niedriger Bandbreite.[3]

Streaming-Spots sind wie Streaming-Ads Rich-Media-Werbefilme, die im Internet geschaltet werden. In Streaming-Spots können Animationen sowie Ton-, Film- und Textelemente kombiniert werden. Der Unterschied zu Streaming-Ads besteht darin, dass Streaming-Spots in einem Pop-up-Fenster geöffnet und in der Regel großflächiger als Streaming-Ads gestaltet werden.[4] Streaming-Spots im Fullscreen-Format werden auch E-Mercials genannt.

---

[1]   Vgl. IP NEWMEDIA (2003b).

[2]   Vgl. T-Online (2003d); Plan.Net media (2003c).

[3]   Vgl. T-Online (2003e); ACCOMM (2003g).

[4]   Vgl. IP NEWMEDIA (2003c).

Abbildung 113: Microsite zum Thema Onlinebanking[1]

Als Microsite wird eine weniger umfangreiche und auf ein bestimmtes Thema oder einen Event fokussierte eigenständige Website bezeichnet, die in einem Pop-up-Fenster geöffnet wird. Microsites enthalten üblicherweise eine eigene Navigation und Subsites. Abbildung 113 zeigt eine Microsite zum Thema Onlinebanking. Der User kann sich durch einen Klick auf den Navigationspunkt „Info-Tour" Informationen zum Thema Onlinebanking anzeigen lassen. Als Incentive zur Nutzung der Microsite wurde hier zudem ein Gewinnspiel integriert. Der wesentliche Unterschied zwischen Microsites und den übrigen Pop-up-Formen oder Bannern besteht darin, dass über eine Microsite wesentlich umfangreichere Inhalte kommuniziert werden können, ohne dass der Inhalt des eigentlichen Content-Windows ausgetauscht werden muss.[2]

---

[1]   Vgl. T-Online (2003f).
[2]   Vgl. IP NEWMEDIA (2003b).

■ Layer-Ads

Als Layer-Ads werden Werbeformen bezeichnet, die in einer Ebene über der eigentlichen Content-Website liegen und nicht in einem neuen Fenster geöffnet werden. Wenn sich visuelle Werbeelemente über den Content bewegen, werden Layer-Ads als Floating-Ads bezeichnet.[1] Floating-Ads können beispielsweise als DHTML-Banner, Flash-Layer-Ads oder Dynamites realisiert werden. Des Weiteren zählen zu Layer-Ads noch Mouse-over-Banner und Shutter sowie Sticky-Ads und Mouse-follows.

Dynamic-HTML-Banner (DHTML-Banner) sind eine Umsetzungsvariante von Layer- bzw. Floating-Ads. Mit DHTML-Bannern kann der Eindruck erweckt werden, dass die Werbung über die Content-Website schwebt (vgl. Abbildung 114). DHTML-Banner können auf vielfältige Weise animiert werden und erlauben auch die Integration von Interaktionsmöglichkeiten. Zudem können sie in ihrer Form frei gestaltet werden, aus verschiedenen Einzelteilen bestehen und fast beliebig über dem Inhalt der Website platziert werden.

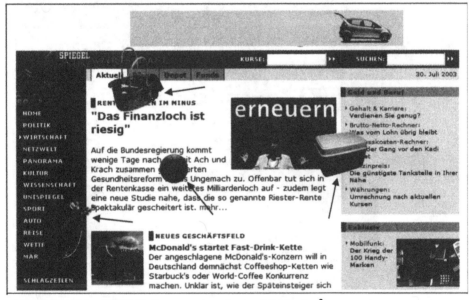

Abbildung 114:   DHTML-Banner mit mehreren Elementen[2]

---

1   Vgl. IP NEWMEDIA (2003b).
2   Vgl. Spiegel Online (2003a).

Über transparente Flash-Layer-Ads können ähnliche Effekte wie bei einem DHTML-Banner erzeugt werden. Über die eigentliche Content-Website wird eine zusätzliche Werbeebene mit transparentem Hintergrund gelegt, auf der der Werbefilm (das so genannte Flash-Movie) abläuft. Dadurch bleibt neben der Werbung auch die darunter liegende Content-Website sichtbar (vgl. Abbildung 114). In Flash-Layer-Ads können interaktive Funktionen integriert werden. Der Vorteil gegenüber DHTML-Bannern besteht darin, dass Flash-Layer-Ads in der Regel mit weniger Aufwand erstellt werden können. Daher werden in der Praxis eher Flash-Layer-Ads als DHTML-Banner eingesetzt. Um die Werbung betrachten zu können, muss der User allerdings das Flash-Plug-in installiert haben und über einen Browser neuerer Generation verfügen.[1]

Abbildung 115:   Flash-Layer-Ad[2]

---

[1]   Vgl. quality-channel.de (2003a).
[2]   Vgl. T-Online (2003g).

Als Dynamites werden mehrere überraschend auftauchende Werbebotschaften bezeichnet, die sich unabhängig von allen übrigen Bestandteilen der Internetseite frei auf dem Bildschirm bewegen und durch Sounds angekündigt werden. Grundlegende Charakteristika von Dynamites sind Sound, Bewegung und Animation.[1]

Als Mouse-over-Banner wird ein Banner bezeichnet, das automatisch den zuvor sichtbaren Content der Site überlagert und seine Werbefläche vergrößert, sobald der Mauszeiger über das Banner geführt wird (vgl. Abbildung 116). Wenn der Mauszeiger die Bannerfläche wieder verlässt, verkleinert sich die Werbeform wieder auf ihre Ursprungsgröße. Der Unterschied zu einem klassischen Banner besteht darin, dass einerseits die Werbefläche gesteigert und andererseits mehr Aufmerksamkeit beim User erzielt wird, da der Vergrößerungseffekt unerwartet auftritt.[2]

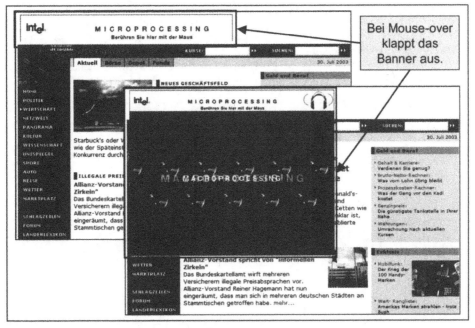

Abbildung 116: Mouse-over-Banner [3]

---

[1]   Vgl. ACCOMM (2003h).
[2]   Vgl. quality-channel.de (2003b).
[3]   Vgl. Spiegel Online (2003b).

Der Shutter ist eine Werbeform, die dem Mouse-over-Banner ähnelt. Beim Shutter rollt die Werbung unerwartet aus einem Element der Content-Site aus (z. B. aus der Headline der Seite). Nach Ablauf der definierten Zeit wird die Werbung wieder eingerollt.[1]

Als Sticky-Ad werden zumeist kleinformatige Banner bezeichnet, die dauerhaft im sichtbaren Bereich des Users bleiben. Die Werbeform bleibt stets an der gleichen Position auf dem Bildschirm, wenn der User auf der Seite nach oben oder unten scrollt. Das Sticky-Ad ist so lange präsent, wie sich der User auf der Seite aufhält. Aus technischer Sicht können Banner jeder Größe als Sticky-Ad geschaltet werden.[2]

Ein Mouse-follow-Banner ist eine Werbeform, die neben dem Mauszeiger auftaucht, wenn der User die Werbeträgerwebsite aufruft. Häufig werden kleinformatige Banner mit Firmenlogos oder Markenzeichen als Mouse-follows verwendet. Bei einer Bewegung der Maus verändert das Mouse-follow-Banner seine Position synchron zu der des Mauszeigers. Üblicherweise wird das Mouse-follow so gestaltet, dass das Banner verschwindet, wenn der Mauszeiger einige Sekunden nicht bewegt wird, aber bei erneuter Mausaktivität wieder erscheint. Ähnlich wie bei der Sticky-Ad bleibt die Mouse-follow-Funktionalität erhalten, solange der User auf der Website verweilt.[3] Tabelle 12 stellt die zuvor beschrieben Onlinewerbeformen noch einmal im Überblick dar.

---

[1]   Vgl. IP NEWMEDIA (2003b).
[2]   Vgl. T-Online (2003h).
[3]   Vgl. IP NEWMEDIA (2003b).

	Direkt in die Content-Site integrierte Werbeformen	New-Window-Ads	Layer-Ads
Werbeform	Button Fullsize-Banner Halfsize-Banner Skyscraper-Banner Cadillac-Banner	Pop-up Pop-under Shaped Pop-up Microsite Interstitial Superstitial	Floating-Ad DHTML-Banner Flash-Layer-Ad Dynamite Mouse-over-Banner Shutter Sticky-Ad Mouse-follow-Banner
Unterscheidung nach Interaktivität und Multimedialität	Statisches Banner Animiertes Banner Transactive-Banner Rich-Media-Banner Streaming-Video-Ads	Statische New-Window-Ad Animierte New-Window-Ad Transactive-New-Window-Ad Rich-Media-New-Window-Ad Streaming-Spot	Statische Layer-Ad Animierte Layer-Ad Transactive-Layer-Ad Rich-Media-Layer-Ad Streaming-Layer-Ad
Typische Scriptsprachen bzw. Technologien	HTML Java Flash Shockwave	HTML Java Flash Shockwave	DHTML Flash Shockwave

Tabelle 12:   Klassifikation von Onlinewerbeformen

Die verschiedenen Formen haben unterschiedliche Vor- und Nachteile und werden derzeit in unterschiedlichem Umfang eingesetzt. Auf diese Aspekte wird in den Abschnitten 5.2.2.2 und 5.2.2.5 näher eingegangen.

5.2.2.2 Nutzung

Aufbauend auf dem vorangegangenen Abschnitt, in dem das Spektrum unterschiedlicher Onlinewerbeformen kategorisiert und beschrieben wurde, soll nun deren Nutzung näher erläutert werden. Hierbei wird insbesondere auf die derzeit am intensivsten eingesetzten Werbeformen und die Intensität der Onlinewerbung unter Berücksichtigung eines europaweiten Vergleichs eingegangen. Abschließend folgt ein Ausblick auf künftige Entwicklungsperspektiven der Nutzung von Onlinewerbeaktivitäten.

Obwohl technisch eine Vielzahl von Werbeformen realisierbar ist, dominieren wenige Werbeformen den Markt für Onlinewerbeaktivitäten. So wurden im Jahr 2002 ca. 68 % der gesamten Onlinewerbung in Form von klassischer Bannerwerbung in Standardgrößen geschaltet.[1] Jedoch geht der Einsatz von Bannern in Standardgrößen zunehmend zurück. So verdreifachten Skyscraper-Banner im Jahr 2002 ihren Marktanteil gegenüber dem Vergleichswert des Jahres 2001 auf 15 %. Auch die Button-Werbung etablierte sich als eine wesentliche Form der Onlinewerbung und hatte 2002 einen Marktanteil von 17 %.

Ähnlich wie bei den Werbeformen dominieren auch bei den zugrunde liegenden technischen Umsetzungsformaten wenige Standards den Gesamtmarkt. Beinahe 69 % aller Onlinewerbekampagnen basieren auf animierten GIFs. Hierbei handelt es sich um ein spezielles GIF-Format, bei dem mehrere Einzelbilder abgespielt werden, wodurch ein Daumenkinoeffekt entsteht.[2] Einfache GIFs und Flash-Banner folgen mit ca. 30 % Marktanteil. HTML- und Java-basierte Onlinewerbeformen konnten sich bisher nicht durchsetzen. Somit kann konstatiert werden, dass wenige Werbeformen, die auf weit verbreiteten technologischen Standards aufbauen, den heutigen Onlinewerbemarkt dominieren.

Die Bedeutung der Onlinewerbung für die deutschen Unternehmen nimmt kontinuierlich zu. So führten im Jahr 2002 in Deutschland 8.267 Werbetreibende über 37.500 Onlinewerbekampagnen mit beinahe 70.000 Bannern und weiteren Werbeformen durch. Deutschland weist somit europaweit die höchste Anzahl realisierter Internetkampagnen auf.[3] Mit deutschlandweit ca. € 227 Millionen an Nettowerbeerträgen rangiert das Internet als Werbeträger noch im letzten Drittel der Werbeträger, gemessen an der Umsatzstärke.

Nur Filmtheater und Zeitungssupplements weisen noch geringere Jahresumsätze auf. Bei Betrachtung der relativen Änderungen zu den Vorjahren werden jedoch erhebliche Chancen und Potenziale der Onlinewerbung erkennbar (vgl. Abbildung 117). Mit einem jährlichen Wachstum von über 20 % während der letzten Jahre konnte die Onlinewerbung in einem schrumpfenden Gesamtmarkt als einzige Werbegattung erhebliche Steigerungsraten erzielen.[4]

---

[1] Vgl. Nielsen/NetRatings (2003), S. 21 f.

[2] Vgl. DMMV (2003b), S. 1.

[3] Vgl. Nielsen/NetRatings (2003), S. 6.

[4] Vgl. ZAW (2003), S. 1 ff.

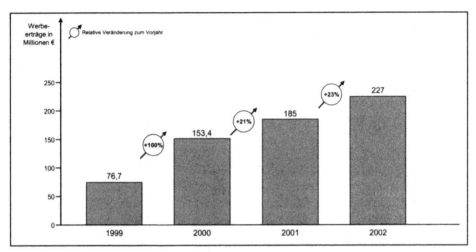

Abbildung 117: Nettowerbeerträge durch Onlinewerbung[1]

Die Intensität, mit der Onlinewerbung durchgeführt wird, nahm in den letzten Jahren stetig zu.[2] So zeigen die Ergebnisse der Nielsen Onlinestatistik, dass 2002 17 der 30 erfassten Wirtschaftssegmente, wie beispielsweise Energie, Telekom und Handel, mehr in Onlinewerbung investierten als im Vorjahr.[3] Am stärksten wurde Onlinewerbung von Dienstleistungs-, Medien- und Handelsunternehmen eingesetzt.

Wie in den vorangegangenen Abschnitten ausgeführt, basieren die verschiedenen Formen der Onlinewerbung auf einer Reihe innovativer Technologien und bieten zahlreiche Möglichkeiten, Streuverluste in der Werbung zu vermeiden. Vor diesem Hintergrund wurden im Rahmen der Studie „Deutschland Online" die jeweiligen Untersuchungsgruppen befragt, inwieweit sich das Internet für zielgruppenspezifische Werbemaßnahmen eigne. Über die Hälfte der befragten Unternehmen war der Auffassung, dass das Internet aufgrund der Vielzahl an themenspezifischen Websites eine geeignetere Plattform zur zielgruppenspezifischen Ansprache darstellt als andere Werbeträger (vgl. Abbildung 118).

---

[1]   Datenquelle: ZAW (2003), S. 1 ff.
[2]   Vgl. DMMV (2003b), S. 1.
[3]   Vgl. DMMV (2003b), S. 1.

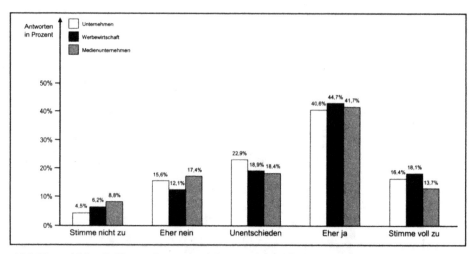

Abbildung 118:   Onlinewerbung als zielgruppenspezifischer Werbeträger

Trotz der schwierigen Rahmenbedingungen, denen die Werbeindustrie aufgrund der stagnierenden Werbeausgaben derzeit gegenübersteht, wird die Intensität der Nutzung von Onlinewerbung weiter steigen. Insbesondere die zunehmende Reichweite des Internets und die neuen technischen Umsetzungsformen werden eine Ausweitung der Onlinewerbeaktivitäten mit sich bringen. Das Internet wird aller Wahrscheinlichkeit nach künftig als einziger Werbeträger größere Wachstumsraten erzielen. Experten rechnen mit einer durchschnittlichen jährlichen Steigerungsrate von 15 bis 20 %, so dass die Onlinewerbung bis 2005 zu den anderen Mediengattungen aufschließen kann.[1]

Der Einsatz von Onlinewerbung ist in den kommenden Jahren durch zwei wesentliche Trends gekennzeichnet. Zum einen werden Unternehmen vermehrt Werbeformen platzieren, die einen hohen Interaktionsgrad mit dem Konsumenten ermöglichen. Insbesondere solche Formate, die ein hohes Maß an Unterhaltung und Überraschung vermitteln (z. B. transparente Layer-Ads), sind für die Werbetreibenden von hohem Interesse. Mit der fortschreitenden Penetration der Haushalte mit Breitbandinternetzugängen wird in diesem Zusammenhang die Streaming-Technologie vermehrt für die Gestaltung von Werbeformen verwendet werden. Zum anderen wird der Einsatz von Onlinewerbung in Zukunft vermehrt cross-medial abgestimmt stattfinden.[2]

---

1   Vgl. Absatzwirtschaft-Online (2003), S. 1.
2   Vgl. VDZ (2002), S. 30.

5.2.2.3 Werbewirksamkeit

Vor dem Hintergrund der großen Anzahl unterschiedlicher Werbeformen stellt sich für werbetreibende Unternehmen die Frage, welche Werbestrategie und welche Werbeform für welches Kampagnenziel am besten geeignet ist. Einen Anhaltspunkt zur Beantwortung dieser Fragestellung liefert die Werbewirkungsforschung. So prägte bereits vor mehr als 100 Jahren der amerikanische Warenhausbesitzer John Wanamaker den Ausspruch: „I know half the money I spend on advertising is wasted, but I can never find out which half"[1]. Seitdem wurden große Anstrengungen unternommen, Instrumente und Methoden zu entwickeln, die eine Werbewirkungskontrolle ermöglichen. Im Folgenden soll die (Online-) Werbewirkungskontrolle dargestellt werden.

Die im Rahmen einer Werbewirkungskontrolle verwendeten Kriterien zielen im Allgemeinen entweder auf die kommunikative Wirkung oder auf die Verkaufswirkung der Werbung ab.[2] Für die Beurteilung der kommunikativen Werbewirkung kommt eine Reihe von Messkriterien in Betracht. Diese wurden von Steffenhagen zu Werbewirkungskategorien verdichtet, zwischen denen Beziehungen bestehen. Hierbei wird davon ausgegangen, dass ein von einer Werbemaßnahme ausgehender Reiz momentane Reaktionen auslöst, welche die notwendigen Voraussetzungen für die Entstehung dauerhafter Gedächtnisinhalte bilden. Diese wiederum beeinflussen das finale Verhalten des Individuums (vgl. Abbildung 119).[3]

Werbewirkung kann indirekt oder direkt gemessen werden. Die indirekte Erfolgsmessung zielt darauf ab, die den dauerhaften Gedächtniswirkungen vorgelagerten momentanen Wirkungen zu operationalisieren und ihren Einfluss auf langfristige Gedächtnisinhalte offen zu legen.[4] Dabei gehören zu den vorgelagerten momentanen Wirkungen etwa Konstrukte wie Aktivierung, Aufmerksamkeit oder Emotionen. Diese werden entweder über Befragungen oder mittels apparativer Mess- und Beurteilungsverfahren erhoben, bei denen die Werbewirkungsmessung in der Regel in Labors erfolgt, wo die physiologischen Reaktionen der Testpersonen auf die Darbietung von Werbebotschaften gemessen werden.[5]

---

[1]   Zitiert nach Trommsdorff/Becker (2001), S. 4.
[2]   Vgl. Mayer (1990), S. 22 ff.
[3]   Vgl. Steffenhagen (1996), S. 11.
[4]   Vgl. Bruhn (1997b), S. 362.
[5]   Vgl. Kotler/Bliemel (2001), S. 972 ff.

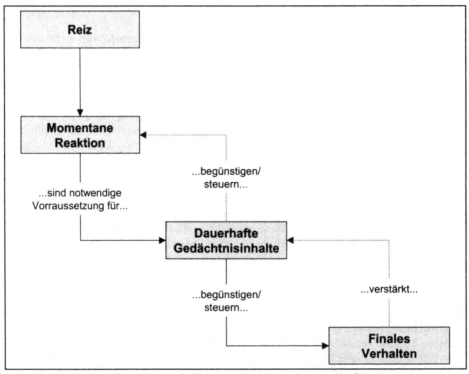

Abbildung 119:   Beziehungen zwischen Werbewirkungskategorien[1]

Die direkte Erfolgsmessung hingegen setzt bei der dauerhaften Gedächtniswirkung an. Hier stehen Erinnerung (Recall) und Wiedererkennung (Recognition) im Blickpunkt. Bei einem gestützten Recall werden Konsumenten danach befragt, ob sie sich an eine bestimmte Werbebotschaft erinnern können. Mit einem ungestützten Recall wird untersucht, an welche Werbebotschaften sich die Konsumenten überhaupt erinnern können.[2] Bei einem Recognition-Test schließlich geben die Probanden an, inwieweit ihnen vorgelegte Werbemaßnahmen bekannt sind bzw. ob sie diese wieder erkennen.[3]

Neben momentanen Reaktionen und dauerhaften Gedächtniswirkungen wird im Rahmen der Werbekontrolle außerdem untersucht, wie viele Personen mit der entsprechenden Werbemaßnahme erreicht werden konnten. Dies wird vor allem durch die Reichweite

---

[1]   In Anlehnung an Steffenhagen (1996), S. 11.
[2]   Vgl. Aaker/Batra/Myers (1992), S. 410.
[3]   Vgl. Belch/Belch (1990), S. 624.

der Werbung gemessen. Diese gibt an, wie viele Personen mit einem Werbemedium in Kontakt gekommen sind. Da hierbei das Problem einer Mehrfachzählung in Form der internen Überschneidung (ein Konsument sieht dieselbe Werbebotschaft in mehreren Ausgaben eines Mediums) oder der externen Überschneidung (ein Konsument sieht dieselbe Botschaft in verschiedenen Medien) auftreten kann, wurden mit der Einzelreichweite, der kumulierten Reichweite und der kombinierten Reichweite verschiedene Varianten dieses Maßes entwickelt.[1] Die Messung der Verkaufswirkung einer Werbemaßnahme gestaltet sich in traditionellen Medien aufgrund der stark eingeschränkten Beobachtungsfähigkeit der Reaktion schwierig. Hier werden zur Abschätzung der Werbewirkung zuweilen Labor- und Feldexperimente eingesetzt, welche allerdings mit einem nicht unerheblichen Aufwand verbunden sind.

Aufgrund des interaktiven Charakters des Internets ist eine Werbeerfolgskontrolle für Onlinewerbung innerhalb des Mediums ohne Medienbruch realisierbar. Über Internettechnologien sind eine nahtlose Dokumentation und Kontrolle der Werbewirkung vom ersten Kontakt des Konsumenten mit der Werbebotschaft über dessen Reaktion bis hin zum Ergebnis möglich. Entsprechend dieser Stufen unterteilen Skiera/Spann die im Rahmen der Werbeerfolgskontrolle zur Anwendung kommenden Kriterien bzw. Maßzahlen in Kontaktmaße, Interaktivitätsmaße und ergebnisorientierte Maße.[2] Die Kontaktmaße dienen hierbei einer Beurteilung der Reichweite einer Onlinewerbekampagne. Sie dienen zur Messung der Anzahl der Sichtkontakte mit einer Internetseite bzw. einer Onlinewerbeform. Die Sichtkontakte können über verschiedene Kennzahlen gemessen werden, auf die im Folgenden eingegangen wird:[3]

- Visits

Als Visit wird ein zusammenhängender Besuch eines Webangebots bezeichnet. Im Rahmen dieses Besuchs kann der User unterschiedlich viele Subsites einer Website benutzen. Der Werbeträgerkontakt wird über den Besuch des Users bestimmt. Dabei wird als Nutzungsvorgang ein technisch erfolgreicher Seitenzugriff eines Internetbrowsers auf das Angebot gewertet, soweit er von außerhalb des eigenen Angebots erfolgt.

- Page-Impressions

Page-Impressions (Synonym: Page-Views) bezeichnen die Anzahl der Sichtkontakte beliebiger Nutzer mit einer potenziell werbetragenden Seite. Sie liefern damit ein Maß für die Nutzung einzelner Seiten einer Website, so dass die Summe aller Page-Impressions Aufschluss über die Intensität (in Seiten gemessen) gibt, mit der ein Angebot genutzt wurde. Dabei werden ausschließlich die Abrufe von Content-Seiten gewertet.

---

[1]   Vgl. Nieschlag/Dichtl/Hörschgen (1997), S. 619; Peters/Karck (1999), S. 244 f.
[2]   Vgl. Skiera/Spann (2000), S. 419.
[3]   Vgl. hierzu etwa Bachem (1997), S. 194 ff.; DMMV (2003d).

▓ Ad-Impressions

Ad-Impressions bezeichnen die Anzahl der Sichtkontakte mit einem werbetragenden Objekt. Dabei muss die Zahl der Ad-Impressions nicht zwingend mit der Zahl der Page-Impressions übereinstimmen. Dies wird nur dann der Fall sein, wenn in einer werbeführenden Content-Seite genau ein Werbeobjekt integriert ist. Zudem können Ad-Impressions auch auftreten, wenn Werbeobjekte bei bestimmten Werbeformen losgelöst von den abgerufenen Inhaltsseiten zum Tragen kommen (z. B. als Pop-up) oder wenn eine Seite nicht vollständig abgerufen wurde, das werbetragende Objekt jedoch einwandfrei sichtbar war.

▓ Unique-Users

Mit den Unique-Users wird die Anzahl unterschiedlicher Besucher einer Website innerhalb eines Zeitraums, z. B. eines Monats, gemessen. Mehrere Besuche desselben Nutzers werden dabei nur einmalig verbucht. Hierdurch kann als Hauptkennzahl der Reichweite ermittelt werden, wie viele Konsumenten letztlich mindestens innerhalb eines bestimmten Zeitraums mit einer bestimmten Website bzw. Werbemaßnahme erreicht wurden.

Das Internet als interaktives Medium erlaubt es, die Reaktion auf Werbemaßnahmen anhand der vom User vorgenommenen Interaktionen mit der Werbeform direkt zu erfassen. Insofern kann die Werbewirkungsanalyse hier weit über die traditionellen Maße Erinnerung und Wiedererkennung hinausgehen. Zu nennen sind in diesem Zusammenhang insbesondere die Ad-Clicks. Hierunter wird die Anzahl der Klicks auf ein werbetragendes Objekt verstanden, welches per Hyperlink mit einer Informations- oder Transaktionsseite des Werbetreibenden verknüpft ist.[1]

Anhand der Anzahl der Ad-Clicks kann beziffert werden, wie oft User auf ein Werbemittel reagierten. Die Ad-Click-Rate setzt die Ad-Clicks in Beziehung zu den Ad-Impressions. Über diese kombinierte Messgröße lassen sich Aussagen über die relative Wirksamkeit der Werbemittel ableiten. Eine hohe Ad-Click-Rate signalisiert eine hohe Attraktivität des Werbemittels für die Nutzer. Sie verspüren das Bedürfnis, sich genauer über die beworbenen Produkte bzw. Dienstleistungen zu informieren.

Die Werbeerfolgskontrolle bei Onlinewerbung ist jedoch nicht nur in der Lage, die Werbewirkung anhand des durch sie geweckten Interesses indirekt festzustellen. Vielmehr kann auch eine direkte Messung des eigentlichen Werbeziels erfolgen. Das Werbeziel wird in der Mehrzahl der Fälle im Verkauf eines Produkts bestehen. Mithin können die abgeschlossenen Transaktionen in direkter Folge eines Ad-Clicks als kurzfristiges Ergebnis einer Onlinewerbemaßnahme betrachtet werden. Auf diese Weise

---

[1]   Vgl. Bachem (1997), S. 195.

kann bei Internetwerbung im Gegensatz zur traditionellen Werbewirkungsanalyse die direkte Wirkungskette zwischen Schaltung der Werbemaßnahme, Kontakt, Reaktion in Form eines Ad-Clicks und Ergebnis gemessen werden.[1]

Als Operationalisierung kommt zum einen die Anzahl der Transaktionen relativ zur Anzahl der Ad-Clicks (Conversion-Rate) in Betracht. Diese kann durch eine entsprechende Bewertung auch in monetäre Größen wie Umsatz oder Deckungsbeitrag überführt werden. Daneben werden vielfach auch Kostengrößen, wie etwa CPA (Cost-per-Ad-Click), CPO (Cost-per-Order), CPC (Cost-per-Customer) oder CPV (Cost-per-Visit) bestimmt.[2]

Kurzfristige Erfolgsmaße, welche nur die in direkter Folge eines Ad-Clicks abgeschlossenen Transaktionen erfassen, können allerdings zu einer systematischen Unterschätzung der Werbewirkung führen. Dies wird insbesondere dann der Fall sein, wenn der Konsument für Folgekäufe direkt die Website des Anbieters aufsucht, ohne vorher nochmals einer Werbebotschaft ausgesetzt zu sein. Daher muss eine Beurteilung des langfristigen Erfolgs einer Werbemaßnahme alle Folgekäufe einschließen. Dies setzt eine dauerhafte Identifikation des Käufers voraus. Eine Möglichkeit hierzu besteht etwa in der Vergabe eindeutiger Kundennummern.

Aus den vorangehenden Ausführungen wird deutlich, dass Werbetreibenden im Internet für die Werbewirkungsanalyse umfangreiche Methoden und Instrumente zur Verfügung stehen, die eine detaillierte Analyse ermöglichen. Auf Basis dieser Analysen können Werbebotschaften zielgruppenspezifisch entwickelt und Werbekampagnen effektiv geplant werden. Diesen Vorteil sehen sowohl die Unternehmen im Allgemeinen als auch diejenigen der Werbewirtschaft. Beide gaben im Rahmen der Studie „Deutschland Online" jeweils zu mehr als zwei Dritteln an, dass Onlinewerbung aufgrund der Reporting- und Analyseverfahren zur Werbewirkungsmessung eine zielgruppenspezifischere Ansprache und effektivere Planung von Werbeaktivitäten als Werbung auf anderen Plattformen ermöglicht (vgl. Abbildung 120).

---

[1]   Vgl. Skiera/Spann (2000), S. 420.
[2]   Vgl. DMMV (2003d).

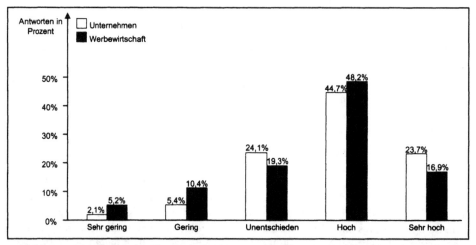

Abbildung 120: Möglichkeit einer zielgruppenspezifischen Ansprache und effektiven Planung von Onlinewerbeaktivitäten durch umfangreiche Werbewirkungsmessung

Trotz der genannten Chancen sieht sich die Werbeerfolgskontrolle auch im Internet mit einigen spezifischen Problemen konfrontiert.[1] Hier sind zum einen technische Restriktionen zu nennen. So werden Webserver vielfach durch die Einrichtung so genannter Proxy-Cache-Server entlastet. Diese speichern häufig aufgerufene Websites zwischen, damit diese schneller dargestellt werden können. Ist eine Seite in einem solchen Proxy-Cache-Server zwischengespeichert, so wird sie von dort in den Browser des Nutzers geladen. Hierbei erfolgt kein Eintrag in das Log-File auf dem Server des eigentlichen Dienstanbieters, so dass eine Reichweitenüberprüfung anhand von Page-Impressions bzw. Visits zu einer Unterschätzung führen kann.

Der gleiche Effekt entsteht auch durch lokale Cache-Speicher bei den Nutzern, wie sie von den meisten Webbrowsern angelegt werden. Dieses Problem wird vielfach mithilfe des so genannten „Bust-Caching" umgangen, wodurch der Browser zu einer direkten Abfrage einer Onlinewerbeform beim entsprechenden Server gezwungen wird. Hierzu wird die entsprechende Werbeform mit einem so genannten „Time-Stamp" versehen, der nach jedem Aufruf geändert wird. Ein Abruf gespeicherter Werbeformen wird damit unmöglich gemacht, da diese über einen älteren Time-Stamp verfügen. Schließlich können auch lange Antwortzeiten der Server zu technischen Problemen führen. Antwortet

---

[1]   Vgl. im Folgenden Skiera/Spann (2000), S. 421 ff.

ein Server nur mit Verzögerung, so kann es dazu kommen, dass Nutzer aus Ungeduld eine Werbung mehrfach anklicken, so dass mehr Ad-Clicks gezählt werden als tatsächliche Abrufe stattfinden.

Auch wenn die Kette vom ersten Kontakt mit einer Werbebotschaft bis hin zur Transaktion im Rahmen der Onlinewerbewirkungsanalyse komplett erfasst werden kann, treten dennoch Kausalitätsprobleme auf, insbesondere im Zusammenhang mit den ergebnisorientierten Maßen. So kann nicht immer eindeutig sichergestellt werden, dass eine abgeschlossene Transaktion auch tatsächlich kausal der Werbeschaltung zuzurechnen ist. So kann ein Konsument etwa bereits durch eine andere (Offline-)Werbeform für ein bestimmtes Produkt sensibilisiert worden sein und eher zufällig auf die Onlinewerbung treffen, die ihn letztlich zum Kauf veranlasst.

In diesem Fall wird die Werbewirkung der Onlinewerbung überschätzt. Aber auch der umgekehrte Fall ist denkbar. Es kann sein, dass ein Konsument durch Onlinewerbung zu einem Kauf animiert wird, jedoch aus bestimmten Gründen (z. B. Zeitmangel) die Transaktion nicht sofort abschließt. Falls der Konsument zu einem späteren Zeitpunkt nicht über den Werbeträger, sondern direkt auf die Website des Anbieters zugreift und den Kauf tätigt, würde der Werbeerfolg unterschätzt.

Identifikationsprobleme können auftreten, da zur Erfolgsbeurteilung eine Zurechnung von Transaktionen zu Ad-Clicks erforderlich ist. Dies setzt voraus, dass ein Konsument vom Zeitpunkt, zu dem er die Werbeform anklickt, bis zum Abschluss der Transaktion durchgängig identifizierbar ist. Eine Identifizierung über die so genannte IP-Adresse, welche den Rechner im Netzwerk eindeutig bezeichnet, scheitert daran, dass hinter einer IP-Adresse grundsätzlich mehrere Personen stehen können, die gemeinsam einen Rechner nutzen. Abhilfe verschafft hier die Vergabe einer so genannten Session-ID. Mit deren Hilfe können alle zusammenhängenden Seitenaufrufe eines Nutzers während einer Onlinesitzung erfasst werden.

Dieses Verfahren erfasst jedoch lediglich kurzfristige Erfolgsmaßstäbe. Eventuelle Wiederholungskäufe bleiben unberücksichtigt. Eine sitzungsübergreifende Identifikation von Konsumenten, welche auch längerfristige Erfolgswirkungen umfasst, wird durch das Setzen so genannter Cookies möglich. Hierunter werden kleine Dateien verstanden, welche auf der Festplatte des Nutzers angelegt werden. Mithilfe dieser Dateien kann der Nutzer bei seinen folgenden Besuchen bzw. Anfragen eindeutig identifiziert werden. Auf diese Weise können Folgekäufe des Konsumenten diesem zugerechnet und somit auch der längerfristige Erfolg einer Internetwerbung überprüft werden.

Zusammenfassend lässt sich feststellen, dass den Werbetreibenden mittels Onlinewerbung trotz der gerade dargestellten Restriktionen wesentlich umfangreichere Methoden und Instrumente zur Werbewirkungsanalyse zur Verfügung stehen, als dies bei den klassischen Medien der Fall ist. Aufgrund dieser Möglichkeiten kann beim Einsatz von Onlinewerbung sowohl eine detailliertere Analyse als auch eine verbesserte Werbeplanung und effizientere Werbeschaltung realisiert werden.

Als Beispiel für eine groß angelegte Studie zur Onlinewerbewirksamkeit sei an dieser Stelle das „T-Online Panel" der T-Online International AG genannt. Hierbei handelt es sich um ein repräsentatives Panel zur kontinuierlichen Werbewirkungskontrolle und Zielgruppenanalyse. Es setzt sich aus ca. 3.500 Teilnehmern zusammen, deren Surfverhalten ständig beobachtet wird und mit denen in regelmäßigen Abständen Befragungen durchgeführt werden. Im Rahmen dieser Studie konnte beispielsweise nachgewiesen werden, dass die Kombination von Print- und Onlinekampagnen eine bessere Werbeerinnerung erzielt als reine Printkampagnen. Auch das Markenimage kann durch Onlinewerbung positiv beeinflusst werden, wie durch Nutzeranalysen herausgefunden werden konnte.[1]

5.2.2.4 Platzierung

Der Erfolg einer Onlinewerbekampagne hängt nicht nur von der Wahl der geeigneten Werbemittel und der gestalterischen Umsetzung, sondern insbesondere auch von der Platzierung der Werbung ab.[2] Die klassischen Grundsätze der Werbewirkung gelten auch für Onlinewerbung.[3] Um die Kommunikationsziele einer Onlinewerbekampagne zu erreichen, ist das richtige Platzierungsumfeld wichtig. Durch die Schaltung in einem geeigneten Werbeumfeld soll die Zielgruppe mit geringen Streuverlusten erreicht und eine hohe Werbewirkung erzielt werden. Die erste Entscheidung im Rahmen der Platzierung betrifft die Wahl des Werbeträgers. Ferner müssen die räumliche und die zeitliche Platzierung der Werbemittel innerhalb des Werbeträgers definiert werden.

■ Wahl des Werbeträgers

Das Ziel bei der Wahl des Werbeträgers ist die Erreichung einer hohen Reichweite in der angestrebten Zielgruppe. Bei der Selektion des geeigneten Werbeträgers sind vor allem die soziodemografischen Daten der Nutzer (Zielgruppenaspekt), die Reichweite des Werbeträgers (Unique-Users) und die redaktionelle Ausrichtung und Qualität der Inhalte zu beachten. Freter hat für klassische Werbeträger einen Katalog von Haupteinflussgrößen auf die Auswahl des Werbeträgers entwickelt. Dieser kann auch zur Selektion geeigneter Onlinewerbeträger herangezogen werden. Zu den Haupteinflussgrößen gehören:[4]

– Attraktivität des Werbeträgers,

– zeitliche Verfügbarkeit des Werbeträgers,

– redaktionelles und werbliches Umfeld,

---

[1] Vgl. T-Online (2003j).

[2] Vgl. Meffert (2000), S. 811.

[3] Vgl. G+J Electronic Media Sales (2001), S. 39.

[4] Vgl. Freter (1974), S. 77 ff.

- Image des Werbeträgers,

- Nutzungspreis,

- globale Reichweite,

- zielgruppenspezifische Reichweite des Werbeträgers.

Die generelle Attraktivität eines Werbeträgers hinsichtlich seiner Kommunikationsleistung ist vor allem durch die quantitative Nutzung des Werbeträgers sowie die Werbeträgerkontaktqualität bestimmt.[1] Dabei kann die Werbeträgerleistung hinsichtlich quantitativer Leistungsmerkmale nach der Werbeträgerkontaktchance (Nutzung eines Webangebots) und der Werbemittelkontaktchance (Kontakt mit einer Werbung innerhalb eines Webangebots) unterschieden werden. Die Werbeträgerkontaktqualität drückt aus, wie stark der Werbeträger die Wirkung des Werbemittels unterstützt.

Die zeitliche Verfügbarkeit eines Werbeträgers ist im Bereich der Onlinewerbung eher unkritisch zu sehen. Darüber hinaus stellt das redaktionelle und werbliche Umfeld eines Werbeträgers einen wichtigen Faktor im Rahmen des Auswahlprozesses dar. Empirische Untersuchungen zur Werbewirkung zeigen, dass in einem redaktionell passenden Umfeld geschaltete Werbungen eine bessere Werbewirkung erzielen.[2] Zudem sollte das Image des Werbeträgers bei der anvisierten Zielgruppe berücksichtigt werden.

Ein weiterer Aspekt, der bei der Selektion des Werbeträgers zu beachten ist, ist das für die Buchung des Werberaums zu entrichtende Entgelt. Die Entscheidung hinsichtlich eines Werbeträgers ist vor dem Hintergrund des zur Verfügung stehenden Budgets zu treffen. Da die absolute Höhe eines Nutzungspreises kaum Aussagen hinsichtlich eines Vergleichs verschiedener Werbeträger zulässt, werden relative Größen verwendet. Dabei wird üblicherweise auf Tausender-Kontakt-Preise (TKP) abgestellt. Der TKP dient zur Beurteilung des Preis-Leistungs-Verhältnisses im Rahmen von Wirtschaftlichkeitsvergleichen zwischen verschiedenen Werbeträgern. Generell ergibt er sich als Quotient der Kosten einer Werbeschaltung und der Anzahl der Werbeträgerkontakte multipliziert mit 1.000. Der TKP gibt somit die Kosten für 1.000 Werbeträgerkontakte an.

$$TKP = \frac{\text{Kosten der Werbeschaltung}}{\text{Werbeträgerkontakte}} \times 1.000$$

---

[1]   Vgl. Meffert (2000), S. 816.

[2]   Vgl. Kotler/Bliemel (2001), S. 966.

Da die Zielgruppe in der Regel nicht identisch mit der Gesamtnutzerschaft eines Medienangebots ist, empfiehlt sich die Berechnung eines zielgruppengewichteten TKP.[1]

$$\text{gewichteter TKP} = \frac{\text{Kosten der Werbeschaltung}}{\text{Werbeträgerkontakte} \times \text{Zielgruppenanteil}} \times 1.000$$

Bei Onlinewerbeträgern wird der TKP auf Basis der Sichtkontakte der User mit einer einzelnen, werbeführenden Internetseite (Page-Impressions) berechnet.

Von großer Bedeutung ist auch die Anzahl der Kontakte der Nutzer mit den Werbeträgern. Zentrale Messgröße ist dabei die Reichweite. In der Werbeforschung bezeichnet die Reichweite den Anteil (Prozentsatz) der Bevölkerung, die zu einem bestimmten Zeitpunkt oder in einem bestimmten Zeitraum Kontakt mit dem Werbeträger hat bzw. hatte.[2] Diese globale Reichweite kann weiter auf die anvisierte Zielgruppe einschränkt werden. In diesem Fall ergibt sich die zielgruppenspezifische Reichweite des Werbeträgers.

■ Räumliche Platzierung

Bei der räumlichen Platzierung sind die Anordnung der Werbemittel innerhalb des Werbeträgers und die Anordnung auf der jeweiligen Internetseite selbst zu beachten. Hinsichtlich der Positionierung innerhalb des Werbeträgers muss entschieden werden, ob das Onlinewerbemittel auf der Startseite oder auf einer der Subseiten geschaltet werden soll. Ferner sollte die Onlinewerbung auch innerhalb der Website auf den redaktionellen Content abgestimmt werden. Durch die Herstellung eines inhaltlichen Bezugs zwischen der Werbung und dem redaktionellen Inhalt der Website kann eine höhere Werbewirksamkeit erzielt werden, indem das Situationsinvolvement des Nutzers gezielt ausgenutzt wird.[3]

Nahezu die Hälfte aller im Rahmen der Studie „Deutschland Online" befragten Unternehmen, Medienunternehmen und Unternehmen aus der Werbewirtschaft war der Ansicht, dass kontextspezifisch geschaltete Onlinewerbung die Kaufbereitschaft der Bürger für die beworbenen Produkte erhöht. Auch 48,1 % der Verbraucher stimmten dieser Aussage zu (vgl. Abbildung 121).

---

[1]   Vgl. Meffert (2000), S. 816 f.
[2]   Vgl. MediaLine (2003).
[3]   Vgl. Kotler/Bliemel (2001), S. 966.

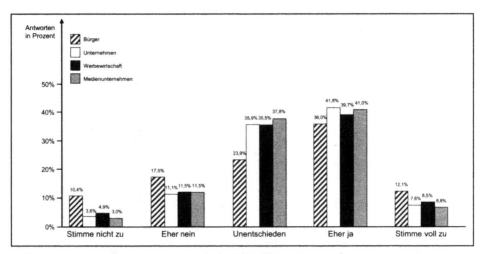

Abbildung 121: Bedeutung des inhaltlichen Bezugs zwischen Onlinewerbeträger und
                Onlinewerbung für die Kaufentscheidung

Bei der Betrachtung der Ergebnisse der Befragung hinsichtlich des Einflusses von kontextspezifisch geschalteter Werbung auf den Traffic-Lead-in der werbenden Unternehmen wird die Bedeutung einer adäquaten Platzierung innerhalb der Website noch deutlicher. 69,0 % der befragten Unternehmen sind der Auffassung, dass sich kontextspezifisch geschaltete Onlinewerbung positiv auf den Traffic-Lead-in der werbenden
Unternehmen auswirkt. Ähnlich hoch ist die Zustimmung von Seiten der befragten Unternehmen der Werbewirtschaft und der Medienunternehmen (68,7 % bzw. 73,3 %) (vgl.
Abbildung 122).

Wenn Onlinewerbung innerhalb einer zielgruppenspezifischen Website nicht thematisch
in ein bestimmtes Umfeld eingeordnet werden kann, ist eine Platzierung im Rotations-
modus über einen Ad-Server sinnvoll. In diesem Fall wird sie automatisch in den verschiedenen Rubriken des Werbeträgers geschaltet (Gesamtrotation). Die Rotation über
die gesamte Website kann auch auf einzelne Ressorts (Ressortrotation) oder bestimmte
Spezialthemen (Rubrikrotation) eingeschränkt werden.

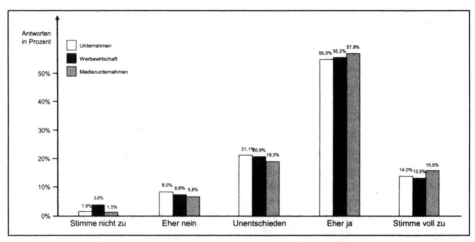

Abbildung 122:   Zustimmung zur Bedeutung des inhaltlichen Bezugs zwischen Online-
Werbeträger und Onlinewerbung auf den Traffic-Lead-in

Nach der Entscheidung hinsichtlich der Position des Werbemittels innerhalb der Website
muss die seitenbezogene Platzierung der Werbung vorgenommen werden. Bei der Platzierung auf der einzelnen Seite ist festzulegen, an welcher Stelle die Werbung in die jeweilige Content-Site eingebunden werden soll. Für Offlinemedien konnten aus empirischen Studien keine eindeutigen Handlungsempfehlungen für Platzierungsentscheidun-
gen abgeleitet werden.[1]

Eine Studie, die die horizontale Platzierung von Onlinewerbemitteln untersuchte, stellte
fest, dass diese überwiegend am oberen Seitenrand angeordnet werden. Gewöhnungsef-
fekte haben dazu geführt, dass der Großteil der User horizontale Werbeformen wie Banner in Standardgrößen inzwischen intuitiv an dieser Stelle erwartet. Fast ein Drittel dieser Werbemittel wurde am unteren Seitenrand eingebunden, während der Einsatz in der
Seitenmitte untypisch ist (vgl. Abbildung 123).[2]

---

[1]   Vgl. Meffert (2000), S. 823 f.
[2]   Vgl. Plan.Net media (2001), S. 15.

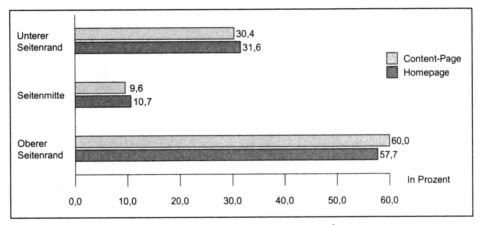

Abbildung 123:   Horizontale Positionierung der Werbemittel[1]

▓ Zeitliche Platzierung

Über Ad-Server kann Onlinewerbung nicht nur kontext- und verhaltenspezifisch, sondern auch zu fest definierten Uhrzeiten geschaltet werden. Da sich die Struktur der Internetnutzer über den Tag hinweg verändert, sollte die Werbung zu dem Zeitpunkt geschaltet werden, zu dem die höchste Reichweite in der Zielgruppe gegeben ist. Beispielsweise bietet es sich nicht an, Themen für Schüler nachts oder während der Schulzeit zu schalten. Mithilfe der in Abschnitt 5.2.2.3 vorgestellten Analyseverfahren zur Werbewirkungsmessung kann auf Basis der Nutzungsdaten vom Ad-Server ermittelt werden, bei welcher zeitlichen Platzierung die höchste Werbewirkung erzielt werden kann.

5.2.2.5 Gestaltung

Im vorherigen Abschnitt wurde darauf eingegangen, wie die Werbewirkung durch die Platzierung der Werbeform auf bestimmten Werbeträgern beeinflusst werden kann. Neben der Platzierung ist ferner die Gestaltung der Werbung von hoher Bedeutung für die Werbewirkung. Hinsichtlich des Erfolgs spielt einerseits eine Rolle, welche Werbeform eingesetzt wird und wie die entsprechende Werbeform gestaltet wird. Andererseits ist auch die Gestaltung der Werbebotschaft selbst ein wichtiger Erfolgsfaktor. Abhängig davon, ob diese z. B. Neugier erweckend oder fordernd gestaltet wird, kann eine spezifischere Werbewirkung erreicht werden.

---

[1]   In Anlehnung an eResults (2003b), S. 21.

▨ Wahl und Gestaltung der Werbeform

Die Ergebnisse mehrerer empirischer Studien stimmen in der Aussage überein, dass die gewählte Onlinewerbeform einen wesentlichen Einfluss auf die Werbewirkung hat.[1] Beispielsweise ergab die Studie BrandEffects 2003, dass Pop-ups und Layer-Ads stärker wahrgenommen werden als klassische Banner. Jedoch aktivieren Floating-Ads stärker als Pop-ups die Neugierde und erzielen sowohl gestützt als auch ungestützt eine höhere Werbeerinnerung.[2] Zur gleichen Schlussfolgerung kommt auch die Studie „Deutschland Online". Über 60 % der befragten Bürger stimmten der Aussage zu, dass sie Onlinewerbung, die sich über die Website bewegt, besser wahrnehmen als solche, die auf der Internet-Site an einer fixen Position bleibt (vgl. Abbildung 124).

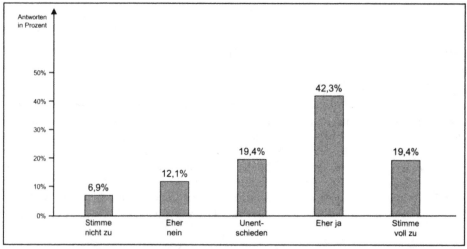

Abbildung 124: Wahrnehmung von sich über die Website bewegender Internet-Werbung

Demzufolge erscheinen transparente Flash-Layer-Ads und DHTML-Banner besonders geeignet, um eine hohe Aufmerksamkeit zu erzielen. Ferner haben empirische Untersuchungen ergeben, dass Onlinewerbung umso besser wahrgenommen wird, je deutlicher der Content von der Werbung überlagert wird.[3] Demnach sollte die Verwendung von

---

[1]   Vgl. Interactive Media (1999); G+J Electronic Media Sales (2001); TomorrowFocus Sales (2002).

[2]   Vgl. TomorrowFocus Sales (2003).

[3]   Vgl. TomorrowFocus Sales (2002), S. 4 ff.

Werbeformen, die entweder in einem neuen Fenster (Pop-up-Ads) oder in einer Ebene (Layer-Ads) direkt über der eigentlichen Content-Site erscheinen, die Wahrnehmung des Users stärker erhöhen als der Einsatz von klassischen Bannern.

Die unterschiedlichen Onlinewerbeformen weisen unterschiedliche Stärken und Schwächen auf. Ein Zusammenhang zwischen der gewählten Werbeform und der Betrachtungsdauer und -häufigkeit konnte deutlich nachgewiesen werden. Pop-ups und transparente Flash-Layer-Ads scheinen für Awareness- und Direct-Response-Kampagnen besonders geeignet zu sein. Skyscraper erweisen sich als eine sehr effiziente Werbeform zur Übermittlung von Informationen im Rahmen von Branding-Kampagnen, erzielen jedoch eine weniger gute Responsewirkung als Pop-ups und DHTML-Banner. Das Sticky-Ad erreicht nur geringe Aufmerksamkeits- und Awarenesswerte.

Die Schaltung aufwändiger Formate ist aber üblicherweise mit höheren Kosten verbunden als die von Bannern in Standardformaten. Daher müssen Werbetreibende abwägen, ob der Zugewinn an Aufmerksamkeit und Werbeerinnerung den höheren Schaltungspreis rechtfertigt. Zudem sollte die Gefahr beachtet werden, dass der User es als sehr störend empfinden kann, wenn er aufgrund der vielfachen Schaltung von großformatiger Werbung auf einer Seite kaum dazu kommt, sich dem eigentlichen Content zu widmen.

Aus diesem Grund sollten besonders großformatige und den Content überlagernde Werbeformen in Maßen eingesetzt werden. Direkt in die Content-Site können zudem noch kleinformatige Banner, kontextbezogene Textlinks oder auch Skyscraper integriert werden. Es ist daher nicht davon auszugehen, dass kleinere, in die Website eingefügte Werbeformen vollständig durch größere Formate substituiert werden, auch wenn diese vergleichsweise höhere Aufmerksamkeits- und Werbeerinnerungswerte erzielen.

„Ein Bild sagt mehr als tausend Worte".[1] Die Erfolgswirkung von Bildern in der Werbung wurde bereits mehrfach bestätigt.[2] Analog zu den Aussagen der Studien von Kirchler/Michalicka (1987) und Kroeber-Riel (1993a) für den Zeitungs- und Zeitschriftenmarkt gilt auch im Internet, dass Bildinformationen wesentlich besser wahrgenommen werden als Textinformationen. Bilder werden zumeist vor dem Text betrachtet und tendenziell besser aufgenommen (Reihenfolgeeffekt).[3]

Zum gleichen Ergebnis kam auch die 100world Werbewirkungsstudie 2000, bei der ca. 1.000 repräsentativ ausgewählte Nutzer eines Onlinebrokers befragt wurden. Es wurde festgestellt, dass die Awareness eines Banners zu 65 % auf die bildliche Erinnerung zurückgeführt werden kann.[4] Ferner wirken Bilder im Allgemeinen stärker aktivierend als Texte. Sie lösen eher Emotionen beim Betrachter aus, die die Wahrnehmungs-

---

[1]   Kirchler/Michalicka (1987), S. 1.

[2]   Vgl. Kroeber-Riel (1993a), S. 245.

[3]   Vgl. Meffert (2000), S. 800.

[4]   Vgl. 100world.com (2000).

und Erinnungswahrscheinlichkeit steigern. Sowohl Textlinks als auch Texte innerhalb anderer Onlinewerbeformen werden daher in der Regel schwächer wahrgenommen als die Bildelemente einer Website. Bei der Verwendung von Texten und Textlinks sollte darauf geachtet werden, dass gut lesbare Schriftarten eingesetzt und die Slogans bzw. die Linkbezeichnungen kurz und prägnant gehalten werden. Ferner sollte der Text (-link) in der Tonalität der Zielgruppe verfasst sein.[1]

In der Literatur zur Offlinewerbung besteht weit gehend Einigkeit darüber, dass die Größe der Anzeige positiv mit allen psychologischen Wirkungsstufen, wie beispielsweise Aufmerksamkeit, Erinnerung und Produktkenntnis, korreliert.[2] Um zu überprüfen, ob dieser Zusammenhang auch für Onlinewerbung gilt, sollten Unternehmen der Werbewirtschaft im Rahmen der Studie „Deutschland Online" dazu Stellung nehmen, inwieweit sie davon ausgehen, dass die durch die zunehmende Diffusion des Breitbandinternets verbesserten Möglichkeiten zur Schaltung von aufwändig animierten und flächenmäßig größeren Onlinewerbungen zu einer Steigerung der Wahrnehmung führen werden. 46,2 % der Unternehmen aus der Werbewirtschaft stimmten dieser Aussage zu (vgl. Abbildung 125).

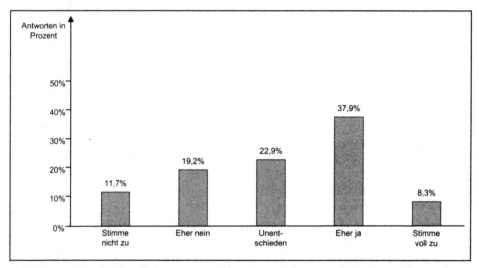

Abbildung 125: Wahrnehmung von aufwändig animierter und flächenmäßig größerer Onlinewerbung

---

[1]   Vgl. Meffert (2000), S. 801.
[2]   Vgl. Meffert (2000), S. 805.

Die Schlussfolgerungen der AdEffects 2002 Studie weisen in dieselbe Richtung wie die der Studie „Deutschland Online". Die Analysen der AdEffects 2002 Studie ergaben, dass Onlinewerbung umso mehr Aufmerksamkeit erlangt, je größer die Werbefläche und je höher der Animationsgrad der Werbung ist.[1] Somit wird einerseits die Meinung der Werbewirtschaft bestätigt, dass aufgrund der zunehmenden Diffusion des Breitbandinternets von einer gesteigerten Wahrnehmung von Internetwerbung auszugehen ist. Andererseits zeigt sich, dass zwischen Online- und Offlinewerbung Parallelen bestehen. Erfolgsfaktoren von Werbung aus dem Offlinebereich scheinen zumindest teilweise auf den Online-Bereich übertragbar zu sein.

Im Internet war es bis vor kurzem ökonomisch wenig sinnvoll, Klangelemente zur Werbegestaltung zu nutzen, da nur eine geringe Anzahl von Usern über einen Anschluss mit ausreichender Bandbreite verfügte. Bedingt durch die hohen Übertragungsraten des Breitbandinternets kann Internetwerbung zunehmend mit qualitativ hochwertigen Audiosequenzen hinterlegt werden. Um zu analysieren, ob die Wahrnehmung von Onlinewerbung auf diese Weise gesteigert werden kann, wurde die Werbewirtschaft im Rahmen der Studie „Deutschland Online" um eine Einschätzung zu diesem Thema gebeten. 38 % der Befragten gehen davon aus, dass Internetwerbung eine höhere Wahrnehmung erreichen kann, wenn sie mit hochwertigen Audiosequenzen kombiniert wird (vgl. Abbildung 126).

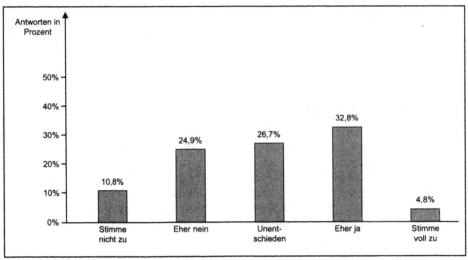

Abbildung 126: Wahrnehmung von mit qualitativ hochwertigeren Audiosequenzen hinterlegter Onlinewerbung

---

[1]   Vgl. TomorrowFocus Sales (2002), S. 7.

Verglichen mit empirischen Ergebnissen aus der Offlinewelt wirken diese Zahlen realistisch. Zur Steigerung des Bekanntheits- und des Wiedererkennungswerts wird bei Werbung im Hörfunk, im klassischen TV oder im Kino von einem Großteil der Unternehmen Musik eingesetzt. Im Rahmen einer repräsentativen Face-to-Face-Erhebung zum Thema „Wirkung von Klangelementen" mit 972 Teilnehmern zwischen 14 und 59 Jahren stellte IMAS International im Februar 2002 fest, dass der Telekom-Jingle von 86 % der Teilnehmer richtig der Marke Telekom zugeordnet werden konnte. Auch der Musiktitel „Like ice in the sunshine" konnte von einem Drittel der Befragten eindeutig der Marke Langnese zugeordnet werden.[1]

Ferner konnte in empirischen Offlinestudien gezeigt werden, dass Konsumenten die Verweildauer in Einkaufsstätten immer dann kürzer einschätzten, wenn dort Musik gespielt wurde.[2] Es zeigt sich, dass Musik- und Klangelemente sowohl Einfluss auf die Markenerkennung als auch auf die Wahrnehmung der Hörer haben. Daher sollte Internetwerbung nach Möglichkeit mit Audioelementen unterlegt werden. Jedoch ist zu beachten, dass sinnvollerweise nur sehr großformatige bzw. Full-Screen-Werbeformen mit Musik hinterlegt werden können. Dies ist dadurch bedingt, dass der User die Musik eventuell nicht der korrespondierenden Werbeform zuordnen kann, wenn mehrere Banner auf einer Website geschaltet sind. Die Untermalung mit Ton eignet sich somit insbesondere für E-Mercials und großformatige Formen der Unterbrecherwerbung.

Eine Untersuchung von Millward Brown Interactive aus dem Jahr 1999 bescheinigt Rich-Media-Bannern eine deutlich höhere Wahrnehmungswahrscheinlichkeit als statischen oder einfach animierten Bannern. Zusätzlich konnte eine Steigerung der Brand-Awareness und der Kaufbereitschaft der Befragten durch den Einsatz von Rich-Media-Elementen diagnostiziert werden.[3] In einer zweiten Studie zu Streaming-Werbeformen stellte Millward Brown Interactive ebenfalls fest, dass Streaming-Onlinewerbeformen eine wesentlich stärkere Werbewirkung erreichen und einen positiveren Effekt auf das Markenimage des schaltenden Unternehmens haben als herkömmliche Bannerwerbung.

Durch den Einsatz von Streaming-Onlinewerbung konnten sogar ähnliche Effekte erzielt werden wie durch klassische TV-Werbung.[4] Zusammen mit dem Ergebnis der „Deutschland Online" und der AdEffects 2002 Studie, die zeigten, dass Awareness und Werbewirkung durch aufwändig animierte Onlinewerbung erhöht wird, ergibt sich, dass Unternehmen die Werbewirkung durch komplexe Animationen und den Einsatz von Rich-Media- bzw. Streaming-Elementen steigern können. Unternehmen sollten jedoch nicht zu viele solcher Elemente einsetzen, da der User diese als störend empfinden kann.

---

[1]   Vgl. IMAS International (2002).
[2]   Vgl. Meffert (2000), S. 805.
[3]   Vgl. Millward Brown Interactive (1999).
[4]   Vgl. Millward Brown Interactive (2000).

In der Studie „Deutschland Online" wurde die Werbewirtschaft dazu befragt, ob die Wahrnehmung von Onlinewerbung dadurch gesteigert werden kann, dass sie als Interstitial, d. h. unerwartet und unabhängig vom Nutzungsverhalten des Users, geschaltet wird. Nur 25,4 % der Teilnehmer stimmten der Aussage zu, dass durch die unerwartete Schaltung die Wahrnehmung gesteigert wird (vgl. Abbildung 127).

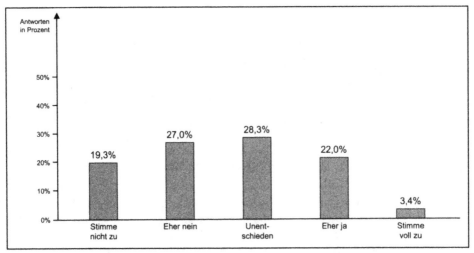

Abbildung 127: Wahrnehmungssteigerung durch unerwartet erscheinende Onlinewerbung

Unabhängig davon, ob die Werbewirkung durch Unterbrecherwerbung erhöht wird, besteht das Risiko, dass sich der User bei zu starkem Einsatz von großformatigen Interstitials erheblich in seinem Nutzungsverhalten beeinträchtigt fühlt und alternativ eine andere Website aufsucht. Ferner könnte ein solches Negativerlebnis auch Auswirkungen auf die Wahrnehmung des werbetreibenden Unternehmens haben. Unter Umständen könnte dies dazu führen, dass der User selbst Offlineangebote des Unternehmens nicht mehr nutzt.

Wie in Abschnitt 5.2.2.4 dargestellt, können Unternehmen die Gefahr, dass der User ablehnend auf Onlinewerbung reagiert, einerseits dadurch reduzieren, dass die Werbung kontextspezifisch geschaltet wird. Andererseits haben sie die Möglichkeit, die Werbeformen so zu gestalten, dass der User die Werbung unterbinden kann, wenn er sie nicht wahrnehmen möchte. In der Studie „Deutschland Online" wurde analysiert, inwieweit Bürger der Aussage zustimmen, dass sie Onlinewerbung, die sie auf Wunsch wegklicken bzw. schließen können, nicht als störend empfinden. Dabei stellte sich heraus, dass der Anteil der Bürger, der solche Werbung nicht als störend empfindet, mit 44,6 % größer ist als der Anteil, der sie als störend empfindet (38,6 %) (vgl. Abbildung 128).

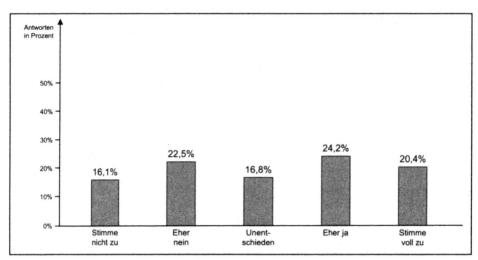

Abbildung 128:   Akzeptanz von wegklickbarer Internetwerbung

Um zu vermeiden, dass eine negative Assoziation mit dem werbeschaltenden Unternehmen entsteht, erscheint es angesichts dieser Zahlen sinnvoll, in Pop-ups und großformatigen Layer-Ads ein Element zum Beenden bzw. zum Schließen der Werbeeinblendung zu integrieren. Somit wird denjenigen, die die Werbung als besonders störend empfinden, die Chance geboten, direkt die von ihnen aufgerufene Content-Site zu nutzen.

Die OnWW Studie der Plan.Net Media GmbH ermittelte im Rahmen einer Onlinebefragung von insgesamt 47.973 Usern zur Werbewirkung von Bannern im Internet weitere Erfolgsfaktoren hinsichtlich deren Erinnerungs- und Responsewirkung. Es stellte sich heraus, dass eine seriöse Gestaltung der Werbeform Kompetenz suggeriert. Ferner erzielten Banner, in denen ein Logo dominant präsentiert wurde und die im Corporate-Design des schaltenden Unternehmens gestaltet waren, höhere Wiedererkennungswerte als die übrigen Banner.[1]

Zusammenfassend kann festgehalten werden, dass die verschiedenen in Abschnitt 5.2.2.1 dargestellten Werbeformen jeweils spezifische Vor- und Nachteile aufweisen. Aufgrund der zunehmenden Verbreitung des Breitbandinternets können größere Werbeformen verwendet werden, die eine höhere Werbewirkung als die klassischen Formen besitzen. Die Werbewirkung kann ferner durch den Einsatz von Streaming- und Rich-Media-Elementen positiv beeinflusst werden. Jedoch sollten vor allem großformatige Werbeformen angemessen eingesetzt werden. Zudem sollte der User bei großformatigen Werbeeinblendungen die Option haben, diese auf Wunsch zu beenden, damit die Gefahr

---

[1]   Vgl. Plan.Net media (2001), S. 15 f. und S. 61.

der Reaktanz begrenzt werden kann. Unternehmen können durch eine seriöse Gestaltung ihrer Werbung Kompetenz demonstrieren und durch die erkennbare Darstellung ihres Logos sowie die Gestaltung der Werbung im Corporate-Design höhere Wiedererkennungswerte erzielen.[1]

▨ Gestaltung der Werbebotschaft

Nachdem im vorherigen Abschnitt dargestellt wurde, welche Einflussmöglichkeiten auf die Werbewirkung im Rahmen der Wahl und der Gestaltung der Werbeform bestehen, wird in diesem Abschnitt darauf eingegangen, wie die Werbewirkung durch die Gestaltung der Werbebotschaft verbessert werden kann. Die Ergebnisse mehrerer empirischer Studien zeigen, dass die Formulierung der Werbebotschaft Einfluss auf die Wahrnehmung der User hat.[2] So wurde bei der Messung der Werbewirkung von Bannern im Internet festgestellt, dass die Hauptmotive für den Klick auf einen Banner Neugier, gefolgt von Interesse am Produkt und an der Werbebotschaft selbst sind.

Diese drei Faktoren wurden von den Studienteilnehmern als wichtiger erachtet als ein ansprechendes Bannermotiv oder eine gute Animation des Banners. Dies bedeutet jedoch nicht, dass die zuvor dargestellten Empfehlungen zur Gestaltung der Werbeformen von nachrangiger Bedeutung sind. In den bisherigen empirischen Untersuchungen wurden keine alternativen Werbeformen betrachtet. Daher können auf Basis dieser Studien keine allgemein gültigen Aussagen in Bezug auf die Wahl der Werbeform gemacht werden. Es ist davon auszugehen, dass eine ansprechende Gestaltung der Werbeform eine Voraussetzung für deren Wahrnehmung und Erinnerung darstellt. Jedoch erlaubt das Studiendesign, generelle Erfolgsfaktoren für die Gestaltung der Werbebotschaft abzuleiten.

Die Untersuchungen ergaben, dass Banner erfolgreich sind, wenn sie ein klares und positiv formuliertes Nutzenversprechen sowie eine kurze, einfach zu verstehende Aussage enthalten. Die Aussage sollte auf die Zielgruppe zugeschnitten sein und eine nicht zu aggressiv gestaltete Handlungsaufforderung beinhalten. Ferner stellte sich heraus, dass die Kommunikation des Produktnutzens die Bannererinnerung stärker erhöht als die Verwendung eines Marken-Claims.[3] Unternehmen sollten somit die Werbebotschaft zum einen möglichst prägnant, eindeutig und in der Tonalität der Zielgruppe verfassen. Zum anderen sollte ein konkretes Nutzenversprechen abgegeben und der User zu einer Aktivität aufgefordert werden.

---

1   Vgl. Plan.Net media (2001), S. 15 f. und S. 61.
2   Vgl. TomorrowFocus Sales (2002); G+J Electronic Media Sales(2001).
3   Vgl. Plan.Net media (2001), S. 15 f., 51 ff., 68 f.

5.2.3   Zukünftige Perspektiven der Onlinewerbung

Bereits heute stellt Onlinewerbung ein wichtiges Element im Marketing-Mix dar und ist für viele Unternehmen nicht mehr wegzudenken. Die Bedeutung von Onlinewerbung wird weiter zunehmen, da einerseits die Anzahl der Bürger mit Internetanschluss wie auch die Nutzungsfrequenz und -dauer weiter anwachsen werden. Andererseits dürften die Onlinewerbeausgaben steigen, weil davon auszugehen ist, dass die User zukünftig mehr Geld im Netz ausgeben werden. Ursächlich dafür sind neben den Zeit- und Convenience-Vorteilen beim Onlineshopping auch das steigende Vertrauen der User in die Transaktionssicherheit des Mediums Internet. Marketingkampagnen werden künftig zunehmend cross-medial durchgeführt. Im Rahmen von Kampagnen berücksichtigen Unternehmen Onlinewerbung immer stärker und setzen diese in Abstimmung mit klassischen Medien ein.

Onlinewerbung wird künftig eine Annäherung an Formate aus dem klassischen TV- und Printbereich erfahren. Dies betrifft insbesondere New-Window-Ads und Layer-Ads. Da diese beiden Werbeformen eine emotionalere Kommunikation und höhere Aufmerksamkeitswerte ermöglichen, platzieren werbetreibende Unternehmen diese vermehrt und setzen hierbei hochwertige Animationen, Streaming-Elemente und Audiosequenzen ein. Großformatige New-Window- und Layer-Ads werden jedoch direkt in die Content-Site integrierte Werbeformen nicht verdrängen. Aufgrund ihrer Größe können diese Formate nur in Maßen geschaltet werden, da sie den User ansonsten in der Nutzung der Website so stark einschränken, dass er gegebenenfalls eine andere Seite aufsucht.

Dadurch, dass sowohl Banner als auch Textlinks in den Content integriert werden und der Content somit gleichzeitig sichtbar bleibt, sind auch weiterhin beide Formen wichtige Elemente von Werbekampagnen. Zukünftig dürfte der kombinierte Einsatz von klassischen Formaten sowie New-Window- und Layer-Ads den Regelfall darstellen. Da sie die simultane Nutzung des Content einschränken, werden großformatige Werbeformen nur in bestimmten zeitlichen Abständen geschaltet. In den Intervallen dazwischen gilt es, Banner und Textlinks in die Content-Site zu integrieren.

Wie zuvor beschrieben, ist Onlinewerbung in verschiedenen Formen möglich. Durch die technische Entwicklung und die Kreativität der Werbewirtschaft kommen laufend neue Formate hinzu. Diese Entwicklung betrifft vor allem die technische Umsetzung der Werbeinhalte. Allerdings wird es im Zuge der zunehmenden Etablierung der Onlinewerbung als Element des Marketingmixes und der Annäherung an die Formate im klassischen TV- und Printbereich möglich, Synergieeffekte in der Produktion und Verwertung von Werbeinhalten zu erzielen, indem z. B. Inhalte eines Werbespots online und offline genutzt werden. Dies ist auch vor dem Hintergrund von Effizienzgesichtspunkten notwendig. Nur so wird es künftig möglich sein, eine Kampagne auf mehreren Werbeträgern zu schalten.

Onlinewerbung wird in der Zukunft noch stärker kontextspezifisch, also in einem themenspezifischen Umfeld und auf zielgruppenspezifischen Websites platziert werden. Zusätzlich werden in steigendem Maß automatisierte Verfahren eingesetzt, die eine verhaltensspezifische Schaltung von Werbung auf Basis des Klickpfades und der Kaufhistorie der User erlauben. Beide Maßnahmen werden die Wahrscheinlichkeit erhöhen, dass der User auf die Werbung anspricht. Ebenso werden Unternehmen Verfahren zur Erfolgskontrolle der Werbeschaltung, wie z. B. automatisierte Log-File-Analysen, verstärkt einsetzen, um festzustellen, auf welchen Websites ihre Werbung den größten Response erfährt. Auf Basis dieser Ergebnisse werden sie vermehrt ihre Werbeplanung durchführen.

Der Einsatz von interaktiven Elementen wird bei Werbeformen zunehmen, die von einem Unternehmen auf Websites eines anderen Unternehmens geschaltet werden. Verstärkt dürften Formen verwendet werden, die eine Interaktion bzw. Transaktion ermöglichen, ohne dass der User die Werbeträger-Site verlassen muss. Aus technischer Sicht ist es möglich, Sequenzen von Online-Video-Streams per Indexierung mit Informationen sowie Bestell- und Beratungsmöglichkeiten zu verknüpfen. Diese können bei Video-Streams, die nicht den gesamten Bildschirm ausfüllen, neben dem Stream-Element platziert werden. Bei Full-Screen-Streams besteht die Option, diese Interaktionsmöglichkeiten per Klick auf das aktive Fenster angezeigt zu bekommen.

Durch die Indexierung von Videostreams können Unternehmen in Filmen, Trailern oder Experten-Video-Chats zu einem bestimmten Zeitpunkt sichtbare bzw. angesprochene Produkte oder Produktkategorien mit weiterführenden Informationen sowie Bestell- und Beratungsmöglichkeiten kombinieren. Damit ergeben sich innovative Möglichkeiten und neue Potenziale für Product-Placement und Merchandising. Vorteilhaft gegenüber dem klassischen TV ist insbesondere, dass die Produkte bei Bedarf direkt und ohne Medienbruch bestellt werden können.

Da diese Form der Werbung bisher nur sehr selten anzutreffen ist, sollten Bürger im Rahmen der Studie „Deutschland Online" angeben, in welchem Ausmaß sie der Aussage zustimmen, dass sie sich vorstellen können, Produkte zu kaufen, die in einem Internetfilm gezeigt werden und die sie zur Bestellung nur anklicken müssen. Es zeigte sich, dass sich bisher noch weniger als die Hälfte der Befragten vorstellen können, in einem Film sichtbare Produkte per Mausklick zu bestellen (vgl. Abbildung 129).

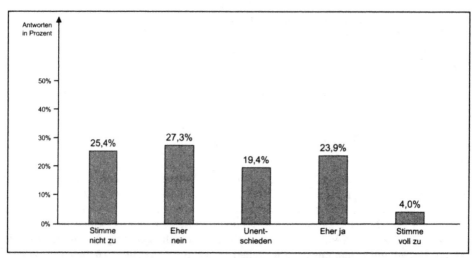

Abbildung 129:   Product-Placement in Internet-Movies/Movies über Internet-TV

Da in der Vergangenheit aber kein Medium Bürgern und Unternehmen eine vergleichba-re Form der Werbung geboten hat und sie solche Aktionsmöglichkeiten bislang noch nicht kennen, bleibt abzuwarten, in welchem Umfang sich diese innovative Form des Product-Placement und des Merchandising zukünftig durchsetzen wird.

Da das Internet aufgrund der Vielzahl an themenspezifischen Websites besser zur ziel-gruppenspezifischen Werbeschaltung geeignet ist als andere Medien, sollten Unterneh-men im Rahmen ihres Marketingmixes bzw. ihrer Werbekampagnen nicht auf den Ein-satz von Onlinewerbung verzichten. Werbetreibende, die Onlinewerbung einsetzen, sollten bei der Platzierung und Gestaltung ihrer Werbung folgende Aspekte beachten:

–   Werbung im Internet sollte zielgruppen- sowie kontext- und verhaltensspezifisch ge-schaltet werden. Dadurch können Streuverluste verringert und Traffic-Lead-in sowie Kaufbereitschaft erhöht werden. Zur Effizienzsteigerung empfiehlt sich der Einsatz von Verfahren, die Werbung automatisiert auf Basis des Klickpfades und der Kauf-historie des Users schalten.

–   Eine Erfolgskontrolle der Werbeschaltung sollte mithilfe automatisierter Reporting-und Analyseverfahren durchgeführt werden, um festzustellen, auf welchen Websites die Werbung den größten Response erfährt. Auf Grundlage dieser Ergebnisse kann die Werbeplanung effektiver vorgenommen werden.

–   Werbekampagnen sollten nach Möglichkeit cross-medial durchgeführt werden, da so Synergieeffekte zwischen Werbemaßnahmen in den klassischen Medien und dem In-ternet realisiert werden können. Zudem steigert die simultane Ansprache der Ziel-gruppe über mehrere Kanäle die Wahrnehmungswahrscheinlichkeit der Werbung.

- Da im Internet zunehmend TV-ähnliche Werbung geschaltet wird, sollten Unternehmen ferner überprüfen, ob sie durch die gemeinsame Entwicklung von Online- und TV-Werbung ihre Produktionskosten senken können.

- Unternehmen sollten die sich aufgrund der zunehmenden Verbreitung des Breitbandinternets bietenden Chancen zum Einsatz großflächiger Streaming- und Rich-Media-Werbeformen nutzen. Diese erzielen eine höhere Werbewirkung als klassische, in die Content-Site integrierte Formen. Großformatige Werbung sollte jedoch in angemessenem Umfang verwendet werden.

- Um die Gefahr der Reaktanz zu reduzieren, sollte dem User beim Einsatz von großformatigen Werbeeinblendungen die Option geboten werden, diese auf Wunsch zu beenden.

- Unternehmen sollten neben großformatigen New-Window- und Layer-Ads weiterhin auch direkt in die Content-Site integrierte Werbeformen wie Banner und Textlinks verwenden.

- Damit höhere Wiedererkennungswerte erzielt werden können, ist bei der Gestaltung der Werbeformen darauf zu achten, dass das Logo erkennbar abgebildet und das Corporate-Design eingehalten wird.

5.2.4 Fallbeispiel Praktiker Bau- und Heimwerkermärkte AG

Die Praktiker Bau- und Heimwerkermärkte AG (im Folgenden Praktiker) ist ein Unternehmen der Metro Group. Das Unternehmen betreibt zurzeit 342 Baufachmärkte, davon 289 in Deutschland und 53 im Ausland. Daneben ist Praktiker auf dem deutschen Markt mit den Vertriebslinien TOP Bau (23 Märkte) und dem als Franchise-System betriebenen Extra Bau und Hobby Fachhandel (25 Märkte) vertreten. Damit gehört das Unternehmen zu den drei größten Baumarktketten in Europa.

Im Jahr 2000 hat Praktiker angesichts einer stagnierenden Inlandsnachfrage im Bau- und Heimwerkerbereich eine tief greifende Restrukturierung des Unternehmens eingeleitet. Im Zentrum der Neuausrichtung stand neben der vollständigen Überarbeitung der Sortimentskonzeption die Einführung einer 10-Jahres-Garantie für ausgesuchte Artikel sowie eine stärkere Preisagressivität des Unternehmens. Dabei ist es das Ziel von Praktiker, die Preisführerschaft unter Berücksichtigung der Qualität im Do-it-yourself-Baumarktgeschäft zu erlangen.

Das 25-jährige Firmenjubiläum im Jahr 2003 feierte das Unternehmen mit einer einwöchigen Rabattaktion in allen deutschen Märkten. Diese Rabattaktion lief unter dem Slogan „25 Jahre Praktiker - 20 % auf alles" und sollte als Sonderaktion nicht nur das Firmenjubiläum würdigen, sondern auch die breit angelegte Preissenkungskampagne innerhalb einer strategischen Neuausrichtung unterstützen. Zur werblichen Unterstützung der Rabattaktion wurde eine bundesweit groß angelegte Cross-Media-Kampagne konzipiert. Ziel war es, in der relativ kurzen Kampagnenlaufzeit von gut einer Woche praktisch jeden potenziellen Kunden zu erreichen. So erklärte Kai Engelmann, Geschäftsführer der für das Kampagnenkonzept verantwortlichen Agentur EPS: „Wir wollten, dass in dem Zeitraum keiner an der Jubiläumskampagne von Praktiker vorbeikommt".[1]

Um dies zu erreichen, wurden fast alle Werbeträger eingesetzt. Bestandteile der Kampagne waren TV- und Hörfunkspots, Printanzeigen, Beilagen, Großflächen-Außenwerbung, Direktmarketingaktivitäten sowie eine groß angelegte Internetkampagne. Dabei sollte das Internet als Ergänzungsmedium fungieren, um neue Zielgruppen anzusprechen. Die Internetkampagne wurde insbesondere auf Traffic-starken Portalen geschaltet. Neben dem Portal von T-Online waren dies die Internetseiten der beiden großen privaten Senderfamilien RTL Group und ProSiebenSat.1 sowie das Portal von Tiscali. Zentraler Werbeträger der Internetkampagne war das Portal von T-Online. Das Unternehmen bot dabei eine Reihe von Werbeformen auf den Internetseiten innerhalb des T-Online-Netzwerkes an.

Bei der Umsetzung der Kampagne im Internet wurde besonderes Augenmerk auf die Onlinewerbeformate gelegt. Speziell für die Kampagne entworfene Superstitials wurden als Unterbrecherwerbung genutzt (vgl. Abbildung 130). Teil der Kampagnenrealisation war es, dass jeder Nutzer die Werbung nur ein Mal am Tag (anlässlich der ersten Nutzung) sieht. Gleichzeitig wurden Interstitials, eine Reihe klassischer Werbebanner in verschiedenen Formaten sowie Follow-ups und Pop-ups als Reminder geschaltet. Ergänzend zu den Hauptwerbeträgern wurden die Werbebanner der Internetkampagne in verschiedenen Rotationen geschaltet.

---

[1]   Zitiert nach T-Online (2003i).

Abbildung 130: Kampagnenumsetzung auf T-Online[1]

Die den Bildschirm ausfüllende Werbung liegt zurzeit im Trend. Damit die Werbung unterhält und nicht störend wirkt, muss aber technisch gewährleistet werden, dass die Internetnutzer die Werbeformate nicht zu oft sehen. Damit wird zum einen das Überraschungsmoment der Werbung gewahrt, und zum anderen der User nicht durch zu häufige Schaltung verärgert. Sonderwerbeformate haben den Vorteil der gestalterischen Nähe zu TV-Formaten. Gerade diese Nähe überzeugt immer mehr Markenartikler, ihre kritische Haltung gegenüber Onlinewerbung aufzugeben und diese als ein zusätzliches Instrument wahrzunehmen und einzusetzen.

Während der Kampagnenlaufzeit zählte die Baumarktkette zu den größten werbetreibenden Unternehmen im deutschsprachigen Internet. Die Kampagne war für Praktiker sehr erfolgreich. So wurden während der einwöchigen Rabattaktion die Kundenzahl im stationären Handel verdoppelt und der Umsatz eines Monats erreicht. Die mit der Internetkampagne verbunden Ziele wurden übertroffen. So brachte ein Gewinnspiel, das nur auf der Internetseite des Senders Kabel 1 beworben wurde, über 130.000 Einsendungen.

---

[1]   Quelle: Pilot Media (2003).

Während der Laufzeit von sieben Tagen erzielte die Praktiker-Kampagne im Internet mit über 50 Millionen Ad-Impressions eine sehr hohe Reichweite. Gleichzeitig stieg der Traffic auf der Internetseite praktiker.de deutlich an. Die E-Commerce-Umsätze ließen sich signifikant erhöhen. Dies war auch eine Reaktion der Kunden auf die überfüllten Geschäfte. Viele Verbraucher wollten sich die rabattierten Produkte über den Online-shop sichern. Dies zeigt das Potenzial der Integration von Werbeinstrumenten der On-line- und Offlinewelt. Insgesamt führte die Kampagne zu einer erheblichen Steigerung der Produkt- und Marken-Awareness von Praktiker.

6. Ausblick

Innovationen in der Informations- und Kommunikationstechnologie führen in Deutschland zu einem Wandel von der Industrie- zur Informationsgesellschaft. Durch die Möglichkeit der Verbreitung digitaler Inhalte – weltweit und nahezu in Echtzeit – kommt dem Internet eine zentrale Rolle bei der Diffusion von Informationen zu. Diese Bedeutung wird mit dem Ausbau der technischen Infrastruktur und der steigenden Zahl an Haushalten mit Zugriff auf das (Breitband-)Internet künftig weiter zunehmen. In den nächsten Jahren werden sämtliche Wirtschaftsbereiche von der Durchdringung des Internets geprägt sein. Höhere Internetbandbreiten werden die Kooperation über Firmen- und Ländergrenzen hinweg weiter erleichtern und neue Formen der Kooperation ermöglichen. Durch die zunehmende Vernetzung entlang der Wertschöpfungskette werden die Unternehmen in der Lage sein, weitere Effizienzvorteile durch das Internet zu erschließen.

Aufgrund des wachsenden Vertrauens in die Transaktionssicherheit des Internets und der sich bietenden Convenience-Vorteile im Vergleich zu anderen Vertriebskanälen werden die E-Commerce-Ausgaben der Konsumenten weiter steigen. Darüber hinaus wird im Zuge der Verbesserung des Digital-Rights-Managements die Bereitschaft der Medienunternehmen zur Distribution ihrer Inhalte über das Internet zunehmen. Mit dieser Entwicklung einhergehend werden Inhalte im Internet in wachsendem Umfang entgeltpflichtig. Dies ist auch Folge der Bestrebungen der Medienunternehmen, ihre Angebote durch verschiedene Erlösmodelle zu refinanzieren.

Das Internet durchdringt zunehmend auch die staatlichen Institutionen und Leistungsangebote. Immer mehr öffentliche Verwaltungsdienstleistungen werden online nutzbar. So kann die öffentliche Verwaltung bürgernäher und effizienter gestaltet werden. Es besteht die Chance, die Ausgaben des Staates durch verbesserte Prozesse zu reduzieren und die Staatsquote zu senken. Auch der Arbeitsmarkt kann durch das Internet effizienter gestaltet werden. So lassen sich über Onlinestellenbörsen die Suchzeiten reduzieren und die Arbeitsmarkttransparenz deutlich erhöhen. Die Ergebnisse der Studie „Deutschland Online" zeigen, dass das Internet bereits heute eine erhebliche Bedeutung für die Geschäftstätigkeit der Unternehmen und die gesellschaftliche Entwicklung hat. Für die Zukunft ist davon auszugehen, dass im Rahmen der globalen Informationsgesellschaft die effiziente Nutzung des Internets zu einem zentralen Wettbewerbsfaktor im internationalen Wettbewerb wird.

Literaturverzeichnis

100WORLD.COM AG (HRSG.) (2000), 100world Werbewirkungsstudie 2000, http://www.wuv.de/daten/studien/122000/160/index.html, Abruf: 31.7.2003.

AAKER, D.A./BATRA, R./MYERS, J.G. (1992), Advertising Management, Englewood Cliffs 1992.

ABSATZWIRTSCHAFT ONLINE (HRSG.) (2003), Homepage, http://www.absatzwirtschaft.de/aswwwwshow/fn/asw/sfn/buildpage/home/1/index.html, Abruf: 31.7.2003.

ABSOLIT (HRSG.) (2002), Darauf kommt es an, wenn E-Mails ankommen sollen!, in: J&S Dialog-Medien (Hrsg.), OnetoOne book: Ausgabe zwei, 2. Aufl., Hamburg 2002, S. 78-79.

ABSOLIT (HRSG.) (2003), E-Mail-Marketing setzt sich durch, http://www.absolit.de/email.htm, Abruf: 29.7.2003.

ACCOMM GMBH & CO. KG (HRSG.) (2003A), Banner, http://www.onlinewerbeformen.de/werbeformen/banner.htm, Abruf: 30.7.2003

ACCOMM GMBH & CO. KG (HRSG.) (2003B), Animated GIF, http://www.onlinewerbeformen.de/werbeformen/animated.htm, Abruf: 30.7.2003

ACCOMM GMBH & CO. KG (HRSG.) (2003C), HTML, http://www.onlinewerbeformen.de/werbeformen/html.htm, Abruf: 30.7.2003.

ACCOMM GMBH & CO. KG (HRSG.) (2003D), Java, http://www.onlinewerbeformen.de/werbeformen/java.htm, Abruf: 30.7.2003.

ACCOMM GMBH & CO. KG (HRSG.) (2003E), Shockwave, http://www.onlinewerbeformen.de/werbeformen/shockwave.htm, Abruf: 30.7.2003.

ACCOMM GMBH & CO. KG (HRSG.) (2003F), Flash, http://www.onlinewerbeformen.de/werbeformen/flash.htm, Abruf: 30.7.2003.

ACCOMM GMBH & CO. KG (HRSG.) (2003G), Superstitials, http://www.onlinewerbeformen.de/werbeformen/superstitials.htm, Abruf: 30.7.2003.

ACCOMM GMBH & CO. KG (HRSG.) (2003H), Dynamites, http://www.onlinewerbeformen.de/werbeformen/dynamites.htm, Abruf: 30.7.2003.

ADAMS, W./YELLEN, J. (1976), Commodity Bundling and the Burden of Monopoly, in: Quarterly Journal of Economics, Vol. 90, No. 3, 1976, S. 475-498.

ADJOLI GMBH (HRSG.) (2002), Klasse statt Masse – Rückläuferbehandlung bei „aufgeräumten" Listen, in: J&S Dialog-Medien (Hrsg.), OnetoOne book: Ausgabe zwei, 2. Aufl., Hamburg 2002, S. 81.

AHLERT, D./BECKER, J./KENNING, P./SCHÜTTE, R. (HRSG.) (2000), Internet & Co. im Handel: Strategien, Geschäftsmodelle, Erfahrungen, Berlin 2000.

ALBERS, S./CLEMENT, M./PETERS, K. (HRSG.) (1999), Marketing mit interaktiven Medien, 2. Aufl., Frankfurt am Main 1999.

ALBERS, S./CLEMENT, M./PETERS, K./SKIERA, B. (HRSG.) (2000A), Warum ins Internet? – Erlösmodelle für einen neuen Kommunikations- und Distributionskanal, in: Albers, S./Clement, M./Peters, K./Skiera, B. (Hrsg.), eCommerce: Einstieg, Strategie und Umsetzung im Unternehmen, 2. Aufl., Frankfurt am Main 2000, S. 9-19.

ALBERS, S./CLEMENT, M./ PETERS, K./SKIERA, B. (HRSG.) (2000B), eCommerce: Einstieg, Strategie und Umsetzung im Unternehmen, 2. Aufl., Frankfurt am Main 2000.

ALBERS, S./PETERS, K. (1997), Die Wertschöpfungskette des Handels im Zeitalter des Electronic Commerce, in: Marketing Zeitschrift für Forschung und Praxis, 17. Jg., Nr. 2, 1997, S. 69-80.

ALPAR, P. (1998), Kommerzielle Nutzung des Internet – Unterstützung von Marketing, Produktion, Logistik und Querschnittsfunktionen durch Internet, Intranet und kommerzielle Online-Dienste, 2. Aufl., Berlin 1998.

ARNOLD, U. (1993), Beschaffungsinformation, in: Wittmann, W./Kern, W./Köhler, R./ Küpper, H.-U./von Wysocki, K. (Hrsg.), Handwörterbuch der Betriebswirtschaft, Teilband 1 (A-H), 5. Aufl., Stuttgart 1993, Sp. 325-338.

ARNOLD, U. (1995), Beschaffungsmanagement, Stuttgart 1995.

ARTHUR ANDERSEN (HRSG.) (2001), eProcurement: Elektronische Beschaffung in der deutschen Industrie – Status und Trends, o. O. 2001.

AXEL SPRINGER AG (HRSG.) (2003), Axel Springer Verlag INFOPOOL, http://www. asv.de/inhalte/mediase/frame.htm, Abruf: 7.8.2003.

BACHEM, C. (1997), Webtracking – Werbeerfolgskontrolle im Netz, in: Wamser, C./Fink, D.H. (Hrsg.), Marketing-Management mit Multimedia: Neue Medien, neue Märkte, neue Chancen, Wiesbaden 1997, S. 189-198.

BAUER MEDIA KG (HRSG.) (2001), Multiplying Effekt Print/Online, http://www.bauermedia.com/studien/werbewirkung/multiplying/multiplying.php, Abruf: 5.8.2003.

BECK, H. (2002), Medienökonomie, Berlin u. a. 2002.

BECKER, J. (2000), Internet & Co.: Historie, Technik und Geschäftsmodelle für den Handel, in: Ahlert, D./Becker, J./Kenning, P./Schütte, R. (Hrsg.), Internet & Co. im Handel: Strategien, Geschäftsmodelle, Erfahrungen, Berlin 2000, S. 65-94.

BELANGER, F./COLLINS, R./CHENEY, P. (2001), Technology Requirements and Work Group Communication for Telecommuters, in: Information Systems Research, Vol. 12, No. 2, 2001, S. 155-176.

BELCH, G.E./BELCH, M.A. (1990), Introduction to Advertising and Promotion Management, Homewood 1990.

BELL, D. (1975), Die nachindustrielle Gesellschaft, Frankfurt am Main 1975.

BENTON FOUNDATION (HRSG.) (2003A), Digital Divide Basics, http://www.digital di-videnetwork.org/content/sections/index.cfm?key=2, Abruf: 30.7.2003.

BENTON FOUNDATION (HRSG.) (2003B), Digital Divide Basics Fact Sheet, http://www. digitaldividenetwork.org/content/stories/index.cfm?key=168, Abruf: 30.7.2003.

BICHLER, M./NEUMANN, G. (2002), Quo vadis IT: Über neue Medien und deren Ein-fluss auf die Betriebswirtschaft, http://nm.wu-wien.ac.at/research/publications/ b233.pdf, Abruf: 23.7.2003.

BIERHALS, R./NIPPA, M./SEETZEN, J. (1991), Marktpotential für die zukünftige Nut-zung digitaler Breitbandnetze, in: Rickes, H./Kanzow, J. (Hrsg.): BERKOM: Breit-bandkommunikation im Glasfasernetz. Übersicht und Zusammenfassung, 1986 – 1991, Heidelberg 1991, S. 39-50.

BILD.T-ONLINE.DE (HRSG.) (2003A), Sichern Sie sich diese Leistungen, http://www. bild.t-online.de/BTO/index.html, Abruf: 7.8.2003.

BILD.T-ONLINE.DE (HRSG.) (2003B), http://www.bild.t-online.de/BTO/index.html, Ab-ruf: 7.8.2003.

BLIEMEL, F./FASSOTT, G./THEOBALD, A. (HRSG.) (1999), Electronic Commerce: Her-ausforderungen – Anwendungen – Perspektiven, 2. Aufl., Wiesbaden 1999.

BOROWICZ, F./SCHERM, E. (2001), Standardisierungsstrategien: Eine erweiterte Be-trachtung des Wettbewerbs auf Netzeffektmärkten, in: Zeitschrift für betriebswirt-schaftliche Forschung, 53. Jg., Nr. 6, 2001, S. 391-416.

BRIGHTMAIL (HRSG.) (2003), Spam On Course to Be Over Half of All Email This Summer, http://www.brightmail.com/pressreleases/070103_uk_spam_summit.html, Abruf: 18.7.2003.

BRUHN, M. (1997A), Multimedia-Marketing, München 1997.

BRUHN, M. (1997B), Kommunikationspolitik: Bedeutung - Strategien - Instrumente, München 1997.

BRYAN, L./FRASER, J. (1999), Getting to Global, in: The McKinsey Quarterly, No. 4, 1999, S. 68-81.

BUCKLIN, C./THOMAS-GRAHAM, P./WEBSTER, E. (1997), Channel conflict: When is it dangerous?, in: The McKinsey Quarterly, No. 3, 1997, S. 36-43.

BÜTTNER, K. (2002A), Warum Ihr Unternehmen E-Mail-Marketing nur mit bestätigtem Opt-In betreiben sollte, in: Online-Marketing-Praxis, Nr. 21 (September), 2002, http://online-marketing-praxis.de/archiv/OMP-09.2002.pdf, Abruf: 15.7.2003.

BÜTTNER, K. (2002B), Wie Sie den Effekt Ihres Newsletters sinnvoll messen, in: Onli-ne-Marketing-Praxis, Nr. 21 (September), 2002, http://www.online-marketing-praxis.de/archiv/OMP-09.2002.pdf, Abruf: 15.7.2003.

BUGHIN, J.R./HASKER, S.J./SEGEL, E.S.H./ZEISSER, M.P. (2001), Reversing the digi-tal side, in: The McKinsey Quarterly, No. 4, 2001, S. 58-69.

BUNDESANSTALT FÜR ARBEIT (HRSG.) (2003), Reform der Bundesanstalt für Arbeit –
Auf dem Weg zum serviceorientierten Dienstleister, Pressemitteilung vom
10.7.2003, http://www.arbeitsamt.de/hst/services/presseinfo/48_03.html, Abruf:
15.7.2003.

BUNDESMINISTERIUM FÜR ARBEIT UND SOZIALORDNUNG (BMAS), BUNDESMINISTE-
RUM FÜR WIRTSCHAFT UND TECHNOLOGIE (BMWT), BUNDESMINISTERIUM FÜR
BILDUNG UND FORSCHUNG (BMBF) (HRSG.) (2001), Telearbeit: Leitfaden für fle-
xibles Arbeiten in der Praxis, Berlin u. a. 2001.

BUNDESMINISTERIUM DES INNEREN (HRSG.) (2003), Bund Online 2005, http://www.
bund.de/BundOnline-2005-.6164.htm, Abruf: 10.07.2003.

BUNDESMINISTERIUM FÜR WIRTSCHAFT UND ARBEIT (BMWA) (HRSG.) (2003), Monitoring Informationswirtschaft, 6. Faktenbericht, Berlin 2002.

CAP GEMINI ERNST & YOUNG AG (HRSG.) (2002), Webbasierte Untersuchung des
elektronischen Service-Angebots der öffentlichen Hand, http://www.ch.cgey.
com/servlet/PB/show/1004586/eGovernment.pdf, Abruf: 10.7.2003.

CAPPELLI, P. (2001), Making the Most of On-Line Recruiting, in: Harvard Business
Review, Vol. 79, No. 3, 2001, S. 139-146.

CHYI, H.I./LASORSA, D. L. (2002), An Explorative Study on the Market Relation Between Online and Print Newspapers, in: The Journal of Media Economics, Vol. 15, No. 2, 2002, S. 91-106.

CLAUß, G./EBNER, H. (1975), Grundlagen der Statistik, 2. Aufl., Zürich u. a. 1975.

COMPUTERBILD ONLINE (HRSG.) (2003), Startseite,   http://www.computerbild.de/in-
dex2. htm, Abruf: 7.8.2003.

CONRADY, R./ORTH, M. (1999), Der Lufthansa InfoFlyway im Rahmen der Direktver-
triebsstrategie der Deutschen Lufthansa AG, in: Link, J./Tiedtke, D. (Hrsg.), Erfolgreiche Praxisbeispiele im Online Marketing: Strategien und Erfahrungen aus unterschiedlichen Branchen, Berlin u. a. 1999, S. 23-48.

COVISINT LLC (HRSG.) (2003), Homepage,   http://www.covisint.com/,   Abruf:
12.08.2003.

CRONIN, M.J. (1995), Doing More Business on the Internet, New York u. a. 1995.

CUNNINGHAM, P./FRÖSCHL, F. (1999), Electronic Business Revolution: Opportunities
and Challenges in the 21st Century, Berlin 1999.

DAIMLERCHRYSLER AG (HRSG.) (2002), DaimlerChrysler beauftragt Covisint mit der
Entwicklung eines globalen Lieferanten-Portals, http://www.daimlerchrysler.
com/index_g.htm?/news/top/2002/t20123b_g.htm, Abruf: 12.08.2003.

DALLMER, H. (1995), Direct Marketing, in: Tietz, B. (Hrsg.), Handwörterbuch des Marketing, 2. Aufl., Stuttgart 1995, Sp. 477-492.

DEUTSCHER DIREKTMARKETING VERBAND E. V. (DDV) (HRSG.) (2002A), eMail-Marketing: Dialog pur, Best Practice Guide Nr. 4, Wiesbaden 2002.

DEUTSCHER DIREKTMARKETING VERBAND E. V. (DDV) (HRSG.) (2002B), Direktmarketing ist entscheidender Faktor im Marketing-Mix, http://www.ddv.de/unsere _aufgaben/index_unsere_aufgaben_presse-archiv_4449.html, Abruf: 30.7.2003.

DEUTSCHER DIREKTMARKETING VERBAND E. V. (DDV) (HRSG.) (2003A), Was ist eigentlich Direktmarketing?, http:// www.ddv.de/direktmarketing/index_direkt marketing_faq_02_3352.html, Abruf: 10.7.2003.

DEUTSCHER DIREKTMARKETING VERBAND E. V. (DDV) (HRSG.) (2003B), Wie lässt sich Erfolg im Direktmarketing messen?, http://www.ddv.de/direktmarketing/ index_direktmarketing_faq_02_3347.html, Abruf: 10.7.2003.

DEUTSCHER DIREKTMARKETING VERBAND E. V. (DDV) (HRSG.) (2003C), Wie kommen Unternehmen an Adressen?, http://www.ddv.de/direktmarketing/index_direktmarketing_faq_02_3346.html, Abruf: 10.7.2003.

DEUTSCHER MULTIMEDIA VERBAND (DMMV) (HRSG.) (2001), DDV, dmmv und eco warnen vor "Schutzbrief gegen unerwünschte Email-Werbung", http://www .verbaende.com/news/ges_text.php4?m=9437, Abruf: 21.7.2003.

DEUTSCHER MULTIMEDIA VERBAND (DMMV) (HRSG.) (2003A), Suchmaschinen-Marketing, http://www.dmmv.de/de/7_pub/homepagedmmv/werbeformen/marketing konzepte/werbeformensuchmaschinen.cfm, Abruf: 5.8.2003.

DEUTSCHER MULTIMEDIA VERBAND (DMMV) (HRSG.) (2003B), Online-Sponsoring, http://www.dmmv.de/de/7_pub/homepagedmmv/werbeformen/marketingkonzepte/w erbeformensponsoring.cfm, Abruf: 5.8.2003.

DEUTSCHER MULTIMEDIA VERBAND (DMMV) (HRSG.) (2003C), Transactive Banner, http://www.dmmv.de/de/7_pub/homepagedmmv/werbeformen/werbeformenkreativit aet/werbeformentransactivebanner.cfm, Abruf: 30.7.2003.

DEUTSCHER MULTIMEDIA VERBAND (DMMV) (HRSG.) (2003D), Messgrößen, http:// www.dmmv.de/de/7_pub/homepagedmmv/werbeformen/grundlagen/werbeformenm essgroessen.cfm, Abruf: 31.7.2003.

DIEHL, J./KOHR, H.-U. (1977), Durchführungsanleitungen für statistische Tests, Weinheim u. a. 1977.

DOSTAL, W. (1995), Die Informatisierung der Arbeitswelt - Multimedia, offene Arbeitsformen und Telearbeit, in: Mitteilungen aus der Arbeitsmarkt- und Berufsforschung, 28. Jg., Nr. 4, 1995, S. 527-543.

ECO ELECTRONIC COMMERCE FORUM - VERBAND DER DEUTSCHEN INTERNETWIRTSCHAFT E.V. (HRSG.) (2002), Richtlinien für erwünschtes Online-Direktmarketing, Version 1.21, Köln 2002.

ECONOMIDES, N. (1996), The Economics of Networks, in: International Journal of Industrial Organization, Vol. 14, No. 2, 1996, S. 1-36.

EHR-CHECK.DE (HRSG) (2002), Elektronisches Bewerbermanagement – Eine Studie von eHR-check.de, Berlin 2002.

EMARSYS AG (HRSG.) (2002), Inhalte von Newslettern: Erprobte Strategien für erfolgreiche Mailings, in: J&S Dialog-Medien (Hrsg.), OnetoOne book: Ausgabe zwei, 2. Aufl., Hamburg 2002, S. 83.

EOS GALLUP EUROPE/EUROPÄISCHE KOMMISSION (HRSG.) (2002), Flash Eurobarometer 125 „Internet and the Public at large"; im Auftrag der Europäischen Kommission, Brüssel 2002.

ERESULT GMBH (HRSG.) (2003A), Erfolgskontrolle bei Online-Sponsoring-Aktionen, http://www.eresult.de/forschungsnews39.htm, Abruf: 5.8.2003.

ERESULT GMBH (HRSG.) (2003B), @dView2003 – Gestaltung von Online-Werbung, http://www.eresult.de/@dView_2003.htm, Abruf: 5.8.2003.

ESSIG, M./ARNOLD, U. (2001), Electronic Procurement in Supply Chain Management: An Information Economics-Based Analysis of Electronic Markets, in: Journal of Supply Chain Management, Vol. 37, No. 4, 2001, S. 43-49.

EUROPEAN COMMUNICATION COUNCIL (ECC) (HRSG.) (2001), Die Internet-Ökonomie: Strategien für die digitale Wirtschaft, 3. Aufl., Berlin u. a. 2001.

EVANS, P./WURSTER, T. (1997), Strategy and the New Economics of Information, in: Harvard Business Review, Vol. 75, No. 5, 1997, S. 71-82.

EVANS, P./WURSTER, T. (1999), Getting Real About Virtual Commerce, in: Harvard Business Review, Vol. 77, No. 6, 1999, S. 85-94.

FANTAPIÉ ALTOBELLI, C./GROSSKOPF, A.-K. (1998), Online-Distribution im Consumer- und Business-to-Business-Bereich – Eine empirische Analyse am Beispiel der Informationstechnologie- und Telekommunikationsbranche, in: Der Markt, 37. Jg., Nr. 3+4, 1998, S. 146-160.

FAZ (HRSG.) (2003), Preisliste Nr. 63 http://www.faz-verlag.de/IN/Intemplates/ Verlag/images/downloads/Preisliste_FAZ_Nr_63.pdf; Abruf: 30.7.2003.

FERRIS RESEARCH (HRSG.) (2003), Research Focus: Spam, http://www.ferris.com/, Abruf: 18.7.2003.

FIGUEIREDO, J.M. DE (2000), Finding Sustainable Profitability in Electronic Commerce, in: Sloan Management Review, Vol. 41, No. 4, 2000, S. 41-52.

FITTKAU & MAAB (HRSG.) (2002), 15. WWW-Benutzer-Analyse W3B von Oktober/November 2002, Hamburg 2002.

FRETER, H.W. (1974), Mediaselektion: Informationsgewinnung und Entscheidungsmodelle für die Werbeträgerauswahl, Wiesbaden 1974.

FRITZ, W. (2001), Internet-Marketing und Electronic Commerce: Grundlagen – Rahmenbedingungen – Instrumente, 2. Aufl., Wiesbaden 2001.

FRITZ, W./OELSNITZ, D. VON DER (2001), Marketing: Elemente marktorientierter Unternehmensführung, 3. Aufl., Stuttgart u. a. 2001.

FRITZ, W./WAGNER, U. (2001), Preismanagement im E-Commerce, in: WiSt – Wirtschaftswissenschaftliches Studium, 30. Jg., H. 12, 2001, S. 648-652.

G+J ELECTRONIC MEDIA SALES GMBH (HRSG.) (2001), Das Handbuch zur Online-Werbewirkung, http://www.ems.guj.de/download/download.php?file=ems_handbuch.pdf, Abruf: 30.7.2003.

GEBAUER, J./BEAM, C./SEGEV, A. (1998), Impact of the Internet on Procurement, Arbeitspapier des Fisher Center for Management and Information Technology, Haas School of Business, University of California, Berkeley 1998.

GEBAUER, J./SCHARL, A. (1999), Between Flexibility and Automation: An Evaluation of Web Technology from a Business Process Perspective, in: Journal of Computer-Mediated Communication (Online), Vol. 5, No. 2, 1999, http://www.ascusc.org/jcmc/vol5/issue2/gebauer.html; Abruf: 29.7.2003.

GEORGY, U. (2001), Online-Marketing: Übersicht der Werbeformen, Trends, http://www.fbi.fh-koeln.de/fachbereich/personen/georgy/Material_Georgy/ws01/-online-marketing_Georgy_WS0102.ppt, Abruf: 30.7.2003.

GO4EMARKETING (HRSG.) (2003), eCouponing – Virtuelle Gutscheine, http://www.go4emarketing.de/seiten/branchennews/b27.html, Abruf: 5.8.2003.

GOLDHAMMER, K./ZERDICK, A. (2000), Rundfunk Online: Entwicklungen und Perspektiven des Internets für Hörfunk und Fernsehanbieter, Schriftenreihe der Landesmedienanstalten 14, Berlin 2000.

GOSH, S. (1998), Making Business Sense of the Internet, in: Harvard Business Review, Vol. 76, No. 2, 1998, S. 127-135.

GREER, J./BUTTROSS, T./SCHMELZLE, G. (2002), Using Telecommuting to Improve the Bottom Line, in: Strategic Finance, Vol. 83, No. 10, 2002, S. 46-50.

GREUPNER, C. (1996), Strategisches Telekommunikations-Marketing, München 1996.

GROCHLA, E./SCHÖNBOHM, P. (1980), Beschaffung in der Unternehmung, Stuttgart 1980.

GÜNTHER, H.O. (1993), Beschaffungsorganisation, in: Wittmann, W./Kern, W./ Köhler, R./Küpper, H.-U./von Wysocki, K. (Hrsg.), Handwörterbuch der Betriebswirtschaft, Teilband 1 (A-H), 5. Aufl., Stuttgart 1993, Sp. 339-347.

HAMMANN, P./LOHRBERG, W. (1986), Beschaffungsmarketing, eine Einführung, Stuttgart 1986.

HANFELD, M. (2002), Das ist es, was mich antreibt - aus Geist Geld machen, in: FAZ, Nr. 237, 12.10.2002, S. 38.

HARTMANN, P. (2001), Content Management, in: Mertens, P. (Hrsg.) (2001), Lexikon der Wirtschaftsinformatik, 4. Aufl., Heidelberg 2001.

HEINRICH, J. (1999), Medienökonomie, Bd. 2: Hörfunk und Fernsehen, Opladen 1999.

HESS, T. (2000), Netzeffekte, in: Wirtschaftswissenschaftliches Studium, 29. Jg., 2000, S. 96-98.

HOLTROP, T. (2002), E-Business-Strategien – Teil III: Megatrend: Konvergenz der Medien, in: FAZ, Nr. 154, 6.7.2002, S. 63.

HOLTROP, T. (2003), Das kombinierte Geschäftsmodell von Internet Service Providern, in: Wirtz, B.W. (Hrsg.), Handbuch Medien- und Multimediamanagement, Wiesbaden 2003, S. 535-547.

HOMBURG, C./KROHMER, H. (2003), Marketingmanagement: Strategien – Instrumente – Umsetzung – Unternehmensführung, Wiesbaden 2003.

HORIZONT (HRSG.) (2002), Charts, http://www.horizont.de/navigator/charts/pages/show.prl?id=1055& key= job%20portale, Abruf: 15.7.2003.

IDC (HRSG.) (2002), Email Usage to Exceed 60 Billion by 2006, According to IDC, http://www.idc.com/getdoc.jhtml?containerId=pr2002_09_23_113035,   Abruf: 18.7.2003.

IMAS INTERNATIONAL (HRSG.) (2002), Vierteljahresheft für Werbewissen, Nr. 3, 2002, http://www.vierteljahreshefte.com/vjh/3-01.htm, Abruf: 30.7.2003.

INITIATIVE D21 (HRSG.) (2003), (N)ONLINER Atlas 2003 – Eine Topographie des digitalen Grabens durch Deutschland, http://www.initiatived21.de/broschure/nonliner 2003_komprimiert.ppt, Abruf: 3.7.2003.

INTERACTIVE MEDIA (HRSG.) (1999), Heavy-User-Studie zum Thema: Wie muß eine Website gestaltet sein, damit sie der User nutzt?, http://www. interactivemedia.de/home_f/index.html, Abruf. 15.7.2003.

INITIATIVE MEDIA (HRSG.) (2003), Mediagramm, http://www.inimedia.de/media gramm/im_02_2003.pdf, Abruf: 12.08.2003.

IP NEWMEDIA GMBH (HRSG.) (2003A), Standard Ads, http://www.ip-newmedia.de/644.htm, Abruf: 30.7.2003.

IP NEWMEDIA GMBH (HRSG.) (2003B), Special Ads, http://www.ip-newmedia.de/700.htm, Abruf: 30.7.2003.

IP NEWMEDIA GMBH (HRSG.) (2003C), Streaming Ads, http://www.ip-newmedia.de/ 751.htm, Abruf: 30.7.2003.

JOBPILOT.DE (HRSG.) (2003), Anzeigen schalten mit jobpilot, http://www.jobpilot.de/content/service/companies/products/jobads.html, Abruf: 30.7.2003.

KALAKOTA, R./WHINSTON, A.B. (1997), Electronic Commerce – A Manager's Guide, Reading 1997.

KELLY, K./WOLF, G. (1997), Push! Kiss your browser goodbye: The radical future of media beyond the Web, in: Wired, http://www.wired.com/wired/archive/5.03/ff_push.html, Abruf: 1.7.2003.

KIANG, M.Y./RAGHU, T.S./SHANG, K.H.-M. (2000), Marketing on the Internet – who can benefit from an online marketing approach?, in: Decision Support Systems, Vol. 27, No. 4, 2000, S. 383-393.

KIERZKOWSKI, A./MCQUADE, S./WAITMAN, R./ZEISSER, M. (1996), Marketing To The Digital Consumer, in: The McKinsey Quarterly, No. 3, 1996, S. 5-21.

KIRCHLER, E./MICHALICKA, D. (1987), Ein Bild sagt mehr als tausend Worte – Ein Beitrag zur differentiellen Medienwirkung, in: Jahrbuch der Absatz- und Verbrauchsforschung, 33. Jg., Nr. 1, 1987, S. 67-77.

KIRCHNER, J. (2002), Effektives eMail-Marketing: So läuft das! Fallbeispiel Quelle AG, http://www.competence-site.de/marketing.nsf/3BBB551A6FBAFDCEC1256C3E003E93D0/$File/e-mail%20marketing_fallbeispiel_quelle.pdf, Abruf: 31.7.2003.

KLEINAU, A. (1995), Zur Strategie der Lieferantenentwicklung: Konzeption einer neuen Beschaffungsstrategie und deren Beurteilung im Rahmen eines strategischen Beschaffungsmanagements, Frankfurt am Main 1995.

KLEINEICKEN, A. (2002), Electronic Procurement – Aktionsparameter und Erfolgsbeitrag der internetbasierten Beschaffung, Dissertation Universität Witten/Herdecke, Witten 2002.

KNOLMAYER, G./ MERTENS, P./ZEIER, A. (2000), Supply Chain Management auf Basis von SAP-Systemen: Perspektiven der Auftragsabwicklung für Industriebetriebe, Berlin 2000.

KOPPELMANN, U. (2000), Beschaffungsmarketing, 3. Aufl., Berlin 2000.

KOTLER, P./BLIEMEL, F. (1995), Marketing-Management: Analyse, Planung, Umsetzung und Steuerung, 8. Aufl., Stuttgart 1995.

KOTLER, P./BLIEMEL, F. (2001), Marketing-Management: Analyse, Planung und Verwirklichung, 10. Aufl., Stuttgart 2001.

KRAUSE, J. (1999), Electronic Commerce und Online-Marketing, Chancen, Risiken und Strategien, München 1999.

KROEBER-RIEL, W. (1993), Strategie und Technik der Werbung, 4. Aufl., Stuttgart 1993.

LANGER, B. (2003), Nicht nach Hilfe rufen, nur weil es kriselt, in: Stuttgarter Nachrichten, 15.5.2003, S. 13.

LARGE, R. (1999), Strategisches Beschaffungsmanagement: eine praxisorientierte Einführung, Wiesbaden 1999.

LEHMKUHL, F., SCHÖNSTEIN, J. (2002), Meg Ryans Küsse auf dem Monitor, in: Focus, 11. Jg., Nr. 7, 2002, S. 125-126.

LIHOTZKY, N. (2003), Kundenbindungsmanagement im B2C Electronic Business. Aktionsparameter und Erfolgswirksamkeit, Wiesbaden 2003.

LINK, J./TIEDTKE, D. (HRSG.) (1999), Erfolgreiche Praxisbeispiele im Online Marketing: Strategien und Erfahrungen aus unterschiedlichen Branchen, Berlin u. a. 1999.

LÖBBECKE, C./FALKENBERG, M. (2002), A Framework for Assessing Market Entry Opportunities for Internet-Based TV, in: International Journal on Media Management, Vol. 4, No. 2, 2002, S. 95-104.

LUCKE, J.V./ REINERMANN, H. (2003), Speyerer Definition von Electronic Government, http://foev.dhv-speyer.de/ruvii/Sp-EGov.pdf, Abruf: 30.7.2003.

MAYER, C. (1975), Die Konzeption von Kampagnen, in: Dallmer, H./Thedens, R, Handwörterbuch des Direct Marketing, 1A, Wiesbaden 1975, Sp. 327-383.

MAYER, H. (1990), Werbewirkung und Kaufverhalten unter ökonomischen und psychologischen Aspekten, Stuttgart 1990.

MCAFEE, R./MCMILLAN, J./WHINSTON, M. (1989), Multi-Product Monopoly and Commodity Bundling and Correlation of Values, in: Quarterly Journal of Economics, Vol. 114, No. 3, 1989, S. 371-384.

MCGARVEY, R. (1999), Hiring Line, in: Entrepreneur, May 1999, S. 85-87.

MEDIALINE (HRSG.) (2003), Reichweite, http://medialine.focus.de/PM1D/PM1DB/PM1DBD/PM1DBDA/PM1DBDAA/pm1dbdaa.htm?buchst=R&snr=2773, Abruf: 5.8.2003.

MEFFERT, H. (2000), Marketing – Grundlagen marktorientierter Unternehmensführung: Konzepte – Instrumente – Praxisbeispiele, 9. Aufl., Wiesbaden 2000.

MICROSOFT (HRSG.) (2003), Architecture of Windows Media Rights Manager, http://www.microsoft.com/windows/windowsmedia/wm7/drm/architecture.aspx, Abruf: 3.7.2003.

MILES, P. (1998), Internet World Guide to Webcasting: The complete Guide to Broadcasting over the Web, New York 1998.

MILLWARD BROWN INTERACTIVE (HRSG.) (1999), The Wired Digital Rich Media Study, www.intelliquest.com, Abruf: 23.7.2003.

MILLWARD BROWN INTERACTIVE (HRSG.) (2000), Streaming Media Study, www.intelliquest.com, Abruf: 23.7.2003.

MORGAN STANLEY (HRSG.) (1996), The Internet Advertising Report, New York 1996.

MOSLEY, A. (1998), www.recruiting, in: Business & Economic Review, Vol. 45, No. 1, 1998, S. 23.

NEFIODOW, L. (2001), Der sechste Kondratieff: Wege zur Produktivität und Vollbeschäftigung im Zeitalter der Information, 5. Aufl., Sankt Augustin 2001.

NIESCHLAG, R./DICHTL, E./HÖRSCHGEN, H. (1997), Marketing, 18. Aufl., Berlin 1997.

NILLES, J.M./CARLSON, F.R./GRAY, P./HANNEMAN, G.J. (1976), The Telecommunications – Transportation Trade off, New York, 1976.

OLBRICH, R. (2001), Marketing – eine Einführung in die marktorientierte Unternehmensführung, Berlin u. a. 2001.

O. V. (2002A), Goodbye to the Video Store, http://www.economist.co.uk/Printer Friendly.cfm?Story_ID=1324695&CFID=7160934&C, Abruf: 10.10.2002.

O. V. (2002B), Hollywoods Antwort auf den Esel, http://www.spiegel.de/netzwelt/ netzkultur/0,1518,222415,00.html, Abruf: 25.11.2002.

O. V. (2003A), Erfolg von Apples Online-Musikshop überrascht die Musikindustrie, http://www.heise.de/bin/nt.print/newsticker/data/jk-06.05.03-003/, Abruf: 30.7.2003.

O. V. (2003B), Bouble Trouble, http://www.economist.com/business/displayStory.cfm? story_id=1883109, Abruf: 3.7.2003.

PETERS, K./KARCK, N. (HRSG.) (1999), Messung der Werbewirkung, in: Albers, S./Clement, M./Peters, K. (Hrsg.), Marketing mit interaktiven Medien: Strategien zum Markterfolg, 2. Aufl., Frankfurt am Main 1999, S. 237-252.

PICOT, A./REICHWALD, R./WIGAND, R.T. (1998), Die grenzenlose Unternehmung: Information, Organisation und Management, Lehrbuch zur Unternehmensführung im Informationszeitalter, 3. Aufl., Wiesbaden 1998.

PICOT, A./REICHWALD, R./WIGAND, R.T. (2001), Die grenzenlose Unternehmung, 4. Aufl., Wiesbaden 2001.

PILOT MEDIA (HRSG.) (2003), Arbeitsbeispiele: Sonderplatzierungen und -formate, http://www.pilot-group.de/interactive-marketing/arbeitsbeispiele/sonderplatzierungen/index.php, Abruf: 4.8.2003.

PITURRO, M. (2000), The Power of E-Cruiting, in: Management Review, Vol. 89, No. 1, 2000, S. 33-37.

PLAN.NET MEDIA (HRSG.) (2001), OnWW – OnlineWerbeWirkung – Band 1: Studie zur Messung der Werbewirkung von Bannern im Internet, http://www.plan-net-media.de/pn_media/media_news/content_media_news_onww_ergebnisse.html, Abruf: 30.7.2003.

PLAN.NET MEDIA (HRSG.) (2003A), Rich-Media-Banner, http://www.plan-net-media de/pn_media/media_news/content_media_news_richmedia.html, Abruf: 30.7.2003.

PLAN.NET MEDIA (HRSG.) (2003B), Pop-up-Ad, http://www.plan-net-media.de/ pn_media/media_news/content_media_news_popupad.html, Abruf: 30.7.2003.

PLAN.NET MEDIA (HRSG.) (2003C), Interstitial, http://www.plan-net-media.de/ pn_media/media_news/content_media_news_interstitial.html, Abruf: 30.7.2003.

PRIBILLA, P./REICHWALD, R./GOECKE, R. (1996), Telekommunikation im Management – Strategien für den globalen Wettbewerb, Stuttgart 1996.

QUALITY-CHANNEL.DE (HRSG.) (2003A), Flash-Layer, http://www.quality-channel.de/kontent/werbeformen/19_flashlayer/, Abruf: 31.7.2003.

QUALITY-CHANNEL.DE (HRSG.) (2003B), Mouse-over-Banner, http://www.quality-chan nel.de/kontent/werbeformen/07_mouseoverbanner/, Abruf: 31.7.2003.

RAYPORT, J.F./JAWORSKI, B. (2001), e-Commerce, Boston 2001.

RAYPORT, J.F./SVIOKLA, J. (1995), Exploiting the Virtual Value Chain, in: Harvard Business Review, Vol. 73, No. 6, 1995, S. 75-85.

ROBBEN, M. (2002), eMail-Marketing: Opt-In oder Spam-Out?, http://www.ecin.de/marketing/permission/, Abruf: 1.7.2003.

ROSS, S.S./MIDDLEBERG, D. (1999), The 1998 Middleberg/Ross media in cyberspace stuffy: Fifth annual national survey, http://www.middleberg.com/tools forsuccess/cyberstudy98.pdf, Abruf: 30.7.2003.

SARKAR, M./BUTLER, B./STEINFIELD, C. (1997), Intermediaries and Cybermediaries: A Continuing Role for Mediating Players in the Electronic Marketplace, in: Journal of Computer-Mediated Communication, Vol. 1, No. 3, http://www.ascusc.org/jcmc/vol1/issue3/sarkar.html; Abruf: 29.7.2003.

SCHNELL, R./HILL, P./ESSER, E. (1999), Methoden der empirischen Sozialforschung, 6. Aufl., München 1999.

SCHÖGEL, M./BIRKHOFER, B./TOMCZAK, T. (1999), Einsatzmöglichkeiten des Elect-ronic Commerce in der Distribution, in: Tomczak, T./Belz, C./Schögel, M./Birkhofer, B. (Hrsg.), Alternative Vertiebswege, St. Gallen 1999, S. 288-308.

SEGEV, A./GEBAUER, J./BEAM, C. (1998), Procurement in the Internet Age – Current Practices and Emerging Trends (Results From a Field Study), CMIT Arbeitspapier des Fisher Center for Management and Information Technology, Haas School of Business, University of California, Berkeley 1998.

SHAPIRO, C./VARIAN, H. (1999), Information Rules: A Strategic Guide to the Network Economy, Boston 1999.

SHEEHAN, K.B./HOY, M.G. (1999), Flaming, Complaining, Abstaining: How Online Users Respond to Privacy Concerns, in: Journal of Advertising, Vol. 28, No. 3, 1999, S. 37-51.

SHERMAN, B. (1995), Telecommunications Management, Broadcasting/Cable and the New Technologies, 2. Aufl., New York 1995.

SKIERA, B./SPANN, M. (2000), Werbeerfolgskontrolle im Internet, in: Controlling, 12. Jg., Nr. 8/9, 2000, S. 417-423.

SPIEGEL ONLINE (HRSG.) (2003A), Wirtschaft-Aktuell, http://www.spiegel.de/comp/htmlinclude/0,1786,1244,00.html, Abruf: 31.7.2003.

SPIEGEL ONLINE (HRSG.) (2003B), Technik-Aktuell, http://www.spiegel.de/comp/htmlinclude/0,1786,1246,00.html, Abruf: 31.7.2003.

STATISTISCHES BUNDESAMT (2003), Homepage, http://www.destatis.de, Abruf: 30.4.2003.

STEFFENHAGEN, H. (1996), Wirkungen der Werbung, Aachen 1996.

STIPP, H. (2001), Der Konsument und die Zukunft des interaktiven Fernsehens, in: Media Perspektiven, Nr. 7, 2001, S. 369-377.

SYDOW, J. (1992), Strategische Netzwerke – Evolution und Organisation, Wiesbaden 1992.

TANKARD, JR., J.W./BAN, H. (1998), Online newspapers: Living up to their potentials?, in: Proceedings of the midwinter conference of the association for education in Journalism and Mass Communication, Texas 1998.

TAYLOR NELSON SOFRES (2002A), Global eCommerce Report, http://www.tnsofres.com/ger2002/download/index.cfm, Abruf: 10.7.2003.

TAYLOR NELSON SOFRES (2002B), Government Online – An International Perspective, http://www.tnsofres.hu/aktual/go.pdf, Abruf: 10.7.2003.

TEMPLETON, B. (2003), Origin of the term "spam" to mean net abuse, http://www.templetons.com/brad/spamterm.html, Abruf: 10.7.2003.

THIELMANN, B./DOWLING, M. (1999), Pay-TV: Convergence and Innovation Strategy for Service Provision in Emerging Web-TV Markets, in: JMM – The International Journal of Media Management, Vol. 1, No. 1, 1999, S. 4-9.

THOMAS, S.L./RAY, K. (2000), Recruiting and the Web : High-Tech Hiring, in : Business Horizons, Vol. 43, No. 3, 2000, S. 43-52.

TIETZ, B. (HRSG.) (1995), Handwörterbuch des Marketing, 2. Aufl., Stuttgart 1995.

TOMCZAK, T./BELZ, C./SCHÖGEL, M./BIRKHOFER, B. (HRSG.) (1999), Alternative Vertriebswege, St. Gallen 1999.

TOMCZAK, T./SCHLÖGEL, M./BIRKHOFER, B. (1999), Online-Distribution als innovativer Absatzkanal, in: Bliemel, F./Fassott, G./Theobald, A. (Hrsg.), Electronic Commerce: Herausforderungen – Anwendungen – Perspektiven, 2. Aufl., Wiesbaden 1999, S. 127-146.

TOMORROWFOCUS SALES GMBH (HRSG.) (2002), AdEffects 2002 – Die Studie zur Wirkung von Werbeformen. Eine Kooperationsstudie mit der Interactive Marketing Partner GmbH, http://sales.tomorrow-focus.de/upload/admin/sales/studien_downloads/22_1.pdf, Abruf: 29.7.2003.

TOMORROWFOCUS SALES GMBH (HRSG.) (2003), BrandEffects 2003, http://pickup.tomorrow-ag.de/_adtech/sales/mafo/ppt/bob.ppt, Abruf: 04.8.2003.

TROMMSDORFF, V./BECKER, J. (2001), Werbekreativität und Werbeeffektivität – Eine empirische Untersuchung, http://www.marketing-trommsdorff.de/forschung/ werbekreativitaet_tu_berlin.pdf, Abruf: 10.08.2003.

T-ONLINE (HRSG.) (2003A), Über   uns,   http://ueber.t-online.de/uebe/werb/werb/ stan/text/ar-textlink,templateId=Content.jsp,iID=485862,frame=cont.html,   Abruf: 30.7.2003.

T-ONLINE (HRSG.) (2003B), Games,   http://t-games.t-online.de/zone/game/star/CP/cc-start.html, Abruf: 29.7.2003.

T-ONLINE (HRSG.) (2003C), Sports,   http://t-sports.t-online.de/zone/spor/star/CP/cc-start.html, html, Abruf: 29.7.2003.

T-ONLINE (HRSG.) (2003D), Über uns – Interstitial, http://ueber.t-online.de/uebe/ werb/werb/sond/ inte/CP/ar-interstitial.html, Abruf: 29.7.2003.

T-ONLINE (HRSG.) (2003E), Über uns – Superstitial, http://ueber.t-online.de/uebe/werb/ werb/sond/supe/CP/ar-superstitial.html, Abruf: 29.7.2003.

T-ONLINE (HRSG.) (2003F), Service,   http://service.t-online.de/t-on/dien/bank/star/CP/ cc-start.html, Abruf: 29.7.2003.

T-ONLINE (HRSG.) (2003G), Games,   http://t-games.t-online.de/zone/game/star/CP/cc-start.html, Abruf: 7.8.2003.

T-ONLINE (HRSG.) (2003H), Über uns – Sticky Ad, http://ueber.t-online.de/uebe/ werb/werb/sond/stic/CP/ar-stickyad.html, Abruf: 30.7.2003.

T-ONLINE (HRSG.) (2003I), Aufmerksamkeitsstark – die Werbe-Kampagne des Bau-marktes Praktiker, http://ueber.t-online.de/uebe/werb/allg/ar/CP/ar-praktiker.html, Abruf: 1.8.2003.

T-ONLINE (HRSG.) (2003J), Über uns – Werbung, http://ueber.t-online.de/uebe/ werb/star/CP/cc-start-werbung.html, Abruf: 13.08.2003.

VAN EIMEREN, B. /GERHARD, H./FREES, B. (2002), Entwicklung der Onlinenutzung in Deutschland: Mehr Routine, weniger Entdeckerfreude, in: Media Perspektiven, Nr. 8, 2002, S. 346-362.

VERBAND DEUTSCHER ZEITSCHRIFTENVERLEGER (VDZ) (HRSG.) (2002), Online-Werbung – Fakten und Perspektiven, http://www.vdz.de/owfb/index.html, Abruf: 5.8.2003.

VOGEL, H. (1998), Entertainment industry economics: a guide for financial analysis, 4. Aufl., Cambridge 1998.

WARSCHAUER, M. (2003), Demystifying the Digital Divide, in: Scientific American, Vol. 289, No. 2, 2003, S. 42-47.

WEBOPEDIA (HRSG.) (2003), Spam,   http://www.webopedia.com/TERM/s/spam.html, Abruf: 11.7.2003.

WEIBER, R./KOLLMANN, T. (1999), Wertschöpfungsprozesse und Wettbewerbsvorteile im Marketspace, in: Bliemel, F./Fassott, G./Theobald, A. (Hrsg.), Electronic Com-merce: Herausforderungen – Anwendungen – Perspektiven, Wiesbaden 1999, S. 48-62.

WEIBER, R./WEBER, M. (2000), Customer Lifetime Value als Entscheidungsgröße im Customer Relationship Marketing, in: R. Weiber (Hrsg.), Handbuch Electronic Business: Informationstechnologien – Electronic Commerce – Geschäftsprozesse, Wiesbaden 2000, S. 473-504.

WILLIAMS, K. (2000), Online Recruiting: A Powerful Tool, in: Strategic Finance, Vol. 82, No. 6, 2000, S. 21.

WINAND, U. (2001), Internet, in: Mertens, P. (Hrsg.) (2001), Lexikon der Wirtschaftsinformatik, 4. Aufl., Heidelberg 2001.

WIRTZ, B.W. (1994), Neue Medien, Unternehmensstrategien und Wettbewerb im Medienmarkt, Eine wettbewerbstheoretische und -politische Analyse, Frankfurt am Main 1994.

WIRTZ, B.W. (1995), Technologieinnovationen, Marketingstrategie und Preismanagement im Handel, in: THEXIS, 12. Jg., Nr. 4, 1995, S. 46-51.

WIRTZ, B.W. (2000A), Wissensmanagement und kooperativer Transfer immaterieller Ressourcen in virtuellen Organisationsnetzwerken, in: Zeitschrift für Betriebswirtschaft (ZfB), ZfB-Ergänzungheft Virtuelle Unternehmen, 70. Jg., Nr. 2, 2000, S. 97-115.

WIRTZ, B.W. (2000B), Rekonfigurationsstrategien und multiple Kundenbindung in multimedialen Informations- und Kommunikationsmärkten, in: Zeitschrift für betriebswirtschaftliche Forschung, 52. Jg., Nr. 5, 2000, S. 290-306.

WIRTZ, B.W. (2000C), eCommerce: Die Zukunft Ihres Unternehmens von @ bis z, Mittelstandsschriftenreihe der Deutschen Bank, Frankfurt am Main 2000.

WIRTZ, B.W. (2001A), Electronic Business, 2. Aufl., Wiesbaden 2001.

WIRTZ, B.W. (2001B), Reconfiguration of Value Chains in Converging Media and Communications Markets, in: Long Range Planning, No. 34, 2001, S. 489-506.

WIRTZ, B.W. (2002A), Multi Channel Management – Integrierte Führung und Entwicklung multipler Vertriebskanäle, in: Absatzwirtschaft, Zeitschrift für Marketing, 45. Jg., Nr. 4, S. 48-53.

WIRTZ, B.W. (2002B), Multi-Channel-Management, in: WISU – Das Wirtschaftsstudium, 31. Jg., Nr. 5, 2002, S. 676-682.

WIRTZ, B.W. (2003A), Medien- und Internetmanagement, 3. Aufl., Wiesbaden 2003.

WIRTZ, B.W. (HRSG.) (2003B), Handbuch Medien- und Multimediamanagement, Wiesbaden 2003.

WIRTZ, B.W./BECKER, D.R. (2002A), Erfolgsrelevanz und Entwicklungsperspektiven von Geschäftsmodellvarianten im Electronic Business, in: Wirtschaftwissenschaftliches Studium, 31. Jg., Nr. 3, 2002, S. 142-148.

WIRTZ, B.W./BECKER, D.R. (2002B), Geschäftsmodellansätze und Geschäftsmodellvarianten im Electronic Business – Eine Analyse zu Erscheinungsformen von Geschäftsmodellen, in: Wirtschaftwissenschaftliches Studium, 31. Jg., Nr. 2, 2002, S. 85-90.

WIRTZ, B.W./LIHOTZKY, N. (2001), Internetökonomie, Kundenbindung und Portalstrategien, in: Die Betriebswirtschaft, 61. Jg., Nr. 3, 2001, S. 285-305.

WIRTZ, B.W./LIHOTZKY, N. (2003), Kundenbindungsmanagement bei Internet-Geschäftsmodellen, in: Zeitschrift für Betriebswirtschaft, ZfB-Ergänzungheft Electronic Business, 73. Jg., Nr. 1, 2003, S. 31-52.

WIRTZ, B.W./VOGT, P./DENGER, K. (2001), Electronic Business in der Versicherungswirtschaft, in: Zeitschrift für die gesamte Versicherungswirtschaft, 90. Jg., Nr. 1, 2001, S. 161-190.

WISSEN.DE (HRSG.) (2003A), Homepage, http://www.wissen.de/c/homepage.html, Abruf: 30.7.2003.

WITTMANN, W./KERN, W./KÖHLER, R./KÜPPER, H.-U./VON WYSOCKI, K. (HRSG.) (1993), Handwörterbuch der Betriebswirtschaft, Teilband 1 (A-H), 5. Aufl., Stuttgart 1993.

WOLDT, R. (2002), Pay-TV: Marktbereinigung auf breiter Front, in: Media Perspektiven, Nr. 11, 2002, S. 534-543.

ZALL, M. (2000), Internet Recruiting, in: Strategic Finance, Vol. 81, No. 12, 2000, S. 67-72.

ZENTRALVBAND DER DEUTSCHEN WERBEWIRTSCHAFT (ZAW) (HRSG.) (2003), Werbeträger in Deutschland, http://www.interbrand.com/u-img/184/Nettowerbeein nahmen.html, Abruf: 23.7.2003.

Stichwortverzeichnis

Konzepte für das neue Jahrtausend

Wertschöpfung im Online-Geschäft

Electronic Business ist ein wesentlicher Erfolgs- und Wettbewerbsfaktor der Zukunft. Vor diesem Hintergrund behandelt das Buch die Grundstrukturen, Entwicklungsvarianten und Geschäftsmodelle des Electronic Business im Internet. Neben operativen Managementthemen werden spezifische Wettbewerbsstrategien und Erlösmodelle für das Electronic Business dargestellt. Darüber hinaus werden wesentliche Erfolgsfaktoren für Internetakteure thematisiert.

Bernd W. Wirtz
Electronic Business
2., vollst. überarb. u. erw. Aufl.
2001. XIV, 679 S.
mit 450 Abb. u. 36 Tab.
Geb. € 44,50
ISBN 3-409-21660-X

Wirtschaftsfaktor Multimedia

Der Medien- und Kommunikationssektor entwickelt sich zunehmend zu einem zentralen Wirtschaftsbereich in der Informationsgesellschaft. Das Lehrbuch behandelt das Medienmanagement für die Bereiche Print, Film, Fernsehen, Hörfunk, Musik, Video- und Internetmedien bzw. Multimedia. Im Rahmen einer integrierten Managementbetrachtung werden die grundlegenden Entwicklungen, Wertschöpfungsstrukturen, Geschäftsmodelle und Wettbewerbsstrategien dargestellt. Das internationale Medienmanagement wird in einem eigenen Kapitel berücksichtigt.

Bernd W. Wirtz
Medien- und Internetmanagement
3., vollst. überarb. u. erw. Aufl.
2003. ca. 800 S.
Geb. ca. € 44,90
ISBN 3-409-31661-2

State-of-the-Art des Börsengangs

Vor dem Hintergrund der zunehmenden Bedeutung des IPO-Sektors leisten herausragende Persönlichkeiten aus Wissenschaft und Unternehmenspraxis eine umfangreiche Analyse des „State-of-the-Art" des IPO-Managements in Deutschland. Im Rahmen von konzeptionellen und empirischen Beiträgen werden Initial Public Offerings eingehend aus Managementsicht beleuchtet.

Bernd W. Wirtz/Eva Salzer (Hrsg.)
IPO-Management
Strukturen und Erfolgsfaktoren
2001. XIV, 546 S.
Geb. € 49,00
ISBN 3-409-11835-7

Änderungen vorbehalten. Stand: August 2003

Gabler Verlag · Abraham-Lincoln-Str. 46 · 65189 Wiesbaden · www.gabler.de

 GABLER

GPSR Compliance
The European Union's (EU) General Product Safety Regulation (GPSR) is a set
of rules that requires consumer products to be safe and our obligations to
ensure this.

If you have any concerns about our products, you can contact us on

ProductSafety@springernature.com

In case Publisher is established outside the EU, the EU authorized
representative is:

Springer Nature Customer Service Center GmbH
Europaplatz 3
69115 Heidelberg, Germany

www.ingramcontent.com/pod-product-compliance
Lightning Source LLC
LaVergne TN
LVHW062311060326
832902LV00013B/2152

* 9 7 8 3 6 6 3 0 1 5 8 5 7 *